读者文摘 成长卷

——不完美，是光照进来的地方

本书编写组／编

北京工业大学出版社

图书在版编目（CIP）数据

读者文摘．成长卷．不完美，是光照进来的地方 /《读者文摘》编写组编．— 北京 ：北京工业大学出版社，2021.3（2023.8重印）

ISBN 978-7-5639-7770-3

Ⅰ．①读… Ⅱ．①读… Ⅲ．①文摘—世界 Ⅳ．①Z89

中国版本图书馆 CIP 数据核字（2020）第 263258 号

读者文摘·成长卷——不完美，是光照进来的地方

DUZHE WENZHAI · CHENGZHANG JUAN

编　　者：本书编写组
责任编辑：尹　航
封面设计：点墨轩阁
出版发行：北京工业大学出版社
（北京市朝阳区平乐园 100 号　邮编：100124）
010-67391722（传真）　bgdcbs@sina.com
经销单位：全国各地新华书店
承印单位：武汉兆旭印务有限公司
开　　本：710 毫米 ×1000 毫米　1/16
印　　张：21.25
字　　数：346 千字
版　　次：2021 年 3 月第 1 版
印　　次：2023 年 8 月第 2 次印刷
标准书号：ISBN 978-7-5639-7770-3
定　　价：55.00 元

序言

我们都在时光里跌跌撞撞地成长，然后一点点离开最初的模样。到底什么是成长，如何成长，成长要经历什么……这许多的问题，没有人可以给出统一的答案，但个中滋味，每个亲历者都深有体会。

小时候，看到大人可以想干什么就干什么，想去哪就去哪，非常羡慕，那时就渴望成为一个大人；可当真正长大之后才发现，年龄越大，烦心事就会越多，承担的责任也就越大，再也找不到小时候的潇洒自在了。人犹如一张白纸，越长大，在上面画的东西就越多，可做的选择就越多，痛苦就越多。那一刻突然明白，还是做小孩子最好了。成长在得到的同时，也意味着失去，失去自由，失去童真。但这是人生的必经之路，谁也逃脱不掉。

成长是痛苦的，但也是快乐的。因为有那么多美好的回忆，小伙伴的嬉戏打闹，父母的关爱陪伴，老师的谆谆教导……如此种种，成为一个人生命中温暖的指引。当他处于绝望痛苦、陷于困顿迷茫时，那些情景、话语，会是他重新站立起来的无形力量。那些往日的笑容、快乐，会让他在以后的日子里、否定自己的时候，想起世界上还有人深深地爱着他，他并非一无是处。

有人说成长是一份成熟，有人说成长是一份改变，有人说成长是一份责任，有人说成长是一份懂事，也有人说成长是一份失意，但我想说的是，成长是永远的行走，行走在人生这条充满荆棘又有鸟语花香的路上，一边走，一边赏，一边哭，一边笑，永远在走，永远在经历！

《读者文摘·成长卷》系列共六本，分别是《不完美，是光照进来的地方》《不负梦想，乘风破浪》《那些年，我们一起成长》《青春的那只蝉》《流年里的桨声灯影》《活成自己喜欢的模样》，这些文字或讲述童年的童真童趣，或诉说生活中的尴尬苦恼，或言说成长的感悟经历，或描绘理想的豪情壮志……总之，处处蕴含着情愫，处处显现着温暖。

最后引用诗人刘瑜的一段话，与成长中的每个读者共勉：

愿你有好运气，如果没有，愿你在不幸中学会慈悲。

愿你被很多人爱，如果没有，愿你在寂寞中学会宽容。

愿你一生一世每天都可以睡到自然醒。

目录

第一辑　回不去的是童年，找不回的是青春 / 1

第二辑　走着走着，花就开了 / 47

第三辑 与自己和解 / 129

第四辑 爱是教育的灵魂 / 183

第五辑 永不停息对理想的追求 / 251

第六辑 慢慢地经历时光 / 295

第一辑

回不去的是童年，找不回的是青春

美好的童年值得回忆，每当从记忆深处回想起那无忧无虑的时光，会心一笑，那温暖的光亮就会激励自己继续前行。不论何时，它都在那里等你，在无人的夜晚回想起来，让你赶走疲惫，带着微笑幸福入睡。

在我们去打酱油的那条路上

陈思呈

说到打酱油，那曾是我们的日常工作，20 世纪 80 年代的每个孩子几乎都干过。家里做菜要用酱油，下面条要用芝麻酱，早餐要吃下粥菜，都要派孩子到杂咸铺走一趟。

打酱油有两种规格：一种是用瓶，另一种是用碟。用碟的几分钱就够了，用瓶的则要两毛钱。两毛钱里，一毛八分钱用于打酱油，剩下两分钱买一颗糖，然后神不知鬼不觉地吃掉。这是儿童“打酱油业”的潜规则。

打芝麻酱又不同。装芝麻酱的不是瓮，而是玻璃缸，上面盖着的也不是木板，而是大玻璃片。通体透明的玻璃缸，体现了老板对芝麻酱本身的信心，而其姿色和形态确实值得展露，膏油滑腻的样子总能让人产生通感。所以，打芝麻酱的小孩，碟子里盛着五分钱的芝麻酱，回到家里，一般就只剩下三分钱的了，有两分钱的在路上就被舔进肚子了。这是儿童“打芝麻酱业”的潜规则。

这些都是我和小夏在这个人到中年的秋天里共同回忆起来的，但小夏记得的比我多。她早慧，五官开放程度更充分，听到、看到、感到的比普通的小孩多。

小时候，我们俩分头居于一条街南北两端的两条巷子里，两条巷子里各有一个杂咸铺。小夏打交道的杂咸铺老板是一个热情而瘦的女人，大家都喊她“三姨”，而我打交道的那个杂咸铺老板是一个脸色阴沉的老头，记忆中他从没开口说过话，只听家里的长辈叫他“铜锣伯”，但以我们几分酱油钱的交情，也没到需要开口交谈的程度。

如果我和小夏走出各自的巷子，我们可能会在大街上相遇，而且很可能在大街上义井巷口的饼干厂门口相遇。因为，彼时有些孩子打酱油时会特意绕远点，到饼干厂旁边的杂咸铺去——为了尽情地呼吸从饼干厂飘出来的芬芳。

饼干厂华丽的芬芳与杂咸铺酸涩清寒气质的对比宛如唐肥与宋瘦。饼干厂像交响乐，杂咸店像《二泉映月》。哎，不，饼干厂的芬芳不能形容也无须形容——体会太深，比喻反而显得玄虚。“饼干厂”三个字不是名词，而是形容词。传说中的“流淌着奶和蜜之地”，也许就是饼干厂。

和饼干厂一样华丽的地方，是冰室。冰室的芬芳与饼干厂的又有不同，除了它们适合的季节不同外，香味也稍带区别。饼干厂的芬芳更娇憨，冰室的芬芳更浪漫。如果用年龄来形容，当我们站在饼干厂前面使劲吸溜鼻子时，我们还是儿童；当我们坐在冰室里看着雪糕从小窗口里被送出来时，我们已经是少女了。

雪糕一般有两种颜色：粉红和鹅黄。冰花则是透明的。有时候是一个雪糕加一个冰花，搭配效果十分美妙。为什么食物那么美呢，这个世界对嘴馋的小孩太好了！

如果我和小夏都再绕远一点，我们也许会在电影院门口相遇。电影是晚上才放的，那时会涌现一些卖零食的人，他们的自行车后面都绑着两个筐子，把神秘的苫布揭开，里面很可能是刚炒香的葵花子。

电影院门口还有卖竹蔗的，跟瓜子一样，它们都是一场电影结束后地板上丰富垃圾的来源。“乌腊蔗”是竹蔗的一种，杆粗而皮黑。平时想吃的时候，我就去祖母或外祖母那里，深情地叫唤一声，便能获得几分钱，这几分钱就足够我买上一大截吮吸良久。但去母亲那里叫唤是没用的，母亲认为嘴馋是家教不严的表现。

彼时让孩子去杂咸铺买东西，都不说店名，多数杂咸铺也没店名，皆是用店长的名字代指，而且多是外号。比如，去“铜锣伯”那里打酱油，去“三姨”那里打酱油。多数店主的名字都很奇怪，叫熟了也不求究竟。比如，卖猪肉的叫“德国兵”，因为他早年腿受过伤，走路时无法弯曲，人们认定德国兵走路就是这个姿势，便“赐名”与他，他也只能接受。

在那条打酱油的路上，我们还能遇到什么呢？能遇到沿街叫卖的小贩——补伞的、补锅的、绑牙刷的、卖菜的、收尿的、撬尿桶垫的，还有用篮子提着各种米果穿街走巷卖的。神奇的是，如果买方没钱现结，卖方也不强求，只拿块瓦片在墙上记一下欠多少分、多少毛，留待以后对证。

吾乡乡谚“个钱橄榄个钱姜，个钱银锭个钱香”，说的宛然就是那些走在打酱油路上的小孩，拿着几分钱买这买那，左顾右盼。

记忆中，我家那条巷子比较热闹，小夏家那条巷子则很安静。她说自己如今常常梦见那里，梦里她总在奔跑，总是夜晚从外祖母家回来，在没有路灯的巷子那长长的寂静里，一个人拔足狂奔。她家在巷子最里端，巷子里有个并无攻击性的疯女人。白天经过这个女人的家门口时，人们总觉得忐忑不安。但对小夏而言，这个疯女人在夜晚给她的感觉则完全不同。

小夏害怕半夜醒来，极端的安静会让她产生时空的不确切感。但假如疯女人也在半夜醒来，那就太好了——疯女人确实经常在半夜醒来，她会搬一张凳子，坐在家门口的巷子中间，大声地和一个不存在的人说话。她时而痛声咒骂，时而婉言相劝，时而语带哭腔，时而亢奋歌唱。她在说什么，年幼的小夏丝毫听不懂。然而，有疯女人的声音，小夏就不再觉得半夜深巷的寂静令人害怕。她听着疯女人在夜色中情状各异的倾诉，会带着一种莫名的安慰，踏实地重新入睡。

然后，也许是一觉醒来吧，就四十了。

感悟手札

假如春天可以留住

何江

一

1988 年的大年初一，我出生在湖南省宁乡市停钟村。我爷爷觉得在龙年正月初一出生是个好兆头，预示着我日后会如龙一般一飞冲天。

在我出生那年，我家附近的村子才开始通电，所有和电有关的物件都是奢侈品。尽管家里条件艰苦，给我摆满月酒的时候，爷爷还是请了皮影戏艺人，让他们在一排白炽灯下，演了一出大戏《杨家将》。那算是我们何家办得非常热闹的一次酒席，直到现在，当年参加过满月酒席的亲戚仍然记忆犹新、津津乐道。

我的父母都是农民。父亲出生在停钟村，母亲则出生在与停钟村北面相邻的兴无村。两村之间隔着一条叫乌江的河，作为两个村子的分界线。

我和弟弟在很小的时候，就跟着父母干农活了。父母当时并不能预见他们的儿子将来能否有出息，甚至还有点隐隐担心，要是将来两个儿子找不到工作，该怎么过日子。乡里人常说，学会了种田，就一辈子不愁自己的饭碗。因为这个缘故，父母对教我们种水稻这件事，很是上心。

我五岁时，父亲在母亲的鼓励下成了渔民。

每年冬天，他会跟随村里其他渔民到湖北或是江西，过长达三个月的捕鱼生活。那是父亲少有的出省工作机会，也是他经常向人吹嘘的打工经历。打鱼生活让父亲开阔了眼界，也让他从停钟这个小山村走了出去，头一回领略到国家的广大。

每年年关将至的时候，他就会背着一袋子充满鱼腥味的衣服、棉被和一些淡水湖鱼出现在村口。他也会给我们带一些小礼物回来，好让我们更多地了解外面的世界。

我六岁那年，父亲带回来一口高压锅，它在当时的村里是个稀罕物件。父亲回来的那天，好多人来我家，围看父亲组装高压锅：锅身、锅盖、密封胶圈……组装完后，乡亲们要求父亲用高压锅煮一锅水，父亲开心地应允。父亲先把水倒进高压锅，然后，把高压锅放在柴火灶上。烟火烘烤着不锈钢锅底，很快就把锅底烧黑了，看得我很是心疼。水烧开了，排气口喷着粗气，好像快要爆炸似的，邻居们吓得直往后退。这口高压锅，我们家用了10年，直到它的塑料手柄几乎融化了才被扔掉——这大概是我童年里接触的第一件“高科技”物件。

二

我四岁时，就进了村里的小学，成了村里入学最早的学生。小学毕业后，我到另一个村子去读初中，离家很远，有十几里的路程，走路要花两三个小时。为了缩短上学时间，我不得不学习骑自行车。家里那时没钱给我买适合我骑的自行车，我只能骑父亲当年结婚时买的二八式自行车。我个头小，站着才比自行车高一个脑袋，只能将脚跨进自行车的三角区域将身子侧在一边骑，走的又是崎岖的山路，其难度可想而知。初三结束，我考上了县城最好的高中，学校离家有近40里路，我不得不寄宿在学校。

那时，我才第一次走出山村，第一次感受到城乡的差距。县城的一切，在我眼里都是新奇的，水泥路、红绿灯、小轿车、自来水、霓虹灯……我若是在县城看到新奇的东西，都会跑到电话亭打电话回村里，与母亲分享。母亲在电话那头，每次都会勉励我好好读书，将来住在城里——这时我才真正意识到“城里人”这个词，在乡里人眼里，代表着一种向往。

对我们这些农村学生来说，进城读高中最大的问题不是学习，而是生活上的不适应，因为我们对城镇生活没什么概念。比如，冲水厕所该怎么用，一开始很多农村学生就不清楚。而农家子弟想要融入城市子弟的圈子，也比较困难，因为大家的成长环境相差太大。

2005 年，我参加高考。那一年，湖南有好几十万考生，我考到了全省 300 名左右，被中国科学技术大学录取。也就在那一年秋天，我第一次真正意义上生活在了一座省会城市。中国科学技术大学在安徽合肥，从湖南长沙没有直达那里的火车。我要从江西鹰潭转车，乘一列绿皮火车花十几个小时才能到合肥。坐火车第一次经过长江的时候，我激动不已，因为十几年来，我只在书上领略过长江的浩荡。那一次目睹长江，我立刻被那股奔流不息的气势所震撼。

我想，人或许只有走出原有的视野空间，才能真正意识到这个世界的广大，才知道这个世界上还有很多东西我们未曾见过、听过。我十分庆幸，我走出了我的小世界。

三

在大学，我读的是生物。学生物有个好处，要是我父母在乡下病了，我的一些生物知识可以帮助他们。那时乡村的医疗条件虽说比我出生那会儿改善了很多，可很多农民还是看不起病，用乡村土办法治病的事情仍时常发生。比如，用蜘蛛来吮吸蜈蚣咬后的伤口，用火疗医治蜘蛛咬伤……这些方法在学生物的人看来十分落后。

我也是进了大学后，才逐渐了解很多西方医学知识。我有机会在显微镜下观察一个细胞怎么分裂，也学习了生物分子在细胞、机体内的相互作用，免疫系统如何对抗病原体入侵，不同的疾病如何在人体内发展……大学四年里，我有了蜕变式的成长，变得比以前更自信了，对未来也有了更多憧憬。小时候，我的梦想只是走出乡村，进入城市。那时，我对城市没有一个具象的概念，也完全不知道自己要做什么。于是，“进城”对于我而言，只是一个空泛的梦想。这个梦想猛然实现了，我却感到那样的彷徨。也恰好是这份彷徨，在大学里给了我探索的动力，让我不断寻找自己想做的事情。

2009 年，我大学毕业，还拿到了学校本科生的最高荣誉——郭沫若奖学金。同时，我也收到了哈佛大学生物系的录取通知书。就这样，我成了村里学历最高，也是第一个出国留学的小孩。乡下人对国外的印象并不明晰，对哈佛是所什么学校也不一定清楚。不过，大家听到何家有小孩要出国留学后，都感到特别新奇。出国前的那一夜，父亲又邀请村里的皮影戏艺人演了一出《杨家将》，那是我印象中我们何家又一个热闹的夜晚。

我这二十几年的生活经历，从湖南的一个小山村，到县城，到省城，再到美国波士顿，涵盖了社会发展的不同层面。这短短的经历，要以历史学家的角度来看，或许可算作是前工业时代到现代社会的大踏步。二十几载，回忆起来可以说是恍如隔世。

2016 年 5 月 25 日，哈佛园内，哈佛经典文学系的理查德·塔兰特教授领着我、乔舍尔亚·坎贝尔和安妮·鲍尔来到哈佛纪念教堂旁的演讲台。乔舍尔亚和安妮是哈佛应届本科毕业生，我是应届毕业的博士生。我们三个人将要在第二天的哈佛毕业典礼上，作为学生代表致辞。

在哈佛读博士的时候，我做科研报告的机会很多，但很少会在公共场合演讲。这样一次偶然的机会，倒也让我真真正正开始思考，这些年在哈佛学到的东西和曾经的经历。

这些思考里关于乡村生活的经历尤其多，因为那段看似平凡的经历在无形中塑造了我。但是，要厘清这段经历很难，因为那个时候，我大多是处在一种半懵懂的状态，对于身边发生了什么、村庄经历了怎样的变化，我都难以用只言片语勾勒出来。

在外生活久了，童年和少年时的经历反而愈加清晰。在野地里放牛，在稻田里捕鱼，在夏天的夜晚捉萤火虫……现在想来显得格外珍贵。社会在飞速发展，现代化的变革已经让我童年时代的生活场景发生了翻天覆地的变化。物质条件的改善对于乡村是件好事，可我回过头来想想，总觉得生活好像丢了一些什么。乡下的村民仍像我小时候一样，觉得进城是这辈子最大的梦想。可真正在城里购置房产了，又住不习惯，老是想回乡下老家住住。就这样，我们这一代处在城市和农村中间的人，慢慢地忘记了过去的生活，却又未曾真正融入当下。

我的父亲常会叹着气对我说，我和弟弟这一辈，可能是村里最后一代经历过传统农业生活的人了，现在村里的小孩连秧苗是怎么插的都不知道了。我笑着反问父亲："您难道还希望我们的后代继续过那种穷苦生活吗？"

在这传统的乡村生活即将消逝的时代，我常感到不知所措，心里想把它留住，可一细想，又告诉自己它是应该消逝的。于是，我唯一能做的，便是用文字把曾经的那些经历记录下来。

感悟手札

好日子

林海音

今天是个好日子——爸爸领薪水。

我说它是好日子，是因为家里的每个人都有亟待实现的愿望寄予今天。

早晨妈妈去买菜，刚迈出房门又退回来，望着墙上的美女日历问："今天是几号？"

"1 号！"我和大哥异口同声地回答——我们对于这个日子有特别的警觉。妈妈听了，若有所悟地点点头走了。

晌午，我和大哥都回来得早些，妈妈好像比我们更早，她已经烧好满桌好菜等待爸爸了。

一文不名却能端出满桌好菜，是妈妈的本事。我们在课堂上念过"泥他沽酒拔金钗"的诗句，写的是一位贤淑的妻子从头上取下金钗，给丈夫换酒。可是妈妈的贤淑还不止于此，我知道她的最后一枚金戒指早在去年就换钱给爸爸治病了。我是说，她有赊欠的好本事。当然，她并不是那种不会算计常使债台高筑的女人，她今天能有魄力去赊欠一桌美餐，是因为她对于很快就可以还账有信心。想想看，今天是什么日子？

车铃响三声，是爸爸回家的信号。我抢着出去开门，大哥小心地替爸爸把车子推进来，小妹赶紧接过爸爸的大皮包——今天我们对爸爸都特别殷勤！

大黑皮包沉得小妹扛不动，她直嚷："爸爸好阔啊，皮包这么重，里面到底有多少钱？"

我们听了都轻松地笑了。我们知道爸爸不会有满皮包的钱，但是在这个好日子提到钱，总是令人兴奋的。

我知道爸爸的那个黄色牛皮纸的薪水袋，每逢这个日子，他总是一回家便把它从中山装的左上口袋里掏出来，交给妈妈。可是今天爸爸却没有，他仿佛没事人似的，照例坐到饭桌旁他的主位上。

吃饭的时候，我几次回头探望挂在墙壁钉子上的那件中山装，左上口袋好像鼓鼓的，又好像不鼓。我希望那个钉子不牢，爸爸的衣服掉下来，那么我就可以赶快跑去拾起来，顺便看看那口袋里的实际情形。现在我们闷闷地吃着饭，简直叫人沉不住气！

我相信沉不住气的一定不止我一个人，可是我们谁都没有开口问爸爸关于薪水的事。

爸爸今天胃口真好，当盛第三碗饭的时候，沉不住气的妈妈终于开口了："你看今天的牛舌烧得还不错吧？"

"相当好！"爸爸咂咂嘴，点点头。

妈妈又说："今天的牛舌才 15 块钱，不算贵。不过还没给钱呢！"

妈妈说话的技术真了不起！我们的老师教写作文方法时讲过"点题"，妈妈在学校时作文一定很好，她知道怎么"点题"，引起爸爸的注意。果然，爸爸听见妈妈这么说了后，仿佛想起了一件重要的事。他立刻起身，从挂在钉子上的中山装的左上口袋里掏出那个牛皮纸袋来，放在饭桌上妈妈的面前，说："喏，薪水发了。"

我们的目光立刻从红烧牛舌转移到那个纸袋上，上面一项一项写得很明白，什么本俸啦，服装费啦，眷属津贴啦，职务加给啦……名堂繁多，加到一起一共376.56元，还是那个老行市！爸爸是荐任6级，官拜科长。

我们的家庭是最民主的。妈妈一面打开薪水袋，一面问大哥："你说要买什么来着？"

大哥一听，兴奋得满脸发光，两只大巴掌搓着："仪器一盒，大概150块，上几何课总跟同学借，人家都不愿意；球鞋也该买了，回力40号的36块；还有，还有……"大哥想不起来了，急得直摸脑袋，"嗯，还有，头发该理了，三块五。"

"你呢？"妈妈转向我。

"我？一支自来水笔，爸爸答应过的，考上高中就送给我，派克21的好了，只要90多块；天冷了学校规定做黑色外套，大概要70块；还有，学校捐款劳军，起码5块。"我一口气说完了，静候发落。

妈妈听了没说什么，她把薪水袋一倒提溜，376.56元全部倾泻出来。她做了一次摊牌式的分配，一份一份数着说："这是还肉店的，这是还张记小店的，这是电灯费、水费，这是报费，这是户税，这是……"

眼看薪水去了一大半，她还是数了3张小票给大哥："喏，理发的钱，拿去。"

又抽出一张红票子给我："这是你的学校捐款5块。"

妈妈见我和大哥的眼睛还盯着她手里的一小沓票子，又补了一句："剩下要买的，等下个月再说吧！"

妈妈又转向爸爸，爸爸正专心剔他牙缝里的肉丝，妈妈把手中的票子晃了晃，对爸爸说："我看你的牙，这个月也拔不了吧？"

爸爸连忙说："没关系，尚能坚持！尚能坚持！"

妈妈刚要把钱票收起来，忽然看见桌旁还坐着一个默默静观的小女孩。

"对了，还有你呢，你要买什么？"妈妈问小妹。

小妹不慌不忙地伸出她的一个食指来，说："一毛钱，妈妈，抽彩去！"

妈妈笑了，一个黄铜钱立刻递到小妹的手里——今天只有小妹实现了全部愿望。

我忽然觉得很无聊，把那张红票子叠呀叠的，叠成一只蝴蝶，装进我的制服口袋里。爸爸也站起来了，说："盼着吧，又——有讯儿要调整待遇了！"他把那个"又"字拉得又长又重。

就这样，我们的好日子又过去一个！

感悟手札

想象胡同

铁凝

少年时，由于父母去了遥远的"五七"干校劳动，我被送至外婆家寄居，做了几年北京胡同里的孩子。

外婆家的胡同地处北京西城，胡同不长，有几个死弯。外婆家的四合院是一所坐北朝南的两进院子，院落不算宽敞，院门的构造却规矩齐全，大约属屋宇式院门里的中型如意门。门框上方雕着"福""寿"的门簪，门扇上垂吊着做敲门之用的黄铜门钹，门口有青砖影壁和各占一边的石头"抱鼓"。或者，厚重的黑漆门扇上还镌刻着"总集福荫，备致嘉祥"之类的对联吧。只是当我作为寄居者走进这两扇黑漆大门时，门上的对联已换作红纸黑字的"四海翻腾云水怒，五洲震荡风雷激"。

这样的对联，为当时的胡同增添了激荡的气氛。而在从前，在我更小的时候，胡同里是安详的。那时所有的院门都关着，人们在自家的院子里，在自家的树下，过着自家的生活。外婆家的院里就有四棵大树，两棵矮的是丁香，两棵高的是枣树。五月里，丁香会喷出一院子雪白的芬芳；到了秋日，在寂静的中午我常常听见树上沉实的枣子落在青砖地上溅起的"噗噗"声。那时我便箭一般地蹿出屋门，去寻找那些落地的大枣。

偶尔，有院门开了，那多半是哪家的女主人出门买菜或者买菜回来了。她们把一小块木纸包着的一小堆肉馅，或是一小块报纸裹着的一小把韭菜托在手中，于是胡同里就有了谦和热情、啰唆而又不失利落的对话。说她们啰唆，是因为那对话中总有无数个“您慢走”“您有工夫过来”“瞧您还惦记着”“您哪”……外婆家隔壁院里有个旗人大妈，说话时礼儿就更多。说她们利落，是因为她们在对话中又很善于把句子简化，比如：“春生来雪里蕻啦。”“笔管儿有猫鱼。”

“春生”是指胡同北口的春生副食店，“笔管儿”是指挨着胡同西口的笔管胡同副食店，“猫鱼”是商店专为养猫人家准备的小杂鱼，一毛钱一堆，够两只猫吃两天。为了春生的雪里蕻和笔管儿的猫鱼，这一阵小小的欢腾不时为胡同增添了难以置信的快乐与祥和。她们心领神会着这些简约的词语，再道些“您哪”“您哪”，然后或分手，或一起去北口的春生、西口的笔管儿。

当我成为外婆家长住的小客人之后，也曾无数次去春生买雪里蕻，去笔管儿买猫鱼，剩下的零钱还可以买果丹皮和粽子糖。当我也学会了说春生和笔管儿时，我才觉得自己真正被这条胡同接纳了。

后来，胡同更加激荡起来，这样啰唆而利落的对话不见了。不久，又有规定让各家院门必须敞开，说若不敞开门，院中必有阴谋，只有在晚上规定的时间方可关家门。外婆家的黑漆大门冲着胡同也敞开了，使人觉得这院子终日在众目睽睽之下。

那时，外婆家院子的西屋住着一对没有子女的中年夫妇——崔先生和崔太太。崔先生是一个傲慢的孤僻男人，早年曾经留学日本，后任某自动化研究所的高级工程师。夫妇二人过得平和，都直呼对方的名字，相敬如宾。有一天，忽然有人从敞开的院门冲入院子抓走了崔先生，从此十年无消息。而崔太太就在那天夜里疯了，可能属于幻听症。她说她听到的所有声音都是在骂她，于是她开始逃离这个四合院和这条胡同，胳膊上常挎着一只印花小包袱，鬼鬼祟祟的。听人说那包袱里还有黄金。她一次次地逃跑，一次次地被街道的干部大妈抓回来。

街道干部们传递着情报：“您是在哪儿瞧见她的？”

“在春生，她正掏钱买烟呢，让我一把就攥住了手腕儿……”

或者：“她刚出笔管儿，让我发现了。”

拎着酱油瓶子的我，就在春生见过这样的场面——崔太太被人抓住了手腕儿。

对于崔太太，按辈分我该称她崔姥姥，她是一个个子偏高、鼻头有些发红的干净女人。我看着她们扭着她的胳膊把她押回院子锁进西屋，还派专人看守。我曾经站在院里的枣树下希望崔太太逃跑成功，她是多么不该在离胡同那么近的春生买烟啊。不久，崔太太因肺病死在了西屋，死时，偏高的身子缩得很短。

这一切，我总觉着和院门的敞开有关。

十几年之后，胡同又恢复了平静，那些院门又关闭起来，人们在自家的院子里做着自己的事情。当长大后的我再次走进外婆家的四合院时，我得知崔先生已回来。但回家砸开西屋的锈锁后他也疯了：他常常头戴白色法国盔，穿一身笔挺的黑呢中山装，手持一根楠木拐杖，在胡同里游走、演说，并且他还在两边的太阳穴上各贴一枚图钉（当然是无尖的），以增强脸上的恐怖感。我没有听过他的演说，目击者都说，那是他模拟出的“施政演说”。除了演说，他还特别喜欢在貌似悠然的行走中猛地转身，使走在他身后的人吓一大跳；之后，又没事人似的转过身去，继续他悠然的行走。

我曾经在夏日里一个安静的中午，穿过胡同走向大街，恰巧走在头戴法国盔的崔先生之后，便想着崔先生是否要猛然回身了。在幽深狭窄、大门紧闭的胡同里，这种猛然回身确能给后面的人以惊吓。果然，就在我走近笔管儿时，离我仅两米之遥的崔先生来了一个猛然回身，于是我看见了一张黄白的略显浮肿的脸。可他并不看我，眼光绕过我，使劲儿朝我的身后望去。那时我身后并无他人，只有我们的胡同和我们共同居住的那个院子。崔先生望了片刻便又回身继续往前走了。

以后我再也没有见过崔先生，只是不断听到关于他的一些花絮。比如，由于他的“施政演说”，他再次失踪又再次出现；比如，他曾得过一笔数额不小的补发工资，又被他一个京郊侄子骗去……

出人意料的是，当时我并没有受到崔先生的惊吓，只觉得那时崔先生的眼神是刹那的欣喜和欣喜之后的疑惑。他旁若无人地欣喜着向后看，然后又疑惑着转身再朝前走。

许多年过后，我仍然能清楚地回忆起崔先生那疾走乍停、猛向后看的神态，也终于猜到他驻步的缘由，那是他听见崔太太对他的呼唤了吧？院门开了，崔太太站在门口告诉他，若去笔管儿，就顺便买些猫鱼回来。然而，崔先生很快又否定了自己，带着要演说的抱负朝前走去。

感悟手札

少年的你，别来无恙

汪微微

在影院观看电影《少年的你》时，现场气氛和电影中的镜头一样，凝重且压抑，时不时就听见有人在抽泣，我身边的陌生女孩几乎用完了整包纸巾。有一刻，我甚至冲动地想，要不要给她一个拥抱？

看电影落泪的，多半是有故事的人。所有感同身受的背后，都是因为你也曾站在那条河里，被湍急的水流剧烈地冲刷过。不同的是，有的已经上岸，有的沉入了河底。

而我，就是那个已经上岸的幸运儿。

从小学五年级起，我便莫名其妙地深陷被嫌弃、被厌恶和被侮辱的旋涡之中。同班的一个男生，无论在何处遇见我，轻则对我翻白眼、吐唾沫；重则谩骂，或者把玩着石块，做出要随时砸向我的动作。他看向我的眼神里，一边翻滚着带有恶意的嫌弃，一边汹涌着带有敌意的憎恨。

少年的我，起初并不能理解他的恶意因何而起。直到有一次参加市区语文比赛，全校同学中只有我和他荣获一等奖，成绩也不相上下。学校举办了简单的庆祝会，并给我们颁发了奖品。回到班里，当着我的面，他轻蔑地把自己的那份奖品扔进了垃圾篓，收回的眼神挑衅般地落在我身上，好像我才是他最想丢弃到垃圾篓里的东西一样。

那一刻，我明白了，他一直在嫉妒我。

成年后的我，也曾回过头去认真审视少年时的他。他成长在单亲家庭，母亲体弱多病，为了供他读书，妹妹早早退了学。他肩负着整个家庭的希望，这让他骨子里透着不服输的劲儿，同时也让他输不起。在他的世界里，第一的位置只能属于他一人，我的存在，让他充满了紧张感与挫败感。他对我的恶意，并不是因为我做错了什么，而在于他想发泄对自己、命运，乃至世界的不满。

面对他火力威猛的攻击，我没有示弱，也没有逃避，而是选择迎面而上。他骂，我也骂，哪怕词不达意、毫无章法，但要的就是勇于应战的气势与姿态；他作势要打我，我依然能狠狠地盯着他的双眼，直到逼回他的虚张声势。

我对抗他的底气，来自我的家庭。虽然我生在普通家庭，但父母的爱让我在面对这个世界时，首先想到的绝不是胆怯与畏惧。我知道，如果这个男生敢动我一根手指头，同校的哥哥绝不会轻饶他，我的父亲也不会坐视不管。想必他也清楚这一点。所以无论我们之间的言语冲突有多么激烈，他自始至终都不敢对我动手。

后来，我们考入同一所离家较远的重点中学，虽不再同班，但他针对我的欺凌并未就此结束。

他有一个好友，与我同班。那个好友掌管着班级教室的钥匙，由此，他得以自由出入我们班。某天晚上，他潜入我们班的教室，翻看了我的日记本。他想偷看我的隐私，并把它散布出去，以达到羞辱我的目的。结果，他没有找到自己想要的，却意外地看到了我对他的不满。在那一页我写着讨厌他的文字的纸上，他气急败坏地画了一个大大的叉。

远离家人的庇护，我应该不敢像小学时代那样进行反击，他或许是这样想的。可是，我让他失望了，这一次，我同样没有忍气吞声，我选择了向班主任求助。

值得庆幸的是，我遇到了一位特别负责的班主任。他没有无视我的求助，也没有表面上假意安慰、实际却放任不管。他先找到那名管理钥匙的同学，核实情况后，对他进行了温和而明确的批评教育。接着，他找到对方的班主任寻求协助，一起对那个男生的不当行为给予了批评和警告。从此，那个男生再见到我，会主动躲得远远的。

如今我才知道，我是何其幸运！而所有运气的背后，都在于我们敢于反击的勇气，以及一直有人为我们保驾护航的底气。

感悟手札

家的味道

尤今

那时候，我家住金殿路，而读书在成保小学，每天要走很长的一段路去上学。傍晚放学时，街灯未亮，天幕却像被戳了一个窟窿，浑浑浊浊的暮色悠悠忽忽地掉了出来。我背着书包，像只蜗牛，慢腾腾地走回家去，眼前的那一条路，忽然变得很长，长得无止境。我低着头，拖着宛如上了脚镣的腿，走啊走。突然，我闻到空气里飘来的一股香味。抬眼处，街灯已亮，浓汤飘香。啊，家门近在眼前，我的心情立刻变得亢奋了。

父亲是广东人，广东人特别喜欢喝汤，因为他们相信，煲得久、熬得够的汤水，能润喉、润肺、润心、润肠。因此，煲汤便成了我家的日常作业。一个人在生活中纵使拼得焦头烂额，但是，一回到家，只要能够喝上一碗好汤，所有透支的精力就都得到了弥补，五脏六腑也美美地得到了滋补。

曾经，母亲用炭炉煲汤。朱褐色的圆肚瓦锅，稳稳地坐在小小的炭炉上，烧得通红的炭块，像是守护神的眼睛，忠心耿耿地守着那一锅“水的精华”。母亲坐在小凳子上，拿着蒲葵扇，耐心地扇。那炭，愈烧愈红，愈红愈旺，有时烟灰飞出来，便沾了母亲一头一脸。可是，好整洁的母亲，竟然一点儿也不嫌脏。她的心思，全都缠在那一锅好汤里。汤的香味，是一点一点慢慢地溢出来的。初而朦朦胧胧、缥缥缈缈，好像从很远很远的地方传来的断断续续的笛子声，笛声清越悠扬，但又带着些许隐晦的神秘感。渐渐地，笛子声隐没了，取而代之的，是类似锣鼓的喧闹声，大鸣大放。那种香味，浓郁稠厚，非常跋扈、嚣张，带有很强的侵略性。

母亲把瓦锅小心翼翼地捧到桌子上，瓦盖一掀，一阵一阵白白的烟雾便像久别重逢的亲人，热情万分地扑了过来。母亲常常说："水，原本是没有生命的，煮成汤之后，才有了生命力，也才有了灵魂。"因此，我们是以近乎虔诚的心，一口一口地捧喝手里那一碗汤的。我们相信，汤喝下肚，便能像魔术豌豆一般飞快地向上蹿长。也许，有一天，当碰上成人世界种种"剪不断、理还乱"的烦恼，我们又会后悔童年喝汤太多，长得太快。

母亲熬煮的汤，有着截然不同的"内容"。

绿幽幽像液状森林的，是西洋菜蜜枣猪肺汤；红艳艳像液体宝石的，是莲藕鸡爪花生汤；红白分明像调色板的，是番茄萝卜牛肉汤；百味杂陈，又酸、又咸、又鲜、又辣的，是咸菜豆腐鱼头辣椒汤；温柔、敦厚，暖心暖肺的，是老黄瓜红枣八爪鱼汤；风味独特、"雅俗共赏"的，是榨菜蘑菇汤；"悬壶济世""普度众生"的，是党参枸杞龙眼炖鸡汤；"风采迷人""腴香诱人"的，是冬瓜火腿干贝汤……我们兄弟姐妹就在一锅锅好汤的滋润下，慢慢地长大成人。各自成家之后，我们也欢欢喜喜地为我们亲爱的孩子炖汤。

汤的文化，就这样一代接一代地传下去了。

老公日胜是琼州人，婆母的汤和我家相较，有着完全不同的风味。比如说，婆母会把碎肉镶在鱼鳔里，和海参、冬菇一起煮，这样的汤，在我来看，实在是豪华得近乎奢侈了。而有时，不可思议地，她竟然会将爽脆可口的黄瓜与虾米同煮，煮好的汤，味道虽然不赖，可那黄瓜已变得软绵绵的，失去了嚼劲，我不太喜欢。婆母最为拿手的，是熬煮高汤。几只老母鸡，去皮、去油，加上几个大洋葱，慢火让它们在瓦锅里浮浮沉沉三四个小时，之后，将所有的杂质过滤掉，那一锅澄清明净的汤，甘美鲜甜，达于极致，是天下之最。婆母把高汤搁在冰箱里，煮粥、炒菜都用它。我家孩子常说："妈妈，我要吃奶奶熬的那种白白的粥。"他们不知道，那锅白白的粥，其实是用千锤百炼的高汤熬成的，表面上云淡风轻，实际上功夫盖世。我想，这才是人生最高的境界吧！

曾有一个时期，新上市的慢锅成为主妇的新宠。把要煮的东西一股脑儿地丢进去，不管三七二十一，煮它一个天翻地覆，完完全全不用守候看火，非常省事。对职场女性来说，慢锅当然是“时代的恩物”，试想想，上班之前，锅子里肉是肉、菜是菜，泾渭分明；可是，下班回来，掀开锅盖，肉和菜早已“你侬我侬”地融到汤里了，这不正是“守株待兔，不劳而获”吗？想到不必像母亲一样为了煮一锅好汤而蓬头垢面，我心里充满了感谢，感谢现代科技方便了我的生活。

然而，我错了。

在慢锅里“自生自灭”的汤和水，并没有“患难与共”地融合在一起，反之，两者像是君子之交，淡淡地保持着距离。

当机立断，弃用慢锅。

然而，坦白地说，我又没有耐心和那灰烬四飞的炭炉耳鬓厮磨，所以，改用中庸的煤气炉。

把汤放进瓦钵，在煤气炉上“咕嘟咕嘟”地熬上三四个小时，其间不时去看看、搅搅，那一钵汤充分地感受到煮汤人的诚意，煮好之后，总会“投桃报李”地显示出一个汤的样子和味道。

我家孩子百喝不厌的是鱼翅瓜熬汤。鱼翅瓜，看起来活脱脱就像是冬瓜的雏形，然而让人啧啧称奇的是，这瓜在汤里煮熟后，用汤匙压它，它竟会散成千丝万缕的细条状，像极了鱼翅，却又具有鱼翅所没有的清甜，十分可口。我常用老母鸡、干贝、红枣、枸杞、墨鱼干和鱼翅瓜同煮，熬好的汤，那种鲜味啊，会化成千万只馋虫，直往你心里钻！

女儿负笈英伦之后，对鱼翅瓜汤魂牵梦萦。有一回，在大雪纷飞的冬天，她竟然拨来长途电话，苦苦央求我给她寄一钵好汤。我漫应着：“好，好，明天就用快邮寄出。”过了几个月后，她又在电子邮件里写道：“妈妈，春天已经来了，我苦苦等了一个季节，怎么您的汤还没有寄到？”

我以汤的味道去装饰孩子的成长岁月，孩子长大后，离家万里，汤的浓香，依然是一根细细长长、坚坚韧韧的线，一生一世牵动着游子的心。

汤的味道，就是家的味道。

感悟手札

风中有音，光中有影

鲁琰雯

多年之后，我想起你们，大概还会是这样一幅画面：雨后湛蓝的天空，阳光熹微，微风拂过轻巧的指尖，学校广播站的音乐悠扬婉转，我们在校门口说了再见，骑着自行车开启归家之路。那是最美好的时光，树影随着微风摇曳，我们的车子歪歪斜斜，我们一路欢唱、一路笑语，一切都是刚刚好。

曾经，体育课上的我们抱怨800米太长，却在放学后一圈一圈地绕着操场走，谈天说地不知疲倦；曾经，我们一边抱怨校门口阿姨的煎饼摊前排的队太长，一边却耐心等待，只为那熟悉的味道；曾经，我们说着三年仿佛长得看不到尽头，却转眼就走过了青春，踏上另一段新的征程。

“最是人间留不住，朱颜辞镜花辞树。”我们一起走过了懵懂的青春，一起度过了奋斗的时光，却还是阻挡不住时间悄悄离去。青春年少的我们拥有美好的理想和追求，钢笔在本子上沙沙作响，书写着我们对未来的希望和憧憬。老师的谆谆教诲，是对我们的殷切期盼和无尽勉励。永远忘不了毕业那天，班主任摘下眼镜，在讲台上说：“孩子们，不管成绩如何，你们都要记住，你们的人生永远没有终点。”短短的一句话，却让大家都湿了眼眶。我想，如果风有记忆，那么它的脑海中大概都是这些光影，倒映着这些记忆的片段。

还记得班长总会提醒我们，“这些重点都是必考点”；还记得语文课代表的每篇文章都是范文，字字句句让人赞叹；还记得化学老师总是很时尚，每次上课穿的衣服从不重样。记得很多很多，也怀念很多很多。我们用自己的行动追求着梦想，用泪水书写着无悔的青春，用奋斗向理想跋涉前行。在这条道路上，我们有过成功的喜悦，也有过失意的惆怅，我们感受过欢笑，也经历过彷徨。但我们的内心深处从未犹豫徘徊过，因为我们知道自己要走的路和要去的地方，所以不再踟蹰，不再迷茫。

芳华几度，流光若水。转瞬间，时光的脚步已经走过了三个春秋，青涩的笑脸也变得成熟稳重，我们走向了下一段旅程。一切美好渐渐随风而逝，但记忆始终不曾褪色，那是时间给我们的最好的礼物。我会记得那段时光，记得每一个人的面庞，记得我们做过的几何题，记得我们默写过的单词，记得我们背过的诗词，尤其记得那一句："流光容易把人抛，红了樱桃，绿了芭蕉。"

我听见风中有你们的声音，看见光里有回忆的倒影，我们在流年里为青春留下了不可磨灭的印记。那些画面一幕幕地在脑海里浮现，似乎还是那湛蓝的天空，树影摇曳时，还是那样让人心生宁静。品一杯香茶，忆一段时光，遥望夜空，在这宁静的时刻，让我们伴着月光和微风，静静地回忆那段独特珍贵的时光。

感悟手札

篱笆，篱笆

董国宾

牵牛花开的日子里，篱笆围成了乡下的院落。每家每户的篱笆墙上，牵牛花一步一步爬上去，红、白、紫相杂的小花朵，给篱笆墙披上了一件花格子衣裳，乡下人简朴的时光中，也便有了意趣和诗意。

篱笆又叫栅栏、护栏，由棍子、竹子、芦苇或灌木构成，是用来保护院子和菜畦的一种设施。我家的院落与菜畦，那个时候用玉米秸或竹子围起来。南宋杨万里有诗曰：“篱落疏疏一径深，树头花落未成阴。儿童急走追黄蝶，飞入菜花无处寻。”从小绕篱而居，这首篱笆名篇小时候我在课本里读过，诗里逐蝶踏花之趣同样也是我的童年，只是儿时一味寻欢，悟不得这般深意，现在想来，简朴的童年不知不觉便掉进美里了。

滑过一片片樱花的海，回头走进岁月，篱笆墙的影子像一朵时光的云，又从我的记忆里走出来。那年秋天，庄稼成熟了，一株株玉米在秋色中收获了，一车车玉米秸拉至家中，父亲就用玉米秸围了一个篱笆墙。父亲将一捆捆玉米秸并排立起来，每隔一段栽一根木棍，中间再用横木棍固定住，一个严严实实的篱笆墙就建成了。父亲的活计很精细，围起的篱笆墙可漂亮啦，玉米秸手牵手站在那里，我家就有了一个不大不小的院落。日子一步步往前走，白鸡在篱笆墙边啄食，瓦楞草在头顶上随风摇摆，母亲在篱笆院里晒苞谷、舂米，拉家常。年少的我拿来小板凳，坐在门前树荫下背唐诗，还围着篱笆墙做各种好玩的事儿。小村子一家一户的篱笆墙织成一道道网，篱笆墙的影子晃动在晨曦中，又沐浴在夕阳里。

那年我家的篱笆墙坏了，父亲又拿了砍刀，在水边砍了一根根绿竹，密密地织成一道栅栏。栅栏拐了几道弯，我家又有了渔网一样的竹篱笆墙。父亲站在院子中间，用手指了指，朗朗地说：“我家的篱笆墙又变了模样。”正在长大的我突然感到，篱笆墙围起的地方，最踏实，也最快乐！夏天从四季里跳出来，头顶上枝条交错，小鸟啁啾，燕子欢舞，蝉声如沸，我家的竹篱笆也嘻嘻相欢。牵牛花是乡下最快乐的花，枝枝蔓蔓绕篱攀爬，忘情地爬，甩开膀子爬，竹篱笆墙就成了花海。牵牛花枝蔓伸展到哪里，花儿就开到哪里。那一串串张开小嘴的小喇叭花，薄薄的、嫩嫩的，白的透洁，红的热烈，紫的沉静，泼泼洒洒，开满了篱笆，篱笆墙的一角天空下，一片清新自然和开怀。一只只蝴蝶飞过来，我一抬脚，摘了几朵牵牛花，就四处逐蝶去了。

儿时的时光里，离竹篱笆墙不远处，有一个我家的小菜园，父亲用棍子建了一个木篱笆，把小菜园围起来。细心的父亲把小菜园的木篱笆做得整整齐齐，木棍与木棍间隔空隙匀称，用来阻挡家畜家禽，免得弄坏菜畦。父亲在小菜园里种上黄瓜、西红柿和豆角，每到季节，黄瓜藤、豆角秧使劲儿往木篱笆上爬，牵牛花和其他小花朵也爬上去凑热闹。小菜园里缀满果实，木篱笆上藤蔓相拥，各色怒放的花朵点缀其中，好一派热闹景象。

篱笆，篱笆，在故土扎根，在记忆里疯长。在眼前的樱花的海里，一想到篱笆，我就看到童年甩不掉的影子，还似乎听到父亲劈柴的声音。

感悟手札

请听我说一下童年

董改正

那时候的那首歌是缓慢抒情的，池塘，榕树，知了，蝴蝶，蜻蜓，稻田，还有山，落山的太阳……一切与我的童年都差不多相似。唱起罗大佑的《童年》时，我二年级，是1981年，我在贫瘠而丰美的童年唱着感伤、唯美，将所看到的一切都蒙上了诗意，包括黑板上老师叽叽喳喳写个不停的粉笔。今天，当我回首那个秋千架上瘦小的男孩的忧伤，惊觉时光的故事草蛇灰线，不知道那时候的我，是否能预见日后的善感？童年，是生命河的源头，当然，包括那首经典的《童年》。

我所行走的上学路，稻田里禾苗葱茏，菜园中瓜菜丰硕，池塘里荷叶亭亭，荷叶铺在水面上，其上蹲着青蛙，或是一大滴清圆的水珠，滚来滚去。树都很高大，里面藏着许多鸟。那首歌是什么时候从哪里传来的呢？我想不起来了，只是学校里都传唱了。教音乐的二十多岁的章校长，弹着吉他，唱着唱着就流泪了，我们讶异地看着他。

后来才知道，原来它不只是四段，有一段因为其中有一句“隔壁班的那个女孩，怎么还没经过我的窗前”，没有通过审查。于是我们就不知道那本叫《漫画大王》的杂志，那个叫“诸葛四郎”的人物，还有“心里初恋的童年”这个让人面红心跳的句子。这是二十五岁的医科学生罗大佑伤感的回望，那个纯真的年代，青年的爱情都是羞涩的，少儿当然不宜。可是，当你懵懵懂懂地翻看着大画家画的小人书，当你爬上山岗采花，下到河里摸鱼，爬到树顶摘果，架着梯子掏鸟蛋时，是不是都希望“隔壁班的女生”看到？那种朦胧，如鹭鸶飞过，颤颤的美好。

那时候父母都忙，没空管我，也没想到有一天我会离开家乡，学到很多的技能。打猪草，挖野菜，挖泥鳅，逮野兔，拾柴火，砌石子，滚铁环，明晃晃的月亮下，满村地捉迷藏，这些细节在日后单调的生活里，常常闯出来，让我呆呆出神，就像那时候，我对着未知发呆一样。比如章校长说的榕树：根是从高高树枝上垂下来的，像渔家女晒的渔网——多么让我惊奇！后来我从课文《鸟的天堂》里知道果真如此。三十年后，我到了南国，站在高大的榕树下，耳畔蝉声噪耳，心里一片宁静，罗大佑苍凉的歌声穿透了我。

游戏，迷迷糊糊，好奇，幻想，盼望长大，盼望明天，不知道此时，才是一生最快乐的时光。懂得时，却已经回不去了。时间也是距离，本该越遥远，越容易忘记，可是，当一个人走向深邃成熟的时候，当一个人明白“真善美”的真内涵时，童年的记忆就越发清晰了。这时的梦想，却朝着童年的方向长大，“童年，就是让你能够忍受暮年的那股力量”，关于爱，关于美，关于一生的性情。

唱《童年》的罗大佑已经六十多岁了，而童年永恒，榕树上的知了鸣叫永恒。

感悟手札

贫困生，我一生最高的荣誉

佚名

十几年前，我在陕南一个偏僻的小镇读初中。新学期开学报到的最后一天，我蹑手蹑脚地走进一间办公室。办公桌旁坐着一个穿戴时髦的女人，空气中还散发出淡淡的香味。刚进门的前几分钟，我凝固了，因为我的窘迫。

我呆立在原地。倒是她先开了口："你有什么事吗？""我来报到。"我的嘴里再也不能多挤出一个字。"哦，姓名。"她的回答也简略。"杨康。"我不敢抬头看她。她的声音先是停顿了几秒，然后说："校服费一共150元。"我依然站在那里不动。她又重复了一遍。我努力把头抬起来，憋红了脸说："我没钱。"

我在说话的瞬间，悄悄地看了她一眼。她年轻而美丽的脸上微微皱起了眉头。我羞愧极了，像雕塑般站在那里，头埋得很低。我只看到眼前，大大小小的脚来了又去，几乎每一双脚上都是新鞋子。耳边是大人和她的寒暄，是孩子的问好声，是她的表扬声……

不知道过了多久，也不知道那个时候我的脑袋里都在想些什么。我只听见她说："杨康，你过来一下。"我挪动着有些麻木的腿，靠近她的办公桌。她给了我一张凳子说："你坐下吧。"紧接着，她又说，"没钱，那你的校服费怎么办？""先欠着。"我深深地记得，我的脸上是有泪水滑过的。过了片刻她才说："哦，那先去教室吧。你的学号是2号。"待她给我拿了新书，我就匆匆离开，头一直没抬。

她是我的班主任。我从小生活在农村，连这个离家只有几十里的小镇都没来过几次，第一次见到一些陌生的人和物，自然很紧张。但其实我内心真正紧张的原因，是我的贫困。由于家庭的多次变故，我的生活过得极其狼狈，而当时最大的障碍就是我交不起校服费。尽管家里想尽一切办法，还是没凑够那150元的校服费。

虽然生活困窘，可我的内心十分平静。上课时，我的目光就死死地盯住黑板，认真听老师讲课，阳光打在黑板上，老师工整的板书在阳光里格外苍劲有力，常常给我带来一阵激动。每晚下课后躺在集体宿舍，我的脑袋里都能像放电影一样回忆起老师所讲的知识。

第一学期期末，我的总成绩在班级里排第一名。当我把父亲从远方寄来的、打工挣的钱拿给班主任的时候，她只是轻轻地把我的手推了回来。她说："你的费用，我已经向学校申请，给你减免了部分，剩下的我帮你交了，你的钱就留着自己用吧。"

正是因为学校减免了我的校服费，我几乎成了大家公认的贫困生，以后的每个学期我的部分费用都是学校减免的。刚开始我很难接受"贫困生"这个称谓，因为这三个字就让我很自卑。后来班主任就喊我去办公室谈心，我和她渐渐由陌生变为熟悉。她说贫困是可以摆脱的，方法只有一种，那就是不断超越自己。

她的话很简短，但是给我的触动很大。我开始改变最初对贫困生的看法，我知道越是贫困，我就越要努力，而不是顾影自怜。当我调整好心态以后，"贫困生"这三个字就不再是我自卑的理由，而是一种前进的动力。

整个初中，我的成绩一直都是班级第一，有好几次还考到了年级第一。

那段时光是我人生中最宝贵的经历，那些日子里我内心安宁，每天沉醉在知识里，读自己喜欢的书，日子虽然清贫，倒也美好温馨。直到很多年后我都十分怀念那段时光和"贫困生"三个字，它让我有着别样的人生。那三个字是我一生最高的荣誉，因为我从那个时候开始渐渐明白：生命的意义就在于自强不息。

感悟手札

慢行火车

沈书枝

第一次有机会坐火车，已是上大学，从南京到苏州。那时大姐已在南京成家，我便从她家出发，由妈妈陪着，带着她煮的茶叶蛋，坐在火车的小桌前剥着分食。那时的火车多是一种红皮火车，从南京到苏州要五小时。第二年便有了当时最好的特快车，车票是T字开头，干净整洁，车窗边沿垂下白窗纱。从苏州到南京的时间也缩短为三小时。接下来的三年里，我在这条线上来回坐过许多次。

大四时恋爱，开始领教漫长的长途车的滋味。男朋友在长沙，那时从苏州到长沙隔日有一趟车，要开二十二个小时，而火车似乎是固定性晚点，每到长沙，会晚点两小时，因此花在车上的时间，正好是一天一夜。学生坐不起卧铺，来去都是硬座。上火车那天，背了换洗衣服和要看的书，几桶泡面，一两个水果，便早早去火车站排队。检完票，还要在站台等十几分钟，火车才吐着长长的白汽进站。这时也顾不得矜持，挤在混乱而勇进的人群里，半是挤半是被后面的人推，一头扎进车厢。先上的人纷纷找自己的座位，抢着把箱子和各色行李塞满行李架和座位底下的每一个空处。总有那么一两个人的箱子或包特别笨重，将后面的人堵成一线。火车缓缓开出一段，车厢里才渐渐现出各安其处的秩序：各人吃的东西拿出来，放在靠窗才有的一面小桌上，很快有人吃东西，一样接一样地吃；带了扑克的人不甘寂寞，把扑克拿出来问旁边的人要不要打；相对而坐的姑娘、小伙子开始搭话，各自说起到哪里去；没有座位的人很多，就扶着座位靠背站着，用一种非常茫然的神气看着旁边坐着的人。

卖零食、饮料的车子来了第一遭，穿蓝色制服的售货员一边奋勇推车，一边喊：“让一让啊让一让！啤酒、饮料、矿泉水，花生、桶面、八宝粥！”少有人买他的东西，他就这样一路磕磕绊绊从第一节车厢推到最后一节，再推回来。卖零食、饮料的人走后，推销袜子的列车员又来了。“来自五湖四海的朋友们！今天我给大家推荐一款穿不破、撕不烂、烧不坏的神奇纳米袜！”他扯着一只袜子，问一个抽烟的人借打火机，很矜持地点这袜子。“连火也烧不着，穿到脚上，吸汗又透气，结实又耐穿。原价五十块一双，今天只要十块钱，就能买两双。”有男人伸长颈子看，最后掏出十块钱，买了两双袜子。

到吃饭的时候，餐车员推着盒饭过来，有十块、十五块一份的。一盒饭，搭几片白菜、几块胡萝卜、几根肉丝。多数人掏出方便面去泡，配着家里带来的东西吃，方便面的香味盈满整个车厢。但方便面实际并不好吃，因为水是温的，泡再久都没法把面泡开。

天渐渐黑下来，没座位的人慢慢开始站不住，都要往下滑。有的人对身边坐着的人说，“挤一挤”，往座椅一角搭下小半边屁股。有的人趁坐着的人起身去接热水泡面，或是去上厕所，就赶紧坐一会儿。这一会儿有时要半小时，因为要在堵满整个过道的、歪歪倒倒的人头与人脚中踩出一条路，实在不容易。

过了晚上十点，人止不住地萎靡，打扑克的停了牌，说话的人也沉默下去，靠窗的就着窗或小桌子睡了，醒来两条手臂都是麻的，这还算好。坐在中间的人侧过身子，也只能勉强趴到桌子上，靠过道坐的人则只能靠着椅背睡，慢慢地睡着了，头猛地往下一栽，人吓了一跳，摸摸一边发麻的颈子，往另一边一靠，又模糊地睡过去了。唯有卖零食饮料的车子仍旧被售货员英勇无畏地推过来，他的身后跟着一溜要去上厕所的人。

快五点时，天空渐渐由深蓝转为青白。太阳红红地升起来，车厢慢慢苏醒，人站起来，腿已经肿得很厉害了。起来早的拿了牙刷毛巾，在水龙头最后一点涓滴宝露下刷一下牙，洗一把脸。

很快，整个车厢醒来，太阳光照进窗户，人都有些喜气洋洋的，为的是这一趟苦快熬到头了。昨日谈熟的姑娘和小伙子重又聊起来，卖零食饮料的又过去三回，卖袜子的拎着半篮袜子，开始降价促销。等火车终于一停一停到达长沙，已是中午，大批人涌下站台，车厢里终于一下子空起来。

如今有干净整洁的动车、高铁，人的变化也真切。起初是厌烦有人搭话，一上车便塞上耳机，慢慢坐车的人也都不说话了，坐定了就掏出平板电脑看电影，或是刷手机。实在没有信号时只好发发呆，看一看窗外，趴着睡一会儿，挣扎着醒来三秒，又睡过去。如今常常从北京到南京，四个小时的车程，竟也开始觉得漫长，唯有坐在窗边时，稍觉宽慰。看着窗外一望无涯的麦地或玉米地，一点一点变成起伏的山田与水塘，才终于放下心来，知道是要到了。

感悟手札

18岁，我有了第一束红玫瑰

英子

这个故事发生在我18岁生日那天。那时，我正在上海的一所师范学校读三年级。独在异乡为异客，我从未奢望过自己的生日会有人给我安排点什么，但生日当天，我心里还是有些失落。对一个女孩来说，18岁的生日似乎总有点特殊。如果说18岁是一个女孩含苞待放的季节，那么18岁当天的花，则开得最美、最香，18岁当天的回忆，也该是最灿烂、最绚丽的。

可惜，现实和希望总有很大的距离。那一天，我过得风平浪静。没有人知道我的生日，也没有人来祝福我，甚至我都没收到一张贺卡。

我一直是个内向的女孩，又是孤身一人在异地求学，早已习惯了一个人平静地面对生活。只是这个18岁的生日，让我觉得日子好像实在太苍白了些。或许，上天注定，我是一个没有色彩的女孩。

那天晚自习的时候，我借故迟到了一会儿，一个人在操场上徘徊。夜幕渐渐降临，校园被笼罩在一片明月的清辉之中，显得格外静谧、和谐。在操场旁边的林荫路上，路灯错落，映射出一片灿烂的辉光。天上是参差的繁星，地上是暗香的春花，眼前的一切营造出了一幅风清月朗的良辰美景。那份失落终于被慢慢地排遣了一些。没人祝福就没人祝福吧，不管怎么说，我毕竟18岁了。18岁，是生命中一座特殊的里程碑，那么，就让我在心底为自己默默地唱一首《生日快乐》吧。

我快步走向教室。教室里灯火通明，大家都在静静地自习，我回到了座位上。

打开课桌的刹那，我几乎有些不相信自己的眼睛，课桌里平白地多了一束火红的玫瑰。六枝玫瑰被一根紫色的绸带精心又雅致地扎着，在一张透明塑料纸的映衬下，显得娇艳欲滴。绸带末端还挂着一张小卡片，“生日快乐”几个小字苍劲有力，却很陌生。我愣愣的，几乎落泪。我没想到今天竟然会有一个人在悄悄地为我祝福，更没想到我 18 岁的生日，收到的唯一礼物竟是一束玫瑰花。

晚上回到寝室，我把玫瑰小心地插入灌满清水的玻璃杯。玫瑰为我的桌子增添了一份流动的情致。整个寝室一片哗然，大家追究着玫瑰的来历，我用浅浅的微笑回应了她们的好奇。从她们的话语中，我分明听出了一份羡慕。想不到这束玫瑰的亮相，竟让许多女孩都有些心神不宁起来。18 岁，是个多么敏感的年龄，这一束玫瑰映红的，不仅仅是一个女孩的心思。

那一夜，我迟迟不能入睡，倚在床头，看着窗外空明澄澈的月光，心思低回婉转，默默感谢着那个为我送来祝福、带来惊喜的无名氏。

这束玫瑰的送出者一直没有露面，我心中也就一直悠悠地悬着一个解不开的谜。快毕业了，我从未打算在这个时候去寻找一份爱情，可这束玫瑰毕竟照亮了我的 18 岁，我真的很想看看那个男孩。我想，我会记住这一份温馨和浪漫的。

谜底是在一次偶然聊天中揭开的。那天，走廊里只有我和班长两个人，他忽然不经意地问我：“玫瑰漂亮吗？”我诧异地盯着班长，那是个年长而沉稳的男孩，幼年的经历有些坎坷，所以总比同龄的男孩显得深沉一些。他——怎么会？

班长大概看出了我的诧异，不好意思地低头笑了笑，自顾自地说了下去。原来，给我买生日礼物是班主任的意思。

班主任从我的周记中感觉到了我那份淡淡的孤寂和忧伤，所以在我生日那天特意交代班长去为我买一份礼物。班长拿着钱在街上踌躇了许久，实在不知该给女孩买什么礼物，结果遇上了一个卖花的小姑娘。小姑娘问他要不要花，他随口问小姑娘女孩喜欢什么花，小姑娘毫不迟疑地挑了六枝玫瑰给他。他本不想买，可看到春寒料峭中，小姑娘瘦削的身影和那无望地等候买主的凄楚，一不忍心，掏钱买下了花。他想到送玫瑰给班里的女同学，怕被人误解，所以偷偷地放在了我的课桌里。

真相比我幻想的那个故事平淡了许多，却更为美好。我相信自己的未来不会缺少爱情，而来自老师的关爱和隐藏在玫瑰背后的曲折，让我深深地为之心动。这是一束和爱情无关的玫瑰，可它在我的心中曾经引发的幻想和如今的感动，都使这束玫瑰在我的记忆中开出了别样的绚丽。

如今，或许我已不再会为收到一束鲜花而心动，可生命中的第一束玫瑰，在我的心中却清晰依旧。

那束玫瑰，融进的，是我18岁的生命。

感悟手札

那些年我留过的马尾辫

小妖寂寂

考上大学这年，我收到了妈妈送的礼物。那是一个雕着精致花纹的化妆箱，里面除了一些基本的护肤品之外，居然还有我曾经用过的、五颜六色的发绳、发圈和发带。

伸手摸摸头上早已习惯的利落短发，我差点忘记了自己也留过长发，扎过马尾辫。

在十五岁之前，我是一个留着长发的女孩。初中后，妈妈总是以洗头发、梳头发会浪费时间为由劝我把头发剪了，但我坚决不妥协。我能理解她作为重点班学生家长的惜时如金，可她却不能理解，其实每天早上起来梳马尾辫才是我最快活的时光。从发根到发梢，再从发梢到发根，发丝缠绕在我的手指之间，闪着光泽，带来了像丝一样的柔顺感觉。

那时候，班上有很多女生都留长发，可是教导主任不止一次地提出让女同学们剪短发的倡议。起初大家对此都不以为意，相互嘟囔着：“只不过是早起十分钟梳头发的问题而已。”可后来有人开始沉默，再后来就有了第一个剪掉长发的女生……

等升到初三后，忽然有一天我惊讶地发现，整个班里就只有我一个人还梳着马尾辫。看着昔日长发飘飘的女孩子一个个剪着相似的短发，露出尖尖的下巴和大大的眼睛，以及带点漠然的神情，我无端地觉得她们很陌生。

我觉得在这样紧张的生活里，还能拥有自己喜欢的东西非常不容易，我应该更珍惜我的长发才是。所以我一如既往买回来各种带有可爱图案或精致配饰的发圈，每天换着扎，让心情也跟着一起缤纷多彩起来。

在第一次模拟考试过后，班里的气氛显得更为紧张了，老师每天都会留很多功课让我们带回家做。但哪怕睡得再晚，第二天我也会准时起来梳好我的马尾，干干净净、清清爽爽地去上学。妈妈看不过去，给我们班主任打了电话，企图请他对我下死命令。可她哪里能预料到，因为我学习还不错，所有的老师都对我留长发持默许态度。

我以为我的马尾辫会这样一直随风飞扬，但我失算了。

初三的第二学期才开始不久，我就到理发店把一头乌黑的长直发给剪了。不是因为学校一再的动员，也不是迫于妈妈的压力，更不是受到了其他女生的影响，而是源于后桌男生一句半挑衅、半开玩笑的话。他和别人打赌说，如果我剪掉长发，他就心甘情愿把两个月的零花钱贡献出来，他赌我决不会剪。但任谁也想不到，我真的就在第二天顶着一头露出耳根的短发来了，所有人都目瞪口呆。

我把那些五颜六色的发饰都交给了妈妈，让她替我保管，然后把对长发马尾的热爱连同那个不知是谁送我的漂亮发卡，一起锁进了我十五岁青春的抽屉。

其实我当年要剪掉长发，不是因为赌气，也不是被激将后的一时冲动，而是经过了深思熟虑。后桌男生日记本里写了一首叫《马尾辫》的诗，里面还有我的名字，这让无意中看到的我心跳加速，然后惊慌失措。后来我想，在那样兵荒马乱的备考季节，他这样甜蜜却张扬的心事是多么的不合适。于是，我决定剪掉长发，就当是帮助他，也帮助自己。

现在我只记得，在后来的毕业晚会上，我和后桌男生相视而笑，云淡风轻。

感悟手札

每个热爱孤独的人都有滚烫的灵魂

雪樱

入伏的前一天，我中暑了，头昏脑涨，浑身酸痛，但是怎么也睡不着，便爬起来整理书籍。结果发现，我不知不觉竟攒了那么多书，朋友送的签名书、自己买的文学书，一一翻阅，勾起好多美好回忆，淡淡的伤感袭上心头，说不出的惆怅，还有孤独。

从小我就没有睡午觉的习惯，上小学时放暑假，大人们午休，整个筒子楼里静悄悄的，我就和自己玩儿。我会搬出盛书的纸箱子，将书啊、本子啊、文具啊倒一地，反复摩挲，这有种特别的满足感。我还经常会找出小黑板，挂在门口走廊的墙上，学着老师的样子上课，一手托课本，一手写板书，既当老师也当学生，黑板写了擦、擦了写，一讲就是一下午。口渴了就回到屋里，抱半块西瓜出来，坐在板凳上，用勺子挖着吃，吃个肚儿圆圆。待下午时分，太阳矮下去，陆续有大人孩子下楼，我便“收摊”回家，一切好像没有发生过。

升入中学，父亲在外打工，一个月才能回来一趟，我就去姑姑家过暑假。她家人多，开着商店，也热闹。每当傍晚店里忙起来，我便带着表弟出去玩。小区后面的一块荒地，有位老人建了个菜园子，养着好多鸡，表弟追赶鸡群跑得满头大汗，边追赶边学鸡叫，“咯咯咯咯”，快活得要飞起来。我站在小山坡上，目送太阳一点点沉下去，内心升起巨大的孤独。

以前我并不懂什么是孤独，还是时间最教化人，让我在一次又一次痛苦离别中慢慢领悟。《红楼梦》第五十六回中，甄府来了个甄宝玉。重名纯属巧合，但宝玉做梦，梦中看到镜子里的自己在做梦。其实这里面有一种镜像关系——宝玉一直在借他人寻找另一个自我，通过秦钟、黛玉、袭人、晴雯等，最终甄宝玉的出场，使他看清了自己，也流露出内心强烈的孤独感。梦境预示的两个“自我”正在对话：一个是贾政眼中的宝玉，肩负做官求得功名的重任；一个是做自己的宝玉，热爱孤独，享受独处的自由。大多数人往往在意前一个宝玉，忽略了后一个宝玉。确切地说，是被世俗功利所遮蔽心眼，忽略了内在的力量，无视生命个体的孤独，也就无形中践踏了生命的尊严。

宝玉的孤独亦是他的尊贵，宝玉的呆痴亦是他的眷恋。就像处于青春期的孩子，敏感而多疑，不愿与大人分享，但是他们的心灵是滚烫的，情感是饱满的。开学读大二的麦子，放暑假第一天，头天晚上给自己定上闹钟，早上七点没吃饭就骑着单车直奔 BRT 车站，坐了两小时公交车来到电影院，看了一场包场电影，然后去吃了一顿心仪已久的自助餐，想吃多少拿多少，随心随意，吃到撑得打了饱嗝才离开。然后他原路返回，回家睡了一觉。他写道：“第一次看包场电影，当自己一个人坐在影院的最后一排，望着空空的座椅，此时的孤独淋漓尽致，可这种孤独是纯粹又充满意义的。看完电影后自己仍然是孤独的。”他还说，“我觉得生活一直都很善待我们，只看我们愿不愿意去善待生活。我依然记得我之前说过的话，生活本无味，酸甜苦辣皆是人心，每个人的生活都充满着苦恼，但我们又不得不承认苦恼所赋予我们重大的意义。在我看来，每一个热爱孤独的人，都有着发烫的灵魂。”

看到这里，我的心头一动，眼里蓄满泪水。试问，哪个人不是孤独的呢？因为孤独，柯希莫爬上了树；因为孤独，霍尔顿要做麦田的守望者；因为孤独，马塞尔在玛德莱娜的小点心中品出童年的味道；因为孤独，阿玛兰妲拒绝求婚，独身终老。如果说孤独是灵魂的属性，那么读懂孤独则是心智走向成熟的标志，意味着不再屈从，厘清边界，看清生命的本质。就像宝玉对黛玉的表白。紫鹃骗他黛玉要回苏州，他不禁大病一场，后来说道：“我只愿这会子我立刻死了，把心拿出来让你们瞧，然后连皮带骨一概都化成灰。灰还有形迹，不如化成一股烟。

烟还可凝聚，人还看得见，须得一阵大风吹得四面八方，都登时散了，这才好！”想想，人生在世，结局不过一缕烟、一撮灰，所以，生死聚散乃常态，守住孤独才是最辛苦的修行。

到了晚上，我才猛然间想起来这天是自己的生日。母亲风尘仆仆地从外面回来，给我煮了一碗面条，两个荷包蛋。我狼吞虎咽吃下，也吞咽下所有的孤独与苦闷，抬头擦汗的瞬间，我发现内心依然坚定如初，也决定更加善待自己。

感悟手札

永不散场

肖静

新住所的窗户正对着一所高校的大门，总能听到北风在窗外刮得“呼呼”响，每每以为风起要关窗，凑到窗前只能看到成群结队进入校门的学生。

公寓走廊尽头总是开着一扇窗，大学的教学楼直直正对着站在窗口向外张望的人们，向左能看到红彤彤的体育场。本该偌大的场地在我的眼睛里怎么显得这么小？许是这样的青春离我太远了吧！许是我的泪模糊了视线吧！

校园和公寓用一圈铁篱笆隔开，篱笆上铺陈着铁线莲。我错过了最美的花期，只看到了它们绿油油的生命力，叶子没有灰头土脸，叶茎没有臊眉耷眼，貌似单单只靠校园里的青春气息就足以长得如此生机勃勃。

旁边零散长着几株一米多高，毛茸茸像草一样的植物，它们有着一个“高大上”又值钱的名字：黄金串钱柳。我左看右看，也没看出这几株黄中泛绿的植物怎么就“可知富贵柳，色比黄金足”了？

隔着长满绿植的铁篱笆，能看到操场上隐隐约约奔跑的身影，篮球拍打在塑胶场地上，发出沉稳响亮的“啪啪”声。男生们说笑叫嚷的声音回荡在校园，也冲击着隔篱笆而居的我。

其实，没有女生参与的篮球运动是无趣的。想起当年求学时，体育课有一个项目必考，就是篮球。女生求男生课余时教打篮球，男生信心十足，女生兴致盎然。但没有半个小时，女生就蹲在了地上，半步也不想挪动，男生也口干舌燥，纳闷怎么比自己打全场比赛都累人。

那个年代，篮球都是男生凑钱买的。为了展现自己篮球王子的魅力，将兄弟们凑钱买的篮球拿出来哄女生，可想而知，他在晚上的卧谈会上被怎样拷问，直至灵魂深处。

那时候，篮球场是水泥地，篮板是木头做的，篮筐破烂不堪，而且一定是没有篮网的。每次进球都要想象篮球快速穿过篮网时动听的那声“唰”，或者干脆自己来个配音，加上帅气的进球动作。骄傲自信的青春时期，就这样定格在十八九岁的那年。

如今，男生早已不用凑钱一起买篮球，女生也完全可以到室内的场馆，找到专业的教练，只是，男生没有了打球应该具备的身材和体力，女生白皙娇嫩的双手也早已禁不住凹凸不平的篮球表面带来的磨砺。

球赛终将哨响散场，相聚总有挥手告别之时，青春也不会作为常驻嘉宾赖着不走，人生的路终于还是会有尽头。

去年某天，一条信息钻进我的眼睛：×× 没了。我立刻回话质疑、拒绝相信，然后……无语泪流。十几岁时一起成长了四年，毕业十年后相聚了两天，以为还会在毕业二十年的时候再次见面，以为退休后可以驾着车跑遍每个同学所在的城市，以为散场还早……

校园真美，美到让离开校园多年后的我窒息。虽然和记忆中的校园完全不同，但那一张张红润的脸庞，一双双清亮的眼眸，让我又看到了相同。

真的好想告诉这些学生，珍惜现在的时光，虽然有缘相聚在一起，但你可知道，自从你们相聚时的那刻起，散场的计时器就开始了倒计时。没有永远在一起，只有永远会记得。

夜半时分，一个相识多年的老哥哥在睡梦中离开了。多年来，他一直为了生活奔波在外，回到家跟爱人、孩子才安稳几天，就将对爱人的牵挂、孩子的思念留在了那个深夜。喜好踢足球的他还想再多教一些学生踢球，脾气好的他总是话少的那个，心思细的他总是最贴心的那个。如今，球场上不知道从哪里蹦出来一个不合格的裁判，对他吹响了比赛结束的哨声。看台上的朋友们冲进场地想要夺下裁判嘴里的哨子，想要赶走它，想要暴揍它，可，伸出的双手打向了空气，踹出的双脚落在了草坪上。

谁都不愿散场，可谁都——终将离场！

结识十几年的排球球友组建了一个小群，名字就叫：永不散。多年一起打球，默契已有，性格脾气也熟知，虽说常年各自忙碌在四川、安徽、广东、河南，却总是会在相见时立刻打回原形，说笑玩闹一如当初，好像从未分开过。

其实，谁都知道，时间久了，终有难以见面、默默淡出的那天，但不知道为了什么，偏偏就是不相信是会有裁判吹响哨声，任性地想要用“永不散”赶走拿着哨子的莫须有之人。

因为，我们始终相信，可以散场，但，绝不散心。

球场上突然失去了声音，蝉儿叫了起来，有风吹来，铁线莲在铁篱笆上和我挥手，黄金串钱柳摇摆着，想要牵到铁线莲的手，我将双手背在身后，转身就走。

我不想说再见，因为，我所在的每一处都——永不散场。

感悟手札

有车相伴的日子

孙青

我的那些车载着我往外跑，也牵引着我往回赶，在来来回回中让我经历着生命的变化与成长，也见证着亲人间真情的传递。

曾经读过摄影散文《前方》，图片中关于“车”的描述，让我至今记忆犹新。

在一辆破旧的“车”中坐着一群人，其中一位靠坐在窗边，以手托腮，脸部写满复杂的情绪：有迷茫，有期待，或许还有担忧与不安。

这样的情景，在我的脑海里似乎也是一次次重演。

对于车的记忆，最早莫过于妈妈那辆黑漆漆的自行车了，牌子我已不记得了。五六岁矮小的我站在那辆车旁，会觉得它特别高大。对我来说，它并无任何神秘之处。因为妈妈去上班、去菜场、去亲戚家，总会骑它。车前有一条大杠，小小的我经常被抱到大杠上，安静地坐着，然后就能听到妈妈在身后“呼呼”地蹬着车。总之，那架势就像老鹰护着自己的幼雏一样。

在自行车上度过的路程还算美好，除了有一两次有些糟糕的情况。可人们的大脑就像搜索引擎一样，总是会搜索一些特别的情景。比如，一次参加完亲戚的酒宴，妈妈载着我回家，一路上路灯暗漆漆的，石子铺成的路面颠簸极了，妈妈大概是看不清前方，骑个车竟也不能直线前行了。终于，在快要到家的时候，一头栽进泥土，连人带车摔了下来。小小的我害怕了一阵，不禁抱怨“妈妈坏，坏妈妈……”所幸没受伤，妈妈瞅了瞅我，又瞅了瞅车，一脸通红地笑着又挣扎着爬了起来。

还有一次坐着妈妈的车去城里，她像往常一样想将我放在车杠上，可是我那天突发奇想，想坐在车后面。结果刚过了城西的大桥，我就感觉脚下突然一阵剧痛，听到我的一声惨叫，妈妈回过头来，发现我的一只脚卡在了车轮里，脚上在流血。我吓得一动不动，在妈妈带我去医院的路上，脚一直保持一个姿势，生怕下一秒脚就不是原来的脚了。后来涂了紫色消毒药水，缠上纱布，在母亲的埋怨和絮叨之中，我坐着自行车杠继续前行。

后来长大了一点，我开始读小学。学校离家比较远，我因为家在厂区里，所以每天坐厂车去学校。我也就不再坐我的专属坐骑了，而是每天都要跑到大大的汽车里。

厂车简直就是小孩子们的乐园呀！车上总共六个年级的小孩，在年级比我大的姐姐哥哥们面前，我觉得他们个儿也比我高，说话也比我伶俐，总会有距离感。可是看到年级比我低的弟弟妹妹们，或者看到新的面孔，我就会油然而生一种优越感，看到他们小小的个头和比我还幼稚的脸庞，心中总归有些窃喜。有时候无意在车里嗑瓜子被一个男孩告密，被司机阿姨批一顿；有时候在车里唱歌游戏，和其他小伙伴相约晚上出来一起玩耍。当然也有乖巧的时候，自个儿拎着泡着几瓣发白橘肉的瓶子，穿着平时鲜穿的一件无袖裙，在汽车上默默发呆。

后来，我念高中，代步工具又变成了电瓶车。每天早晨，困倦的我在星空下摸索着发动电瓶车，又在黑黢黢的夜幕下，骑着它回家。每当下了夜自习，看到路面被霓虹点缀得五彩斑斓，总有数不清的惆怅萦绕心头。好在，一路上有电瓶车陪伴着我，它无怨无悔，每天都承载着我一步一步逐梦前行。

读大学和研究生时，我去了外地。记得第一次开学报到，爸妈和我一起坐上了绿皮火车，那是我第一次坐火车，感觉特别兴奋，兴奋中还有些忐忑。从来没有离开过家，可眼下要离家很长一段时间，这可如何是好？好在路途够远，有足够的时间让我在内心翻江倒海一番，直至到站渐渐恢复了平静。这种感觉，在我的求学生涯中，总会在某个时刻不经意地冒出来。

爸爸妈妈在车上也是心事重重。每次我要出远门，他们虽然一句话也没有，但心情全都写在脸上。嘴上总让我坚强，却也是豆腐心。他们在担心什么，如果说出来，恐怕一晚上也说不完，但他们就是不说，上车只是默默地拿行李，坐在车上只是默默地递给我水和零食，特别是妈妈，总是默默地让人容易忽略她的存在，却又无时无刻能感受到她带来的温暖。

我舍不得离开父母，舍不得离开生活了将近二十年的故乡。我是一个特别恋家的人，可现实总是要我离家，心里的“舍不得”总是一次次变成现实中的“不得不舍”，这样的滋味不好受。就像我的那些车儿一样，它们载着我往外跑，也牵引着我往回赶，在来来回回中让我经历着生命的变化与成长，也见证着亲人间真情的传递。

如今，已经工作的我，真的还想再坐一次车，不是便捷的电动车，不是气派的轿车，不是庞大的公共汽车，也不是长长的动车，而是妈妈的自行车。妈妈年纪大了，载不动我了，就换我来载她吧！

感悟手札

我的青春期很“刘海”

张佳羽

初二那年，我步入青春期，莫名地开始注重个人形象。

穿衣，排斥邋遢，至少要干干净净，衣服上的图案也要跟得上潮流。那时候，我们总是变着法儿跟学校的规定作对：不爱穿整套校服，只着必备的校服上衣；下身嘛，牛仔裤成为我们热衷的搭配……

仅仅这些还不够，对于发型，我也狠心地做了改变。

从小学开始，就一直扎着高马尾的我，到了初二，倔强地要与过去决裂。我渐渐不满意镜子里的我，讨厌这种“傻呵呵”的高马尾——显脸大，没个性。终于，在某天中午放学后，我鼓起勇气进了理发店。

向理发师比画，向发型谱讨范例，我要剪一个当下最流行的“刘海”。理发师一手执梳，一手执剪，很专业地“咔嚓咔嚓”一顿狂剪。

直到理发师在空中自豪地“咔嚓”了几下剪刀，似乎宣告“大功告成”；又用梳子细细地将我的脑门梳了好几下，摆出架势端详我的头，我才敢眯着眼偷看镜子。

镜子里的我，额头上诞生了一个厚重又时髦的大刘海，刘海的长短刚好能贴在眼皮上，脸的侧面还各有一撮修饰脸型的“副刘海”，显得脸小了一圈。整个造型和以前的大不相同，我高兴极了！我再也不是“大脸猫”了！

在回学校的路上，我又忐忑又欣喜，怕同学们会认不出我，也期待着接受他们的赞美。结果，由于我找的那个理发店离学校比较远，坐车回去时遇到大堵车，下午的第一节课已经上了五六分钟，我才风尘仆仆地赶到教室。

一进门，所有人的目光都扫射在我身上，我瞬间红了脸，结结巴巴，不知该说些什么。班主任还不忘“神补刀”：“哎呀，我都差点没认出来，以为日本的樱桃小丸子来了。”

“哈哈哈……”同学们哄堂大笑，笑声震天，梁上落尘。我感觉自己的脸红得发烫，似乎有火苗在腾腾燃烧。我低下头，双手搓着衣摆，快速回到自己的座位上，恨不能找个地缝钻进去。

带着些许的不甘心，我悄悄问同桌："我这个发型……有那么好笑吗？"他端详了良久，把头凑过来小声道："很好看啊！""那大家笑什么？""笑你美了发型、误了上课，被老师打趣了一番。"听他这么一说，我心里舒服多了。

我已无心听讲，满脑子都是我的新发型。想再仔细看看，却找不到镜子，东张西望，总期望从某个地方闪出一面镜子来。

我不知道我的青春期到底带给了我一种怎样的情绪，剪完刘海之后，我开始变得敏感起来。以前从来不带小镜子的我，为了让自己的发型随时随地保持完美，特意买了一面 16 个小时带在身上。为什么是 16 个小时而不是 24 个小时？因为还有 8 个小时的睡觉时间。

一遇到刮风，我会下意识地捂住刘海，不让它被吹乱，风越大，我护得越紧。以至于，连我都觉得自己是一个"护头妹"。等到风静处，我赶紧掏出小圆镜，左比比、右照照，生怕有一根头发乱了阵脚，破坏整体的美感。

因为太注重自己的外表，我上课时注意力集中不起来，学习成绩因此一再下降。

虽然我还是不明白，青春期到底带给了我什么，可能我经历了一个"很怂"的青春期吧。但我有一种感觉，属于我的那朵花，还未完全开放。

感悟手札

我的中学

猫主义

一

在我的中学校园里，有一个火腿厂。

火腿厂南面是教学楼，北面是宿舍区和食堂，东面是操场，西面是办公楼。也就是说，它差不多位于学校的中心。

谁也没有问过它是怎么来的，为什么一个学校里会有一个火腿厂？谁也没有认真看过它，那是围墙圈起来的一块不大的地方，有几排房子，几台机器，似乎还有烟囱，似乎又没有（因为没有仔细观察过），反正我们都不关心。

厂子生产的火腿叫六中火腿，在本市小有名气，学校大门外还有一家门店，逢年过节有人排队买。这和我们也没有关系，我们又不吃。

我不吃是因为我要减肥，朱不吃是因为他对猪肉过敏，据他说吃完全身长环形红斑，奇痒无比。

二

朱身上痒的时候，别的地方还好说，可后背自己挠不着，这就有点难过，只得靠蹭树解痒。

我笑得前仰后合，说："你不会用痒痒挠吗？"

他说："你不懂，蹭树最管用。"

下了课间操，我和朱并肩往回走，后面几个同学大喊："猪——猪头——给你送到火腿厂去！"

朱立刻跳脚了，骂了句脏话就脸红脖子粗地追过去，转瞬在黑压压的人群中消失了踪影。本来冲我捂嘴窃笑的女生们也被他吸引了注意。

后来我瘦下来之后告诉他，他们那天是在笑话我。他说："是吗，我哪知道。"顿了顿又说，"你还好，只有胖的时候被叫猪，我这个姓，一辈子都跟猪脱不了关系。"

我高中的时候有一百五十斤，身高一米六五，但我一直说自己一米六八。

似乎即使只是在数字上把自己拉长，也能显得稍微瘦一点。和真正的一米六八站在一起我也有办法，我会罗锅起来，反正我的背本来就有点驼，再驼一点也没人注意。

其实每个班里都有几个胖子，我并不比别的胖子更显眼，只不过因为学习好才出名。他们管我叫“那个年级第一的胖子”，简称“年级第一胖”。真是可笑，有这么简称的吗？意思完全变了呀。

到了高三下学期，我决定减肥，先不吃肉，后不吃饭，最后菜也不吃了，丧心病狂地只啃苹果。结果体重没见掉，智商掉了不少，都快跌破一百三了。数学老师叫我起来答题，我还没开口，肚子一阵雷鸣，全班哄堂大笑。数学老师也笑：“要保重啊！”“重”字他特意加了重音，又引起一波哄堂大笑。他应该去当语文老师。

课间，朱从隔壁班兴奋地跑来找我：“哎哎哎，有什么乐子？听见你们班都笑疯了！”

我父母、班主任乃至年级主任轮番教育我：特殊时期，要以学业为重。减肥可以等到高考后面的暑假嘛。

我说：不行，我基础打得太牢，不早点行动，怕开学前减不下来。

他们说：你这样，考不上大学怎么办？考不上连开学都没有了。

我说：不会的，考不上“985”，考“211”还不行吗？

他们就说我脑子抽了，连骂带说，却没有一句训到我心里去。我倔强而拧巴地沉默着，不肯向任何人承认，我只是单纯地不想再被嘲笑而已。

后来他们又妄加猜测，觉得我之所以要拼命减肥，是因为想早恋，把我叫到办公室旁敲侧击，想让我改变想法——放弃减肥。

只有朱支持我减肥，支持的理由是——我穿最大号的校服衬衣，胸前两个扣子也总是崩开，朱说这太不雅观。我象征性地扯扯衣服边儿，说本来挺合身的，谁知道它会缩水。

第二天，他给我一串别针。

第三天，他给我一件衬衣。码数特别大，原来是他姑姑的。我彻底被激怒了，因为我见过他姑姑。她就住在我家对面的楼里，而他就住在他姑姑家。

放学之后没有人，我冲到隔壁班，把那麻袋一样大的衬衣卷成一团，冲着朱的座位狠狠丢过去，原本打算丢到他面前的课桌上，结果没丢好，挂在了他脑袋上。他就坐在那里，像个拖布。我还生着气，怕忍笑忍不住，赶快跑了。

他好多天没理我。

三

我减肥终于有效果了，瘦到了一百三十斤。

有一天我在阳台上收那件缩水的校服衬衣，看到朱在对面楼上望风，就扬起衣服冲他甩了甩，当打个招呼。仅仅这么甩了几下，我就突然头晕了，减肥减太狠，血糖跟不上。黑下去的视野亮起来之后，朱不见了，不知道他有没有看见，有没有回应我的招呼。

事实证明他有，没几天他就又和我一起上下课间操、一起玩了。他说，你都摇白旗鞠躬了，我也不能太不给面子。

前年朱追求一个姑娘，为了给他助攻，我还特意私下跟那姑娘讲了这个故事，以示他的温柔、体贴、幽默和好脾气，换句话说就是皮实、扛造。姑娘也夸他是个暖男，但还是没有跟他在一起。后来我打听到，是嫌他太矮了。

朱得知后暴跳如雷："我这还叫矮！一米七八还叫矮！中国男人平均身高才——"

我说："你多少年没量身高了，自己缩水了都不知道吧，你看起来也就一米七五。"

他说："还用量吗，你不是一米六八吗，你看我比你高这些，十厘米，那我不就是一米七八吗？男的显矮你不知道……"

我最终也没告诉他我其实只有一米六五。

朱时常为他的身高愤愤不平，因为他的父母都是行走的电线杆，他自己没长成大高个儿，全怪发育期营养不良。

据我观察，寄养在亲戚家的孩子很少有营养"够良"的，这和亲戚对他好不好没有必然联系。寄人篱下，仰人鼻息，小孩子心里不舒展，身体自然舒展不到哪儿去。

很多年之后我吃小龙虾过敏，突然想起朱的蹭树解痒大法，便打电话向他咨询详情。他笑了笑，告诉我其实蹭树并不比痒痒挠管用，他当年只是不愿意用姑姑家的痒痒挠才去蹭树的。他姑夫不信世上还有对猪肉过敏的人，非说他是皮肤病，于是朱就自觉地隔离自己，以免“传染”给别人。

四

我们高三那一年，学校里出了很多心理有问题的学生，有离家出走的，有心理压抑的，理由五花八门，最离谱的是“选美没选上”。

朱父母离异，跟着姑姑住，常年骑一辆破自行车上下学，后车轱辘动不动就掉下去，朱跟着摔倒，然后爬起来安上接着骑……

我是“年级第一胖”，走到哪儿都有人指指点点，总有人趁我不在的时候往我课桌抽斗里塞垃圾，还有人本来没看见我好好的，一看见我就马上捂住鼻子，阴阳怪气地说“哪来的臭味儿”。

我们这样的都没好意思出心理问题，倒让选美失败之流抢先了。当时瞧不起他们的矫情、脆弱，现在想来，我们可能并不比他们坚强多少，只是足够幸运，有朋友陪伴。再说了，心理疾病又不是比惨大会，不是只有够惨才配得。

当然，那段时间我和朱也都处于人生的低谷。我突然进入了喝凉水都反弹的时期，好不容易减到一百二十斤又猛增到一百二十八斤，并且被目光雪亮的人民群众发现了。她们奔走相告，断言我白费力气，到死都会是个胖子。朱呢？我不知道，反正好几天没来上学了。

晚自习，他班主任找我，叫我明天喊他家长过来。我答应着，也没等到明天，下了课就去网吧找他，告诉了他这件事。

他便下了机跟我回学校，可最后一节自习还没上完。我不想回教室，朱也没回，我们就在操场上一圈一圈地走着。结果，好巧不巧地碰见政教处抓早恋：“站住！女生回去！男生跟我到办公室！”

这时朱做了一件很抽风的事，猛地拉着我跑起来，而我处于发蒙状态。

空荡荡的操场，两个学生，一个政教处老师，狗撵兔子一样跑着。

本来是向教学楼方向跑，可在政教处老师的呼唤下，教学楼也冒出一个老师跑向我们。于是，我们只好绕过火腿厂转而向北，没想到宿管室的灯也亮了起来。眼看着即将被三方合围，朱一下子不见了。我正大惑不解，就听到小声而急切的招呼：“爬进来！下面！爬进来！”一看，火腿厂的围墙底下有个洞，朱正在洞里叫我。

亏我瘦了不少，尽管笑得浑身颤抖，我还是被朱给拽进去了。

三个老师围得越来越近了，他们早晚会发现这个洞，早晚会发现我们，那又会是好一场丢人现眼。可是奇怪，越是这样紧张的时刻，我反而越觉得好笑。我坐在地上，靠着火腿厂的围墙，笑得连声音都没了。

远处传来一声尖叫，接着是一片骚动，本来围堵我和朱的老师大呼小叫地远去了。我们那时候还不知道有位同学想不开轻生了。

朱松开捂在我嘴上的手，坐在旁边的地上。我也没有力气笑了。

五

电线杆上一只小灯泡微弱的灯光下，一双黑亮的眼睛在静静地看着我们。

原来，它一直在静静地看着我们。

原来，火腿厂里养着一只小黑狗。

原来，我们的日子是这样的……

感悟手札

第二辑

走着走着，花就开了

在人生这条漫漫长路上总会有不如意的事，但要相信：人生不会永远布满荆棘，即使愁云惨淡，阳光终究会刺破黑暗。所以，要微笑着面对生活，勇敢地走向未来，走着走着，花就开了。

我和我的牙齿

花凉

对一个女孩来说，十二三岁应该是“美”这个意识的萌芽期。那时候我上初中，却一直不敢开口大笑，因为我的牙齿。

我的两颗门牙之间，有一条过于宽大的缝隙。上初中的时候，这件事情几乎成了我的一个心病，每天晚上睡觉前我都期盼着——希望第二天早上起来这个缝隙可以消失。

我的父母对“美”这件事情毫不在意，当我尝试去倾诉这件事情带给我的痛苦时，他们却觉得可笑，觉得我在小题大做：“不就是一条缝吗？没关系的。”“你把它当成你的特色就可以了。”“只要学习好，谁会在意你牙齿之间的缝隙？”

上初三的时候，我生平第一次对一个男生有了朦朦胧胧的好感，于是我自卑的感觉更加明显。对别人开口说话的时候，如果对方看向我，我就会想他是不是注意到了我丑陋的牙齿。

反正那个年纪，也确实是想得多的年纪。走在街上，看到一些饭店贴出来的招聘广告里写着“五官端正”时，我便会在心里懊恼一番，觉得自己长大以后去找工作面试，连最基本的招聘要求都达不到——牙齿算不算五官？好像不算，又好像算。

其实，我到现在也不是非常理解，为什么成年人会喜欢歌颂青春，影视作品也会拍“我的中学时代”，好像很多人都觉得那个时期是无忧无虑的，有着玫瑰一样的色彩。我却不这样认为。

牙齿间的缝隙是我最大的心病。但除了它，我的生活中还有很多别的“大怪兽”。

比如，每一次的数学考试。我的数学成绩总是很差，学校门口的打印店里，可以打印每一次月考的成绩，五毛钱一张。除了希望我的牙齿变得整齐的愿望之外，我那时候还有一个阴暗的心愿，希望那家打印店能够倒闭，或者干脆失火，这样就没有人能看到我惨不忍睹的数学成绩了。

还有我额头上忽然冒出来的痘痘，我又粗又硬还是自来卷的头发，而且我12岁的时候身高就长到了171厘米。天啊，那个时候真是让我绝望。

中考我考得还不错，进了县里最好的高中，但和那个我有好感的男生，不在一个学校。

那个我有好感的男生，肯定是不会喜欢我的。什么人才会喜欢我呢？我想象不出来。我上初中时也有几个关系不错的女生朋友，我觉得她们都很好看——娇小的身躯，柔顺的长发，每个人的牙齿都是整整齐齐的。我在她们中扮演的经常是一个“傻大姐”的角色。

不在一个学校之后，我给那个男生写过几次信，还去他所在的学校给他送过几次早餐——我看偶像剧里都是这么演的，女主角最终用这种笨拙的方法打动了男主角。

但最终我做的这些努力都石沉大海了。我想想，也对，哪有男生会喜欢一个门牙之间有一条宽缝的女生呢？

中考结束后的那个暑假，我躲在家中，为了排解心中的苦闷，每天一本接一本地读小说，从琼瑶读到勃朗特三姐妹。唉，多让人伤心，小说里面竟然没有一个牙齿有缺陷的女主角。

高中时期，我过得开心了一些。因为在新的班级里，我交到了一个很好的朋友。

弯弯在很多地方都和我很像，她也有着170厘米的身高，说不上胖，但在那个年纪，女孩子看起来好像都是胖胖的，因此，我和她都显得高高大大的。她也长青春痘，也有不那么好的数学成绩。

但和我不一样的是，弯弯比我开心很多。

她好像总有一些稀奇古怪的想法，总能想到一些搞笑的事情，每一次班里换座位的时候，我都期盼着能够和她坐在一起。我们俩坐在一起，经常能笑趴在桌子上。

渐渐地我也变得开朗了一些。

当然，我也会向弯弯吐苦水，向她倾诉生活中的种种烦恼。因为自尊心作祟，“觉得自己很丑”这句话我当然是说不出来的，但我会和她抱怨自己那失败的喜欢和父母不够理解自己的苦闷。我们读高中的时候，正是郭敬明、安妮宝贝、落落等青春文学作家风靡校园的时候，我读他们写的句子，读得心有戚戚，觉得每一句讲青春的忧愁都是在说我自己。

弯弯总是笑我太敏感、想太多。

上高二的时候，不知道是不是爸妈觉得我是个大姑娘了，该注意形象了，一天放学回到家，他们主动问我，要不要去矫正牙齿。

还是刚刚进入21世纪的那几年，互联网在偏僻小县城还没有普及，因此，我之前从未想过不整齐的牙齿是可以矫正的。去医院的前一晚，我失眠了。在我的想象中，我跳过了自己戴着牙套的情节，直接想象的，是拆掉牙套之后自己的样子。多好啊，我在心里雀跃、欢呼，我的牙齿马上就能跟其他女孩子的一样了。

现在想想，我对那一年的“牙套生涯”已经没有什么太深的印象了，可能也是因为到了高三，不管平日里多么吊儿郎当的人，都开始变得努力和认真起来了。我第一天戴着牙套去教室的时候很紧张，生怕自己会成为大家瞩目的对象，可一天下来，发现根本没有几个人注意到我的牙套，而即便注意到了的人，也完全没有在意。

我放下心来。

有一次，弯弯回老家，从老家带来一些麦芽糖之类的小吃。课间，她把小吃分给我，我刚吃了几口，惨剧便发生了——麦芽糖粘住了我嘴里的钢丝牙套，我的牙套硬生生被扯了下来。

当时的我又尴尬又窘迫，弯弯却在一旁笑得特别开心，把我气坏了。没等放学，我就溜到医院里找医生给我重新装好牙套。

那是我最后一次吃麦芽糖。

我戴着那副金属牙套度过了我的高三。那时因为有了一个简单的目标，所以我多愁善感的情绪少了很多。那个我暗自喜欢的男生，听说在高二时就退学参军了。在我们那样的县城里，退学参军并不是一件多么了不得的事情。但我听到这个消息的时候，还是觉得很伤心，再想想自己的人生，顿觉一片灰暗，找不到一点光亮。

那天晚上放学之后，我和弯弯坐在学校的操场上，我絮絮叨叨地对她说着自己的心事，也畅想着高考之后的生活。我说等高考结束，我爸会带我去北京玩，那时候我的牙套应该就可以摘掉了，我要拍一些好看的照片。

牙套可以摘掉和高考结束一样，好像都是能够带给我新生活的事情。

那个晚上，坐在我身旁的弯弯突然哭了起来，不是那种低声抽泣，而是放声痛哭。

那是我第一次看到弯弯哭，在我眼中，她永远都是开开心心的，似乎从来没有什么烦恼。

那也是我生平第一次听到与我的烦恼截然不同的烦恼，带给我的震撼非常大。弯弯家在农村，家里的经济条件很差，有一个正在读大学的哥哥，还有一个姐姐，是聋哑人。她妈妈的身体一直都不太好，她的爸爸在她 13 岁那年就去世了，当时她爸爸在上海的建筑工地上打工，是从脚手架上摔下来意外离世的。

那是弯弯第一次坐火车，第一次去上海。以前上海在她的想象中，是那么繁华、那么遥远的一个城市。可没想到第一次去，就是去处理至亲的后事。啊，我的十三四岁，人生中最大的烦恼，居然是两颗牙齿中间的缝隙——只是一条缝隙而已。

我的牙齿后来又出过其他的问题，比如，虽然取掉了牙套，但效果并不是很理想。牙套摘下来之后，通常还需要戴一段时间保持器，但我去读大学的时候，不小心将保持器弄丢了，一周之后才有空回家去补，影响了矫正效果，缝隙又宽了一些。

后来为了对付那两颗门牙，我索性去安了两颗烤瓷牙。烤瓷牙戴了几年，和牙龈的连接处有些发黑了，我又去医院，换成了两颗全瓷牙。

其实这也不是多么难的事情，总能想办法解决的——门牙之间有缝隙，真的是件小事情，戴个牙套就能够矫正过来。如果觉得金属牙套很难适应，现在还可以戴隐形牙套。

弯弯大学毕业后坚持留在省会城市。她靠借钱度过了刚毕业没有收入的那几个月，后来工作慢慢进入正轨，虽然也常昼夜颠倒，加班出差，但总归是有了安全感。

昨天凌晨收到她发给我的消息，说她刚拍完婚纱照，准备明年结婚。

十三四岁的我为了牙齿间的缝隙而发愁到失眠的时候，总觉得未来是很遥远的事情，没想到这么快就到来了。

感悟手札

我妈说“皮绷紧一点儿”

廖炳焜

“爸，你小时候阿嬷都是怎么教育你的？”母亲节前夕，女儿突然对廖家的教育史产生了兴趣。

我偷偷瞄了坐在旁边的老妈一眼，故作淡定地说：“嗯，就是‘皮绷紧一点儿’啊！”

“什么‘皮绷紧一点儿’？你小时候阿嬷还教你打鼓？”女儿听了我的回答一头雾水。

“扑哧！”我差一点儿喷饭。那时三餐都吃不饱，哪有余钱去学乐器！

我手指着屁股说：“是啊，打‘鼓’。只是此‘股’非彼‘鼓’。”

“真的假的？”女儿　脸不敢置信的表情。

一旁的老妈见状，立即反驳：“哪有？哪有？你不要听你爸乱讲话。”

老人家的嘴角掩不住一丝得意，似乎已经准备好听我将自己“悲壮的童年”起底一番。

“快说！快说！”女儿“趁势追击”。

女儿穷追不舍，我这个尴尬的老爸只好回放“皮绷紧一点儿”的回忆……

在那个“棒下出孝子”“棒下出状元”“棒下出金牌”的年代，家长和教师几乎都认为：可以打出孝子！可以打出第一名！还可以打出金牌选手！我家的“慈母”当然也是“挥棒高手”。只是她不轻易出手，一旦出手，铁定要你皮开肉绽，否则她会觉得不足以刻骨铭心。

其实，老妈“皮绷紧一点儿”的家法，看似严厉，也给了我相当的自由。只要不踩到三个“地雷”，每天为家中生计奔波的她，根本无暇管我那些小过小错。

第一个地雷是：不要在学校里犯错被老师处罚，如果被处罚，回家会被同样处理，以表示对老师“坚定的支持”。

第二个地雷是：不得违背和她的约定。既然敢事先承诺，就表示可以办到，能办到却违背，就只有“提屁股来见”。

第三个地雷是：成绩不能连续退步三次，如果退步三次，就表示已经“死猪不怕滚水烫”，她必须“一棒打醒梦中人”。

我几乎不曾踩到第三个地雷。因为老妈的“皮绷紧一点儿”有让人不寒而栗的威吓效果，所以我总能在退步两次、濒临坠崖时挣扎奋起。唯有一次，因为沉迷于布袋戏而荒废了功课，连退三次，被她狠狠地抽了好几下屁股。

女儿听得目瞪口呆，直呼：“爸好可怜啊！阿嬷，您太狠了！”

“哪有哪有！是你爸爸乱说的啦！”老妈还是不认账，但又忍不住得意邀功，“要不是‘皮绷紧一点儿’，他今天哪能当作家！”

“阿嬷都不曾‘法外开恩’吗？”女儿好奇地问。

“嗯……”我犹豫半晌才说，“是有那么一次。”

“啊？快说快说！”女儿迫不及待。

“一次台风过后，爸爸去捡柴，却没有履行和阿嬷约好的晚餐前必须回家的约定……”

“又贪玩了？”女儿插嘴，好像特爱听到老爸被修理的故事。

“不是。邻居都回家了，我继续往下游走，想多捡一些木柴。哪知溪水暴涨，我被困在沙洲回不了家。”我余悸犹存地说。

“天都黑了，还没见你爸回来，又听说溪边捞起一个孩子，真把阿嬷吓死了。”想不到老妈还记得很清楚。

“啊！后来呢？”女儿急问。

“村里的人把我救回家时，看到你阿嬷，爸爸以为又要把皮绷紧了，想不到你阿嬷一看到我，就紧紧地抱着我，一直哭。”

老妈这时忙撇清说：“乱说！乱说！我哪有哭！”

“爸！那你怎么都不要我们‘皮绷紧一点儿’呢？”女儿撒娇地问。

“呵呵！”我双手一摊说，“有什么办法！你阿嬷就只会打她儿子，却不准她儿子打她孙子、孙女啊！”

“哈哈哈……”老妈终于不再辩驳，开怀大笑。

感悟手札

我想忍受一次痛苦

尚爱兰

前几天，我在北京一所小学做讲座，发给同学们一份清单，让他们填写。清单内容是“我一生要做的事”。有个九岁的小学生填满了清单，其中有一句话让我印象深刻。他写道：“我想要忍受一次痛苦。”

我想：同学，你小小的年纪，缺痛苦吗？还是有过痛苦，但没有忍受的机会，很快就被安慰、被化解了？或者，你预感到人生在世，必有痛苦来临，想获得忍受痛苦的能力？

对我教过的学生而言，“痛苦”并不是一种陌生的感受。

几年前，我休假半个多月。回学校后，桌子上堆积了两个班级的作文本。我批改完，叫一位学生把作文本发下去。这位学生发完之后，把其中一个本子放回到我的桌上。我问：“这个本子你为什么不发给同学呀？”

学生说：“老师，他已经跳楼自杀了。”

我后来听说，自杀的孩子只是因为“弄坏水杯”这样的小事，被妈妈骂了几句，便打开窗户，直接跳了下去。

我把他的作文本打开，一字一句，读了一遍又一遍，连标点符号也不放过，想从中找到点什么。

他在作文里提到他的家庭：父母工作繁重，家里不富裕，父母经常发生琐碎的争吵；他看到的月亮是“冷清孤单的”……我看了很久很久，没有办法解读。每个字都好像含有预兆，似乎有迹可循；但是，又像是少年人都会有的抱怨和感伤，似乎没那么严重。

无论如何，我是惋惜和自责的：他是一个作文写得不好、表达潦草凌乱的学生。一直以来，我都没有好好地读过他的作文，没有认认真真地对待他写的细节、他的情绪，只认为那是少年人的无病呻吟。

我看过很多作文，让我还留有印象的，几乎都是带有“痛感”的文字。

有一篇《笑着走着》，是写一对摆摊的母女，“卖一些并不高档却很新鲜的蔬菜，看起来赚不了多少钱，但她们总是露出善意的微笑”。小作者后来写到，因为一场意外，母女俩失去了家庭的“顶梁柱”。但是，贫穷和死亡，带来的并不是整天的愁眉苦脸，活着的人依然要面对接下来的人生路，步履不停，笑着走着。

我在学校里还负责修改学生的演讲稿并辅导学生进行演讲。有一次，演讲主题是“我爱演讲”。所有的学生都写自己怎么喜欢“在众人面前，酣畅淋漓地表达自己”，怎么“锻炼出声音的魅力，让自己的演讲更有感染力”。

其中有一篇，写得特别打动人。这位学生也喜欢演讲，所有与口头表达有关的比赛，她都参加。

我观察到她每次比赛的时候，她的父母都会来，悄悄地听一会儿，然后悄悄地走。

我问她：“你总是在演讲里提到，你生活在‘无声的世界’，这到底是什么意思啊？”

她告诉我，她的父母是一对聋哑人。

她不想让同学们知道这件事，所以从来没有在演讲中提到自己的家庭，也不讲述更多细节。她在演讲比赛中，从来没有获得过一等奖。但是，我一直记得她的样子，她的声音，记得她对待每个字的认真态度，记得她演讲时坦荡和自如的表情。我想，她是在代表一个家庭，与这个世界交流、斡旋。

我出过一个作文题目《我看见》。一个七岁的小女孩写了很多，结尾是："我站在大树上看自然，我站在屋顶上看动物，我站在低低的云上看人，我站在半空中看爱……我看到这一切是多么美好，我多想融入这里，可是，我已经是另一个世界的天使。"

我因这段话，联想到了很多人，也包括那位因为"弄坏水杯"就放弃生命的学生。

人，不管是大人还是孩子，都需要忍受一次痛苦，再忍受多次痛苦。

我一直觉得，我们的作文命题太"甜"了。

大部分作文主题都是"缤纷的世界""美丽的景色"之类。这次"玩得真高兴"，那次"游得很开心"；"多彩的活动""美味的食物""可心的玩具""有趣的游戏"……幻想是美妙的，梦想是美好的，理想是一定会实现的。

我们喜欢看到作文里都是阳光少年，朝气蓬勃，正能量满满，这很好。

但是，作文不能害怕触碰"痛"。

我从来不害怕让学生在作文里触及"痛"——诸如贫穷、疾病、死亡，诸如战争，诸如毁灭。

我不怕作文涉及这些，是因为孩子总能想出最温暖的、最奇妙的方式，来对付和解决这些问题。

我给他们看过一张图，上面的人都面无表情，是一个冷漠的社会。一个孩子写了名为"微笑挂钩"的作文，想象自己是魔法师，来到一个不会笑的国度，制造了千千万万个微笑挂钩，"挂在他们的脸上，牵着他们的嘴角，让他们笑。这个国家就变得有笑容了……这个世界美了一点"。

我给他们放过纪录片《人类消失的世界》。这部纪录片想象人类灭绝之后，动物占领了世界，城市崩塌。一个孩子就写了名为《我是地球上最后一只小鸟》的作文，想象当动物将要灭绝的时候，"我"这只小鸟，飞呀飞，努力衔来一粒种子，用"我"的眼泪来浇灌。种子变成了绿树……太好啦，地球又有希望了！

我对每一批学生都说："你不能保证自己永远不穷、永远不病、永远不老，也不能保证自己永远不必面对人性的自私、虚荣、贪婪、狭隘、嫉妒、残忍、偏见，你不能保证自己将来进入社会不会遇到不公平的待遇。"

但我总在教作文的过程中告诉他们："当这些来临的时候，你一定要奋勇生活。如果你写出了这些经历，你就有可能写出一篇优秀的作文。"

感悟手札

一位高才生的独白

吴晓乐

故事要从永远都做不完的数学习题说起。

父母在管教小孩时，有一个很简单的出发点：不希望小孩重蹈自己的覆辙。拿我母亲的教育经历来说，她在接受教育时，其他所有科目的分数都十分理想，唯独数学一科始终不尽如人意。因此，她与台湾大学擦肩而过。这算是母亲求学史上的滑铁卢。

在我这个大女儿出生前后，母亲拟定了一套系统的学习计划。她的出发点很好理解：只要我比一般的小孩更早接触数学，在耳濡目染之下，绝对会有出色的成效。

在我还很小，还无法顺利抓握物体的时候，母亲就已在尝试教我简单的加减运算了。当我进入幼儿园时，对三四位数的加减法已经驾轻就熟。但母亲并不满足，很快便提高了难度，带我进入四则运算。对五六岁的我而言，这部分的学习有点儿难度，我出错的概率越来越高，母亲从不掩饰她的失落与沮丧。但如果我答对了，母亲也不吝于绽放微笑，拍拍我的肩膀，赞许我的聪颖。

母亲两极化的反应，让我成了一个非常好胜且得失心很重的人。此外，为了和喜怒无常的母亲相处，我变得很敏感、很擅长察言观色。这些人格特质的利弊，长大后很难说清楚，但对一个不到10岁的孩子而言，我觉得太沉重了。

进入小学之后，我立即展现出运算方面的优势。数学一科成为我成就感的主要来源，久而久之，我发自内心地喜欢上了这个科目，会自己安排更高阶的题目。母亲很满意，日子久了，她对数学这一科的干预也就少了。

但这并不代表她会放松对我的学习的规划，母亲又为我开辟了第二个战场：英文。

母亲的英文非常流利，她天生语感就好，又在美国拿到了与语言相关的硕士学位。很遗憾，我没有遗传到母亲的语感。前 1000 个单词还算简单，我很快就背熟了，但进入之后的 2000 个、3000 个单词后，我背诵的进度有些停滞。英文是母亲颇有心得的领域，她在这方面对我的要求当然更严苛。我的数学不劳她操心，她便盯着我的英文。我越是心急，就忘得越快。

我上小学四五年级时，发生了一件事。姑姑和姑夫要出差一个月，他们把小表妹送到我们家，请我们帮忙照顾。我跟表妹不算熟，但我们年纪相近，很快就玩在了一起。

那时，母亲抱回好几本英语习题书，想检验我的英语水平。有一天，她下班回来批改我的考卷，那回的卷子中有考查我不太擅长的助动词的题目，我犯了一个很低级的错误，还一犯再犯。母亲的脸沉了下来，叫来电视机前的小表妹，把铅笔交给她，要她做做这些题目。

当时小表妹在补习班补习英文。她迟疑了一下，看了我一眼，在我母亲有些紧迫的注视下，硬着头皮回答那些题目。几分钟后，她交出了答卷。

母亲上下浏览了一会儿，脸色更难看了。她转向我，音量高起来，当着小表妹的面把我从头到脚数落了一顿："你看，人家表妹小你一岁，花的时间比你短，错得还比你少。你在做题时认真想过我之前教你的语法吗？你是不是在敷衍了事？"

我垂下头，一股不快的情绪在胸中扩散。

一道鸿沟在我与小表妹之间形成，她找我玩，我冷冰冰地回应，几次下来，她似乎理解了什么，转身投向电视机，不再找我说话了。我以为自己会很高兴，然而并没有，我反而更加厌恶自己。

上初二那年，学校举办了一个"阅读与写作"工作坊。我的语文成绩向来很差，对中文阅读与写作也毫无热情，但我的好友和我心仪的男生都参加了。晚餐时，我向母亲表明自己想参加这个工作坊。

母亲听了，眉头皱起来，很明白地告诉我："你不需要参加这个工作坊，语文这科不重要。再说参加这个工作坊会占去你三天时间，你这三天的数学和英文学习进度怎么办？"

母亲没有再理睬我，转头去和父亲说话。我拿不到报名费，最后只得把申请单揉成一团，丢进垃圾桶。

在母亲心中，做一个决定，只要孩子发表过意见，做父母的就符合"民主"的条件了。这同时也暗示了一种危险，母亲认为她不必聆听孩子的意见。

我准备考大学那年，父母因为对妹妹的教育理念不同而发生冲突，关系降到了冰点。为了缓和餐桌上紧张的气氛，我发起一个话题："我最近整体成绩提升了，因为花了一点时间练习作文，语文就进步了。"

母亲瞄了我一眼，一边咀嚼饭菜，一边含糊地说："我劝你不要再浪费时间了，与其练习作文那种轻易就能上手的东西，不如多琢磨一下你的英文写作；还有，你的数学也不能大意，你至少得拿 95 分以上，才不枉费我对你从小到大的栽培。"

母亲越说越起劲，我体内的一条线也绷得越来越紧。

她的长篇大论进行了 20 分钟，或者 30 分钟，"啪"的一声，那条线断了。

我站起身来，话语一串串争先恐后地从嘴里迸出来："你可不可以收敛一下啊，大事小事，只要稍微不顺你的心，你就非得拿来说不可。我的作文有进步，给个赞美很难吗？这也能牵扯到我的英文和数学？你的控制欲真的很恐怖。你老是跟别人说你是个很开明的母亲，你真的是吗？"

这一席话似乎触动了母亲内心世界中一个不知名的按钮，她的脸上浮现出我从未见过的惊骇。几秒后，她恢复沉着，不疾不徐地说道："那你知道其他家长在小孩不乖时，是如何用拳脚教训他们的吗？我没有打过你，凡事努力跟你讲道理，你可别不知感恩。"

"你以为没有对小孩动手动脚就是好父母了？非得身上、脸上有个瘀青伤痕什么的，才能代表小孩受伤了吗？你以为你对我的诸多控制不算伤害吗？"那天很奇怪，我怎么也管不住自己的嘴巴。

"看来，我不打你，你还真会身在福中不知福！"

母亲站起身来，往厨房走去，她再次出现在我眼前时，手上多了一根棍子。那根棍子好久不见了，我以为母亲早已扔了。

棍子朝我飞了过来，我接住了棍子，同时，下意识地朝母亲挥出一巴掌，但在场面即将失控的瞬间，我以残存的理性缩回了手，只是指甲擦到了母亲的脸。

母亲愣住了。

我也愣住了。

我看着自己的手，仿佛这是别人的手。

“你居然想打我！”母亲抚着脸颊，不可置信地瞪着我。

目睹整个过程的父亲冷不防地冲上前来，甩了我一巴掌，要我向母亲道歉。

最圆满的结局似乎该是我识相地跟母亲道歉，但我没有，我走入房间，摔上门。

那天过后，我跟母亲没再多说过话，前后有两三个月，我们的对话始终停留在日常事务上。

大考前一个星期，我反复发烧、退烧，考期越近，身体的毛病越多。离考试只有三天时，我在学校险些昏厥过去。校医把我送去急诊，并请母亲直接到医院跟我会合。

我接受了抽血检验。医生说，我的白细胞数值很不正常，必须静养两到三天。

闻言，母亲一把将我搂入怀里，哭了起来。

以我跟她的默契，这就是示好的象征了。

和好不久，母亲又故态复萌，只要我稍微冷落她的情绪，她就会吐出伤人的话语：“你真是我见过的最自私的人！”“没有我的栽培，你觉得凭你自己的实力，能考出这么优异的成绩吗？”

我又频繁地做起噩梦，梦境很一致，我和母亲起了争执，我再次对她伸出拳脚。母亲满脸绝望地注视着我，而我在梦中不停地向她道歉。

我的母亲将家庭视为她的成果，将两个小孩放在自己生命最亮眼的中心位置，她大半的时间与精力，都花在我与妹妹身上，希望我和妹妹成为成功人士，对社会有所贡献。

但在这样巨大的期待之下，悲剧很容易随之诞生。

首先，母亲忘掉了她也是个妻子，是个同事，是社会上的一员，甚至她都忘掉了身为“自己”的身份，她太执着于扮演好“母亲”这个角色了。在这个角色中，跟她对话的演员只有我和妹妹。只要我和妹妹的反馈稍微不符合她的期待，她的情绪就会低落，然后就会把这份失望转移到我们身上。我和妹妹的日子好坏完全取决于她情绪的阴晴悲喜。

其次，母亲对于成功的认知太狭隘了。她定义中的成功，就是在学术上、职业上取得突出的成就，至于生命的美感、人与人之间的情感、生活中那些琐碎而美好的小事，母亲觉得这些都是次要的，花太多时间在这些上面就是浪费生命。

母亲在教育孩子的过程中，带给我和妹妹不可计量的伤害，但都无法磨灭一个事实：她很想把我们“教好”，她比任何人都热衷做母亲。她读了很多与亲子教育相关的书，也不耻于请教他人。有一点毋庸置疑，她确实是爱着我和妹妹的。

只是她不知道该怎么爱我们——这两个出自她，又和她不同的生命。

我试图跟母亲和解了很多次，但每次好光景都维持不了多久。在和母亲将近第100次和解失败时，我决定宽恕自己，我想和解或许可行，但不是现在。

我很有可能一辈子都忘不了自己急着讨好母亲的卑微处境、母亲扔掷在我身上的否定言语、那些无以名状的愤怒情绪、母亲带给我的种种创伤等。但我还是可以隔着一段距离，关怀我的母亲，并祝愿她一切都好。

感悟手札

我害怕沉闷又无聊的生活

北野武

有一段时间，我特别怕死，说什么也克服不了这种心态。

从高中到大学的那段时间，我几乎每天都会思考“死”这个问题。那时的我，可以说是活在对死亡的恐惧之中。

走夜路时，细微的声响或某个东西的影子都会令我这个胆小鬼吓出一身冷汗，就像是深更半夜独自行走在墓地里。这次的咳嗽好像不太正常，身上的某个地方长出了一个小小的瘤，诸如此类的小事都会令我忐忑不安，担心自己是不是得了癌症。

如果就这么一命呜呼了，那该如何是好?

我每天都在思考着这样的问题。

初中的时候，棒球队里有一名队友被一辆土方车轧死了。对于我来说，那是第一次在现实中接触死亡。

在我读大学的时候，京浜东北线发生了一场事故。事故造成惨重的后果，伤亡人数接近 150 人。在死亡的乘客中，有我认识的人。

现实中的死亡，对我造成十分强烈的冲击。

棒球队的那名队友也好，我认识的那名乘客也好，曾经生龙活虎的两个人，就像黑板上的字被黑板擦擦掉了一样，无影无踪。

我深切地体会到：死是多么扫兴的一件事。

我明白过来，人死了就意味着不复存在。既没有什么天堂，也没有什么地狱。再就是，死人会非常简单地消失于活人的记忆中。

所以，我特别怕死。但是，我要怎么做才能免于一死呢？我还认识一个人，那天他本该在那辆发生事故的京浜东北线上的，但因什么事耽搁了没搭上车，结果反倒捡了一条命。人的生死，谁也控制不了，只得任由命运拨弄而已。正因为是命，所以没人知道自己哪天会死。这样的想法令我浑身直起鸡皮疙瘩。

要是我现在死了，肯定什么也不会留下。别人很快就会忘记，有个叫北野武的人曾活在这个世上。就像落在地上的一滴雨，会被随后一滴又一滴的雨轻而易举地抹去痕迹。

其实，我不是害怕被别人遗忘，而是害怕因为自己的人生空空如也，所以就这么轻易地被别人遗忘了。这样就太可怜了。

我还什么都没做呢。人生的乐趣，我还什么都没享受过呢。我的学习成绩也谈不上很好，我也不记得自己享受过什么奢侈的生活。我还没有开着车兜过风，更没有开着车与女孩子搭讪过。我不能就这么死了。如果我什么都还没做就这么死了，那我不甘心。

在我身上从来没有出现过那种活得有滋有味的感觉。

人死后会变成什么、有没有天堂和地狱，使我感到烦恼的并不是这一类哲学性的问题。我只是害怕，还没有体验到生的快乐，还没有留下任何能证明我没有白活的记忆，我就在这个世界上消失了踪影。

虽然我说的是“生的快乐”，但那并非仅指快乐的记忆。哪怕是残酷的、痛苦的经历，只要它能让我品尝到活着的滋味，就算是一种快乐。

因为有这种想法，所以当时的我憧憬着要做一名海洋研究员。

那正是法国海洋科学家雅克·库斯托名气响当当的年代。当时我羡慕的是海洋科学家这类人，因为他们能乘上像“深海 6000 号”那样的潜水艇，下潜到水压高达几百个大气压的黑暗海底，对海底火山和在深海里繁衍的细菌进行考察研究。我向往的是那种和现实利益没有半毛钱关系、纯粹为了学问而不惜拿自己的生命去冒险的活法。因为我觉得如果能过上这样的生活，我就能切实地体会到我真的在这个世界上活过。

如此说来，当时我害怕的，也许不是死亡本身，而是无法按照自己的理想活着。我害怕的是那种既沉闷又无聊的生活。

话虽这么说，但当时的我其实并没有想做什么事、想成为怎样的人，或者说想过怎样的生活这类具体的想法。不过，正因为我没有任何具体的想法，所以我更加恐惧了。难道我的一生要在连该做什么都不知道的情况下随波逐流、浑浑噩噩地度过吗?

但是，人生充满了讽刺。

为了克服对死的恐惧，我选择了一条相当于自杀的道路。

我母亲是一位非常勤劳的女性，而且是一个不折不扣的现实主义者。艺术啦，哲学啦，文学啦，她完全不认可这类事物的价值。对于她来说，爱好这类玩意儿就是在浪费人生。

现在回过头去想想，她这种看法其实也是一种人生智慧，甚至是一种可称之为哲学的思想。

我父亲是个粉刷匠，每天都在施工现场、小酒馆和家之间做三点一线的往返运动，生活就像敲图章一般千篇一律。他平时是个胆小如鼠之辈，可每天晚上醉醺醺地回到家后，都会对我母亲挥拳头。他每天都认认真真地干活，但我想他挣的那点钱基本上被他贡献给酒馆了。

因为父亲是这副德行，所以我家的生活是以母亲为中心。日常开销啦，孩子的升学问题啦，什么事都是母亲说了算。她白天在建筑工地打零工，晚上还在家里接点零碎活，每天都要工作到深夜。在那样的年代里，在如此艰苦的生活中，她愣是把三个儿子送入了大学，一个女儿送入了高中。

母亲为我设计了一条出路：读完理科大学，然后去大型企业就职。她觉得我不可能有别的出路。而且，母亲的决定在家里是没有商量的余地的。因此，我在考取了明治大学理工学部的时候，脑子里尽想着的是我就这么平平淡淡地念完大学，然后去做个循规蹈矩的工薪族。

也就是说，当时的我是被母亲的各种想法左右的。

尽管如此，我却像一只生下来就待在笼子里的小鸟，从未觉得自己有什么不自由，更不会想到自己的人生受到了母亲的束缚。

不过，我现在觉得，当时自己之所以那么怕死，也许归根结底就是因为这个。

因为我被束手束脚地五花大绑着，因为我对自己的人生没有任何选择的余地，所以我体会不到活着的感觉。

自从我开始干以前做梦都没梦到过的电影导演这一行后，我有时也会瞎琢磨，那也是因为我是一个典型的理科男啊。在写电影台词的时候，我发觉自己就像是在无意识地做因式分解题。

如此说来，我学理科是完全对路的。只不过，大学毕业后踏上固定轨道驶向未来这一点，对于我没有丝毫吸引力。

我读大四时是 1970 年。从 1960 年到 1970 年，正是大学里的学生运动搞得如火如荼的时期。当时，每一所大学都遭到了封锁，教学基本处于停顿状态。只要你交毕业论文，学校就会给你发一张毕业证书，当时就是这样的一个时期。

而日本社会呢，正处于经济飞速发展期，音乐、戏剧之类的文化演出开始大量涌现。于是乎，我基本不去学校，而是整天流连在新宿一带的爵士乐茶室里。

说到在爵士乐茶室里聊的那些话题，当时最时髦的是存在主义、萨特和波伏娃。对于一个理工学部机械系的大学生而言，存在主义什么的简直就是天方夜谭，这反而激起了我的向往。再说了，最关键的是，谈文学和哲学，聊学生运动，可以与大把的女孩子搭讪。

当时，还有不少人气剧团里的演员也会经常光顾爵士乐茶室。这帮家伙都是热情洋溢之人，几杯老酒下肚后会因不同的戏剧观而争得面红耳赤，有时甚至会上演全武行。

在文化人的世界里，干活从来都不是为了维持生计，但他们居然还会上演这么轰轰烈烈、你死我活的戏码，这对于我来说实在算是新鲜事。

当时的我只见过与战后的价值观保持一致的、为了谋生而玩命工作的成年人，看到这样的场面后，我感觉自己进入了高一个档次的世界。那是因为这个世界有一种令我目眩的文化气息。

对文学、戏剧什么的，我充满了向往。但是，我不觉得自己能够胜任这种行业的工作。那我到底应该做什么呢？我会不会这辈子都找不到答案，就这么“翘辫子”了呢？当时我脑子里尽是这样的想法。

那天，我像平时一样向爵士乐茶室走去，脑子里还在思考着。只不过，那天我的思路和平时不同。突然之间，我有了一个荒唐透顶的想法：“对呀，我应该退学。”

我记不清自己的这种想法是打哪儿来的。就像万里无云的天空里突然划过一道闪电，这个想法就这么突然间闪现在了我的脑海里。当时我的感觉就像是站在高楼上准备跳下去自杀。

就这样，我下定决心要退学。

那时候，我一边走在横道线上，一边抬头望着新宿的天空，湛蓝的天空一片晴朗，就像我以前从未见过、今后也无缘见到的那样。我感觉眼前的景物全都清澈澄明，就像一阵劲风吹散了此前一直盘旋在我头顶的那团乌云。

至少在那一刻，我对死亡的恐惧消失得无影无踪了。

我觉得，要不是在那个阶段对死亡那么恐惧，我是不会做出那种决定的。我觉得，青春期的孩子感受到的死亡恐惧，也许就是他独立成人的本能开关。至少，我的情况正是这样。

从根本上说，如果我就这样走在母亲为我设计好的人生道路上，其结果也不一定就是不幸。只不过，这样的话，这世上就会少了一个叫北野武的艺人，只有这一点是明确无误的。不过，这是题外话了。

感悟手札

谎言与写作

贝蒂·史密斯

第一次世界大战以前在布鲁克林长大的孩子，大多对感恩节有温馨的回忆。那一天，孩子们穿上各式服装，戴着廉价的面具，四处扮“流浪儿”，四处“捶门”。

弗兰西会精心挑选面具。她买了个黄色的中国面具，上面有薄薄的中式长须。弟弟尼雷则买了个粉白色的死人头面具，上头是咧嘴笑的表情，露出黑色的牙齿。爸爸约翰尼在最后时刻赶到，给两个孩子各带回一个便宜的牛角罐，红的给弗兰西，绿的给尼雷。

街上挤满了戴面具的孩子，一个个晃荡着他们的牛角罐，发出震耳欲聋的声音。有些孩子家里太穷，连廉价面具也买不起，就用烧黑的软木塞把自己的脸涂黑。家里有钱的孩子穿的是从商店里买的服装，有薄薄的印第安服装、牛仔服、荷兰女佣的粗棉服装。有一些孩子比较马虎，胡乱找了件脏衣服往身上一套，权当化装。

到了中午，一切都会结束。他们回到家中，美美地享用感恩节大餐，有炖肉，有自制面条。下午，大家听着爸爸缅怀他童年时过感恩节的往事。

感恩节的时候，弗兰西生平头一次撒了个精心编造的谎。

感恩节前一天，弗兰西在教室里做练习。四个被选中的孩子会上台朗诵一首关于感恩节的诗歌，手里拿着感恩节那日的象征物。一个孩子手拿着枯干的玉米，另一个拿着火鸡爪子（代表整只火鸡），还有一个孩子拿着一筐苹果，最后一个孩子拿着小碟子那么大的值五分钱的南瓜馅饼。

朗诵表演结束后，火鸡爪子和干玉米被扔进了垃圾桶。老师会把苹果带回家。她问有没有人要那个南瓜馅饼。30张嘴都在咽口水，30只手都想举起来，但是没有人举。有些孩子很穷，很多孩子很饥饿，但是孩子们都有骨气，不肯接受施舍的食物。由于没有人举手，老师让大家把馅饼扔进垃圾桶。

弗兰西这时候忍无可忍了。那么好的馅饼怎么能扔？她还从来没有尝过南瓜馅饼呢。对于她来说，只有那些乘坐着华盖大马车的人和那些印第安勇士才可以吃这馅饼。她太想尝尝了。她灵机一动，想出一个谎言来，于是举手了。

“我很高兴这馅饼有人要。”老师说。

“我不是自己要。”弗兰西撒起谎来，故意露出自豪的神情，“我知道有户人家特别穷，我想把馅饼给他们家。”

“好的。”老师说，“这就是感恩节的精神。”那天下午，在回家的路上，弗兰西就把馅饼吃了。不知是良心受谴责，还是味道不熟悉，她并不喜欢南瓜馅饼，吃起来味同嚼蜡。下个星期一上课前，老师在大厅看到弗兰西，便问那户贫穷的人家是不是喜欢那个馅饼。

“他们很喜欢。”弗兰西说。她看到老师似乎很有兴趣，便添油加醋起来，“这户人家有两个小女孩，金色的卷发，大大的蓝眼睛。”

“还有呢？”老师接着问。

“还有……还有……她们是双胞胎。”

“真有意思。”

弗兰西心血来潮，接着说：“其中一个的名字叫帕梅拉，一个叫卡米拉。”

“她们家很穷很穷？”老师问。

“是的，她们家很穷。她们都三天没吃东西了。医生说，要不是那馅饼，她们都没救了。”

“这么一个小馅饼，”老师轻轻地说，“却能救两条人命？”

弗兰西知道自己这个谎撒大了。她痛恨自己这么鬼使神差地撒了弥天大谎。老师弯下腰来，搂住弗兰西。弗兰西看到她的眼里有泪。弗兰西崩溃了，悔意如潮水般涌来。

“这都是谎言，”她坦白承认，“是我自己把馅饼吃了。”

“我知道是你吃的。”

“您别写信到我家。”弗兰西央求。

“你有这么好的想象力，我为什么要惩罚你呢？”

老师和颜悦色地跟她解释了谎言和故事的区别：“人们说谎是因羞愧或怯懦，而故事则是对现实的提炼。只是你讲故事的时候并不是按照实际情况来讲的，而是按照你想象中的理想情况来讲的。”

听老师这么说，弗兰西如释重负。后来，她就养成了说话夸张的习惯。遇事她不是如实叙述，而是要添油加醋一番。妈妈凯蒂对她的这个行为表示担忧，常常警告弗兰西要有一说一，不要添油加醋。可是弗兰西无法将事情原原本本、不加修饰地叙述。她非得添加点什么不可。凯蒂其实也喜欢在描述中增添色彩，而父亲约翰尼生活在半幻想的世界中，可是他们都压抑孩子的这些倾向。或许他们有好的理由，或许他们知道，自己的想象不过是给贫穷、残酷的生活增添了些许瑰丽色彩，让他们可以继续承受下去。凯蒂想阻止女儿想象，或许是因为，要是没有这样的想象，她的头脑会更清晰些，她就能够直面现实、看清现实、厌恶现实，然后想方设法改变现实。

弗兰西总是记得那位好心老师的一席话：“你知道，弗兰西，或许有人会说你说的这些都是可怕的谎言，因为你说的这些不符合人们心目当中的事实。以后，遇事你跟人讲的时候，要如实叙述，可是写的时候，你可以写成你理想中的样子。说话说实话，写故事靠想象。这样，你就不会将二者混为一谈了。”

这是弗兰西听过的最好的建议。真相和想象在她头脑中混在一起（其实哪个孤独的小孩不是这样呢），她有时候无法正确分辨。不过老师这么一说，她豁然开朗。从此以后，她会把自己的一些观察、感受和经历写下来，写成一个个小故事。最后，她也可以如实说话，只是会略带一些发自本能的渲染。找到写作这个突破口的那一年，弗兰西 10 岁。她写了什么不重要，重要的是，写故事让她把现实和想象分清楚了。

如果没有找到写作这个突破口，她长大以后，或许会成为一个满嘴谎言的大骗子。

感悟手札

收起伤感的小心脏，微笑着长大

橙楼枯月

“不想毕业”是我听过最多也最真挚的感慨，因为学校有一千一万种好：与人交往，我们虽冒失，但真诚；学术讨论，我们虽浅陋，但热烈。最重要的是，没有人会因为一个愚蠢的想法而否定热血的青春，这都是别人羡慕不来的。毕竟，岁月未必可以带来智慧和优越感，但确确实实可以带走那个不识愁滋味的少年。

电影《文科恋曲》里的杰西就是这样一个一心向往校园生活的成年人。杰西是一名在纽约工作的招生官，虽然他的工作范畴在学校，但内心深处，他觉得自己既不属于这份工作，也不属于这座城市。他一直渴望回到远在俄亥俄州的大学母校，那里绿树成荫，草木茂盛，处处焕发着生机。当他为赴大学教授彼得的退休晚宴之约而重返校园的时候，他做的第一件事就是在草坪上打滚。

人和母校之间的羁绊有些许微妙，不舍的情感可能来自个别同学、老师和社团，但很多时候，只是关于在那个特定地方的特定生活方式——每个春天和秋天坐很久的车从家乡来到另一座城市，开始每天无外乎在教室上课、在图书馆自习、在食堂吃饭的日程。这些生活琐事和你的记忆相勾连，最终构成了曼妙的回忆里不可或缺的一部分，那些你曾有过的抱怨便再也不记得了。

带着所有美好的回忆，杰西重新回到了大学校园，邂逅了不少有趣的新面孔，如大二女生吉比。吉比是一个有些新潮又有些传统的女孩，她会不顾前一晚宿醉的酒气就出来和别人见面，希望生活可以像即兴表演一样，对所有的荒谬和不合理说“是”；同时，吉比又很鄙视同龄男生随意的交往态度，推崇传统的约会和书信交流，热爱古典音乐。

电影的前半段，几乎都在讲年龄悬殊的杰西和吉比如何兴趣相投，并暗生情愫。然而，他们的关系因为对吸血鬼小说的意见有分歧而急转直下。年龄的代沟成为他们在一起的阻碍了吗？杰西在记事本上一笔笔演算两个人的年龄差，吉比出生时杰西 16 岁，他们之间隔了一整个青春；然而杰西 87 岁时吉比 71 岁，对于两个年过古稀的老人来说，年龄的差距从一道鸿沟变得微不足道。显然，实际年龄并不是问题，心理年龄才是。

电影透过杰西的爱情故事揭露出当代人心理年龄的永恒错位。35 岁的杰西心理年龄可能一直停留在 19 岁，他一边故作老成地向吉比侃侃而谈校园外的世界，讲述现实如何将自己在校园内幻想的无数种可能一一踩碎，一边理想化地回忆自己逝去的校园生活，舍不得在象牙塔内沉浸于文学与阅读的岁月，甚至依然对英国浪漫主义文学课的女教授有着幻想式的崇拜。而 19 岁的吉比倒是非常渴望迅速长成 35 岁，摆脱目前的种种不成熟和不自信，于是杰西在她眼中成了通向成年人之路的捷径。所以，究竟是选女学生还是选女教授，简直就是一道送分题，杰西完全没有过多思考便选择了后者。杰西希冀女教授能够用浪漫的文学为他拨开迷雾、答疑解惑，可讽刺的是，女教授只是冷漠地点上一根烟，甩给杰西一句杰西曾对吉比说过的话：“生活变了。”

生活让人焦虑，原因其实很简单，因为我们想要的与我们拥有的永远不对等，我们永远无法真正地心满意足。同样深受心理年龄错位之扰的，还有按时退休却无比失落的彼得教授。

“没有人想当成人，这是这个世界最肮脏的秘密。”彼得教授说这句话的时候，很像一个躲在学校以教书为生而逃避长大的人。对于成长，他心知肚明，他深谙生活一旦止步不前，就会变得累赘而面目可憎的道理，但一直到 40 年后他才被迫接受迟到许久的现实世界。

电影《文科恋曲》里，每个人物都有一整套属于自己的理论和生活方式，但最终都起到了推动杰西主动回到成年人世界的作用。其中最有趣的要数内特，他头戴一顶小红帽，每每午夜才会鬼使神差地出现，像极了儿童读物《爱丽丝梦游仙境》里的那只柴郡猫，带着一股超自然的气息，给予杰西指引。正如毛毛虫必然会破茧成蝶，作为成年人的你我，就算再不想长大，也还是得长大啊。

除了错位感，另一大抑制杰西融入成年人世界的因素，也是当代都市人的通病——孤独。电影里反复提到的那本大部头小说，导演并没有点明，但从依稀闪过的封面和最后提及的“这个作者最后自杀了”，我猜测是大卫·福斯特·华莱士的《无尽的玩笑》。华莱士一生都在和孤独做斗争，明明痴迷于电视，但为了不让自己通过这样虚拟的手段获得满足，他的家里索性没装电视。写作是他排遣孤独的主要途径，但天才的敏感和自我意识，让他创作时无法将自己的喜悲与他人分享，他的孤独终究成为无法排解的毒药，带领他走向死亡。几乎是不自觉地，当代人每天花大量的时间在阅读、写作、观影中体会他人生活的滋味，却忘记努力让自己摆脱人生的困境，而孤独仿佛顽疾一般，此消彼长。

电影的结尾，杰西回到纽约，遇见了电影开头就出现过的书店女老板，惊喜地发现两个人同样迷恋书籍，也同样洞察到沉迷阅读的局限。就这样，两个人在一起了。与其说杰西找到了最合适的爱人，不如说杰西找回了错位的自己——做回一个 35 岁的中年男人，不再幻想校园，可以合上书本跨出家门，直面成年人世界的苦乐，直面老去。

回顾人的一生，焦虑实在是最常出现的状态。我们在青春期叛逆，在毕业季迷茫，在中年陷入无力的危机，最终在老年面对年华老去、生命渐逝的恐惧。我们无法摆脱这些必然的焦虑，就只能学着和焦虑共处，活在当下。在年少时享受青春，不急于求成，也不过度忧虑未来；而跨出校门后，微笑着面对生活的压力，不做成年人世界里的逃兵；即使到了老年，脸上长出一道道皱纹，做一个扎着白色长马尾辫的老太太，想想也是一件很酷的事啊！

总之，正如电影里的女教授所言：“收起你们伤感的小心脏，微笑着长大吧。”

感悟手札

在一座城里遇见自己

汪微微

一

花了几个午休的时间，我追完了日剧《东京女子图鉴》。

这部曾风靡一时的热播剧，用一句话来介绍就是：一个不甘平庸的小镇女孩在大城市里悲欣交集的成长史。

老实说，整部剧看下来，我并没有那种“10 万 +”式的感动与共鸣，但在这部剧刚开始和一些一闪而过的片段里，我看到了那年冬天单枪匹马闯京城的自己，以及一些自以为早已忘记了的跌跌撞撞的细枝末节，并为此热泪盈眶。

那时，我在一座三线城市上大学，读着自己并不喜欢的专业——国际经济与贸易。很多年后，我对这个专业的理解，仍然停留在它的字面意思上：做生意，挣钱。值得庆幸的是，在大学里有许多闲暇时光，让我能挣脱专业的羁绊，去做自己喜欢的事情，诸如看书与写字。我并不知道自己凭借这一腔热爱能走多远，但那份执念，犹如女主角绫对东京的痴迷一样，念念不忘并最终孤注一掷。

大四那年冬天，因为常年给北京一家杂志社写稿，我得到了这家杂志社实习编辑的职位和可以解决北京户口的承诺。

和女主角绫一直以东京为目的地不同，我对大城市的向往一直没有那么强烈。与其说这是“佛系青年”的清心寡欲，不如说是自知没有能力争取，骨子里有一种天生的自卑和自足——起点低，很容易满足，三线的城市便足以敷衍虚荣。当然，如果机会轻松地摆在我面前，我也会忍不住踮起脚尖，伸手够上一把。

进京前，因为不想让人一眼看穿我的底细和来历，我奢侈地做了一次头发。生活在那样封闭的地方，对时尚又缺少关注，预算也少得可怜，所以我的选择并不多。于是我在学校南门外的小店里，做了个离子烫。虽然有些寡淡，但至少会让毛糙的头发平顺光滑，看起来也算清爽干净，符合那个年龄的特质——这就是一个乡下姑娘捧给未来的所有准备。

可悲的是，因为无良店家的劣质药水和不过关的技术，我的头发在遇水之后，直接变成了“方便面”。彼时，车票已在手，行李已打包，我马上就要出发了。于是，我顶着一头“方便面”，欲哭无泪地开始了自己的北京之行。

我一直以为自己没有绫那样征服东京的欲望和进取心，而一个欲望不够强烈的人就像心里没有火种一样，很难燃烧自己。

现在想来，恰恰相反，我不是没有关于大城市的梦想，而是因为没有自信，便把那个梦想压得很低，以至于连自己都没有发现。而那个爆炸的方便面头，几乎让所有的人都看出来了，对未来，我也是野心勃勃的，所以才那样期待用一个焕然一新的自己，领到一把打开那座城市的钥匙。遗憾的是，我用力过猛，以至于一不小心，就把紧绷的自己拉断了。

绫初到东京，最大的打击也不过是来来回回走在街拍的镜头下，却被人选择性地忽视。影视剧总会客气地抹去一个人在暗夜里的跋涉与挣扎，可生活不会。

那个冬天，二十出头的我初到北京，比欣喜若狂来得更真实和汹涌的是惶恐不安。我害怕自己消化不了一座城市的繁华，也担心融不进群体生活，或者根本就无力打开那个叫未来的东西。

二

初到东京的绫原本想住在靠近时尚街道的南青山，但房屋中介提醒她面对现实，房租最好不超过薪水的1/3，她最终不得不选择了三茶——一个年轻初级“东漂”选择的地方。北京的三茶，就是五环之外叫不上名字的地下室。

我选择的那间地下室，说是单间，其实就是用板材搭建的不足四平方米的小格子间。在横着放置了一张木板单人床和竖着搁下了一个行李箱后，房间所剩的空间就只够我一个人侧着身子走动。屋子里没有窗，只有一扇门，而开着门和关着门的效果是一样的，没有阳光进来，也没有风吹过。晚上睡觉时，和我仅有一面木板墙之隔的邻居的鼾声呓语，我都听得清清楚楚。

住在这种地方的人都有一个共同的特征：脚步沉重，面无笑容，好像被命运粗暴地剥夺了快乐。因为看见了繁华，却并不能与之为伍，又不甘退回到原有的贫瘠。在暗夜里，常有低低的饮泣声从不同的角落传来，哀怨地飘荡着。

这座城市离我最远的时候，就是当我置身其中的时候。本以为到北京之后会有很多选择，可深入腹地之后，我才发现只有一种选择，那就是上班。

我最初的主要工作是写回信，告诉那些尚在做梦同时也是读者的小作者：“你被退稿了。”退稿只有一个原因：写得太差。但我被要求不能写得这样赤裸裸，须得先找出并放大文章的优点，再指出文章的不足。信写得再好，也是退稿信，没有人会在收到这样的信后，还能热情地回应。

同事之间的关系，大多礼貌热情，却不够紧密，更谈不上亲密。做文字工作的人多少有些清高，加上快节奏的生活，彼此之间很少有耐心停下来认真地相互了解。尤其是对我这样一个内向羞涩的新人，他们更没有多余的热情。那个和我同时进去的实习生在本地上学，不需要再交一个对她的职场生涯看似没有多大用处的朋友。我在一方小小的工位上把自己蜷成刺猬、对虾、含羞草，在工作之余与身边的人再无其他交流。

有一天，办公室里一个土生土长的北京女孩突然对我那方便面状的头发产生了兴趣。得知这种发型并不是时髦的爆炸头，而只是发质受损后，她很热心地给我推荐了一款物美价廉的护发素。下班后，我迫不及待地赶到超市，站在货架前，我平静的表情下埋藏的却是内心的波澜万丈。从此我对她有了一种朋友般的感激和期待。直到圣诞节，北京女孩给办公室的每个同事都准备了一个小小的布娃娃，却唯独将我落下了，我才醒悟。

没有同学，没有朋友，也没有绫那样的好运——迷路了还能顺便捡回一个暖心的男朋友。晚上回到房间时，满屋子的冷清漆黑，常常会突然触碰到我内心深处那个名叫“脆弱”的开关。

一个并不强大的人，又浸在悲伤里太久，是没有力量前进的。我越来越沉默，越来越胆怯，用领导的话说，他几乎听不到我发出的声音，我似乎是一个没有任何想法的人。领导当面断言：“你也许是个好作者，但绝对不是个好编辑。”于是，虽然他没有直接勒令开除我，但明眼人都知道，我在这里，走到了尽头。

我可以慢慢养护受损的头发，但没有人允许我慢慢成长。最终，我只得做了这座城市的逃兵。临走前，我去了很多地方，心中充满了第一次来也是最后一次来的悲壮。

绫在感情不顺时，也选择了从东京回到秋田，她以为自己会留下来，结果却在大哭一场后，再次回到了东京。她的眼泪，不过是向独立的自己和自给自足的生活顽皮地撒个娇而已。而我的悲壮，不只是和一座城的告别，更是和内心那个希望用努力来改变人生的孩子说再见。

三

随后，我回到了一座三线城市，在一家杂志社觅得了一席之地。那时的QQ签名概括了我所有的生活：看稿谋生，写稿谋爱。

北京之行虽铩羽而归，但它让我遇见了一个真实且立体的自己：一面是一头扎进对未来的憧憬里，想拼尽全力试试自己能够成为谁；一面是来自性格里隐隐的自卑，让我在应该全力以赴的事情上显得力不从心。我彻底地明白，在我对生活提出很多要求前，我得先对自己有要求，因为“一个姑娘，只有努力，手中才握有筹码”。

我首先学会的是清空我多余的情绪，勇敢而自信地表达。每一次会议前，查阅资料、搜集热点、罗列要点都成了必备的功课。充分的准备让我发言时从容不迫，每一个字，纵然带着初出茅庐的稚气，却也带着掷地有声的底气。

平日里，我还准备了一个资料库，里面收录了各式各样的好文章；还有一个摘抄本，用来记录看到的好标题或走心的句子，以备不时之需。工作之余，我每天写1000字，不让心长出苔藓，在一字一句中积累能量；每周读一本书，向内平静地努力，温柔地坚持……

影视剧中省略的一切，我都在现实中一一补上。有时候我也会问自己，如果当初在北京时我能有这样的劲头，后来也不至于是这样的结局吧。城市里什么都有，唯独没有答案。很多事情不能假设，唯有经历。

除了逼迫自己努力成长外，我还能走另一条路吗？像绫那样，通过不同的男子来实现自己的东京梦？比如，在同是小镇出身的男友那里，安顿了一颗漂泊的心；在世家出身的“高富帅”男友那里，接触东京的繁华和时尚；在已婚的高级和服店的老板身上，学会了享受生活、提升品位和成长心智。

这也许是某一类女孩向上的途径，但并不是所有的女孩都想走的路。茨威格说过：“所有命运赠送的礼物，早已在暗中标好了价格。”

剧集最后，绫买了一个小房子，和男闺密在东京开始了一段安稳的生活，有种回归简单、大彻大悟的感觉。

剧情可以随时终结，但生活尚在继续。

我后来有两次机会重返北京：一次是我为之写专栏的杂志社力邀；一次是我所在的杂志社和北京一家期刊社合作，我作为项目负责人进驻北京。但最终我都主动放弃了，终于拥有了选择权，这一点，让我对自己很满意。

每个人的归宿都不可能是一座城，而只能是那个努力打通了任督二脉、豁然开朗的自己。

感悟手札

走着走着，花就开了

王秋珍

小时候，每次遇上头疼脑热，我都是能熬则熬。实在熬不住了，才让爸爸带着我去医院。

“医生，我想打针。”一见到医生，我就很急切地说。

“这孩子可真勇敢。好多孩子一听说要打针，就哭啊闹啊，像上刑场一样。”医生夸赞道。

在医生赞赏的目光里，我感觉自己真的成了一个勇敢的孩子。每次打针，我都是咬牙忍住,从来没有喊过一声疼。我右侧的屁股承受了注射针一次次的“深吻”，以至于我感觉它比左侧的要大一些。

其实，我也怕疼。当湿湿的棉球轻轻地擦拭之后，我的心跳就会加快。可是，比起吃药，打针真的是一件小事情。一旦医生配出了药，我的悲惨故事就拉开了序幕。听从爸爸的指导，我先把药放进喉咙，然后吞一口水。可是，水下去了，药还在。再吞一口水，依然是水下去了，药还在。一口又一口，一杯又一杯，水把我的肚子都撑满了，药依然在舌底。最后，药溶化了，苦苦的味道在嘴里弥漫开来，我忍不住哇哇大哭起来。这世上，还有比吃药更难的事情吗?

爸爸非常纳闷，他的女儿为什么连一颗小小的药丸都吞不下呢？他不厌其烦地教我，要我把药丸放到喉咙深处，然后喝一口水，仰一下脖子，把药咽下去。然而，每次均以失败告终。因为不会吃药，我一度怀疑自己的智商有问题。

这样的痛苦，一直持续到我 15 岁。一次，我不得已要服那种长长的胶囊。我拿出豁出去的凛然就义之心，把胶囊放进嘴里，喝了一口水，稍稍一仰脖，胶囊居然很顺利地滑下去了。我惊喜不已，不由得想大声歌唱。我不记得那天是否阳光灿烂，是否有蝴蝶跳舞，反正我的心里突然升起了一轮明媚的太阳，所有的花儿都在阳光下翩翩起舞。我，竟然会吃药了！这是多么美妙的事情啊！

没想到，新的痛苦接踵而至。

读初中的女孩，身体像花儿一样，一个个含苞待放。可是我连舒枝展叶的迹象都没有。我矮矮的个子像被巫婆施了魔咒，每次排座位，我总是坐在第一排。有一次，一个男生和另一个男生说："怎么回事？有的人胸部像墙壁一样。"他说话的声音很轻，但仍被经过的我听到了。我知道，他是故意说给我听的。

痛苦像潮水一样汹涌而至，淹没了我所有的快乐。即使我能歌善舞、多才多艺、成绩优异，那又怎么样？当我的同龄人长高了、变圆润了的时候，我还是"豆芽菜"一个。

爸爸妈妈是勤劳朴实的农民，他们每天日出而作、日落而息，却依然仅仅能够维持一家人的生活。放学回家，没有零食吃，我感觉嘴巴太淡，就会悄悄到阁楼抓一小把霉干菜吃。我猜想也许是这些黑乎乎的、咸咸的东西影响了我的发育，于是，我坚定地戒了它。此后每当嘴馋的时候，我就开始幻想：不行，我要像村口的银杏树一样，长得高挑丰满，成为班里最漂亮的女生。

这样的日子持续了好几年。一直到 18 岁，我才迎来了拔节抽穗的季节。看我出落得亭亭玉立，妈妈庆幸地说："你是上辈子积德了。长得晚的女生有福气。"妈妈不知道，因为这件事，她的女儿独自走在痛苦的路上，不敢声张。那份苦与痛，因为隐秘而更加酸楚。如今，经常有人夸我身材苗条、气质优雅。但只有我自己知道，我曾忍受了多少委屈与心酸。

也许，对于大人而言，孩子的事情都是小事情；对于时光而言，过去的事情都是小事情，然而那一刻的感受却是如此的真切。我们都曾痛苦地生长，期待人生的峰回路转。其实，我们只需走好眼前的路。走着走着，路就宽了；走着走着，花就开了。

感悟手札

没有哆啦A梦的大雄，也请努力生活

韩知夏

一

高中毕业那年，我抱着一本厚重的同学录告别了三年来朝夕相处的同学。那时的我们都懵懵懂懂，为了期盼已久的毕业而快乐，为了即将到来的离别而伤感。我和所有情感丰富的女生一样，坐在二楼教室的课桌前流下泪来，可只有我自己知道，这眼泪不只为这一刻而流，更为三年前那个躲在角落里黯然神伤的自己而流。

一页一页翻开我的同学录，在对我的评价一栏里，出现最多的词语是“活泼”“开朗”。大概在所有高中同学的眼里，我都是一个积极向上的女孩子，朋友很多，爱说爱笑，永远不知道忧愁是何滋味。他们说得似乎没错，我的高中时代过得充实而快乐，我努力地学习，努力地生活，这样的日子流水似的过去，他们永远都不会看到四年前与现在完全不同的那个我。

那会儿我刚进入初三不久，因为搬家，成了一名在青春小说里常常出现的转校生。我站在新班级的讲台上，望着台下黑压压的陌生面孔，低着头等待班主任安排座位。

只是，我没有像小说里的转校生那样，有着光鲜亮丽的外表和出类拔萃的成绩。一头不听话的短发，矮小的身材，放在人群里是最不起眼的那一个。同样不起眼的还有我的成绩，这几乎就是我那个时期最真实的写照。

那时候，班里的女生们都有自己的小团体，没有人愿意接纳我这个既不聪明又不漂亮的新同学，我每天都过着独来独往的生活。那时，我特别害怕上体育课，因为老师宣布自由活动或者做游戏的时候，我永远都没有伙伴，只能一个人围着操场一圈一圈地游荡。

下课时，我常常望着结伴出去的女生发呆，也会想起在以前的学校里，我也是有好朋友的。

二

我曾试图去做一些事情，好让自己在这个班级里能引起别人的一丝注意，好让自己能够稍微融入他们的世界。

那是在一堂音乐课上，老师鼓励大家去讲台上唱歌，全班没有一个人愿意上去。老师说，如果没人主动上去就随机点人上台唱歌了。我看到很多同学都把头低了下去，那一刻，我心里突然冒出一个大胆的想法："如果我主动上台唱歌，大家会不会就有一点点喜欢我了？"其实我唱歌并不好听，可我突然跃跃欲试。

鼓足勇气之后，我终于说服了自己，一步一步走向了讲台。我在心里告诉自己："大声唱吧，这样才能让大家慢慢认识我啊。"

可当我的歌声响起时，我看到的是咧嘴大笑的同学、拍桌子的同学、一脸幸灾乐祸看着我的同学。我从一片嘲笑声中知道，原来自己唱歌跑调跑得太离谱了。我的脸变得滚烫，大脑也是一片空白，甚至都忘了自己是在一种怎样的状态下走回座位的。

可笑的是，我竟真的"如愿以偿"地引起了大家的注意。后来我曾无比痛恨自己当时那个愚蠢的决定，因为它给我带来了无尽的烦恼。

自唱歌事件以后，我似乎成了众人嘲讽的对象，他们发现，这个新来的同学不仅长得不好看、学习不好，而且唱歌难听，似乎全身上下都是笑点。

三

不知从什么时候开始，我的作业本经常会莫名其妙地消失，最后不是在垃圾桶里，就是在讲台上找到。有一次交作业时，我的作业本不见了，我被老师叫到办公室问话，出来时泪水在眼眶里打转，我努力不让它掉下来。然而走进教室的那一刻，我看到班上的几个男生正把我的作业本在空中抛来抛去。我不顾一切地跑过去与他们理论，却引来了他们变本加厉的捉弄，各种各样难听的外号接踵而至。他们尤其喜欢嘲笑我那一头不听话的短发，并且不分场合、时间，所以全年级都知道初三（2）班有一个头发乱蓬蓬的女生。

那时，我走在校园里总觉得所有人都在用一种异样的目光看着我，所以我很害怕参加学校的集体活动，如周一的升旗仪式和每天的课间操，我总是站在角落里，因为我不想让更多的人看到我的窘况。

四

那段日子是我 15 年的人生里所经历过的最暗无天日的生活，我每天最害怕的就是去上学。记不清我有多少次躲在房间里边抹眼泪边自怨自艾，为何自己不是漂亮、聪明的女孩子，为何这讨厌的头发总是横七竖八的，为何我不是除我以外的任何一个人……我甚至认为世界上任何一个人都比我活得快乐。我变得愈来愈孤僻了，生活于我而言没有任何光亮可言，在那个年纪我就已经体会到了绝望与无助，我感觉自己被全世界敌对着。我不明白自己究竟做错了什么，我甚至以为，生活不会再好起来了。

那时，我总是会想起我从小到大最爱的漫画《哆啦 A 梦》，我觉得我就是一个像大雄一样平庸愚笨，每天受胖虎、小夫欺负的人，我和大雄一样需要一个哆啦 A 梦。可生活不是想象的那样，我还是要独自面对一切。我做的第一件事，就是把自己那头乱发扎起来。因为是短发，所以扎起来也只有兔子尾巴般的一小截，但好在终究不再像他们所描述的那样糟糕了。

我也动过一些小心思，我知道在一个班级里被老师喜欢的学生是很有地位的，学习成绩虽然不可能猛然提上去，可好在我的作文还是不错的。每次老师布置的作文我都写得十分用心，后来语文老师曾经多次在课堂上表扬我，并朗读了我写的作文。

我不知道到底是我的暗自努力起了作用，还是因为即将来临的中考使所有人都安分了下来，我被人捉弄的次数越来越少。慢慢也不再有人藏我的作业本、大声给我起外号了，不过我依然没有交到什么朋友。事实上，我心里是很抵触与伤害过我的人做朋友的，我有些小小的固执和骄傲，所以毕业的时候，我没有给任何一个初三同学发同学录。

五

高中开学报到的那天，我挤在人群里看校园公示栏上张贴的班级划分表，一个站在我右手边的女生笑着对我说："你的头发很黑、很漂亮。"我真的没有想到，原来自己曾经深恶痛绝的头发有一天也会得到别人的夸奖。我低头审视自己才发现，那头不听话的短发经过近一年的生长，已经可以扎成一束俏皮的马尾了。我突然有些鼻酸，也在九月的空气里嗅到了些许青草气味。

我知道，那段黯淡的日子再也不会卷土重来了。那种被人排斥、被人奚落的生活，只是占据了我生命中很小的一部分，再也伤害不到我了。我拥有了更好的自己。

现在我已经 21 岁了，考上了心仪的大学，交到了一群志同道合的好朋友，学了自己热爱的绘画、吉他和游泳，能够在杂志上发表文章……

倘若真的有哆啦 A 梦，我想借来时光机穿越到过去，抱抱 15 岁的自己。我会说："我还记得那是一种多么无助、多么难挨的感觉，可生活还是好起来了，后来的你也是很优秀的，在角落里哭过之后要赶快站起来，你人生中灿烂、美好的事物就在前方。"

感悟手札

一个"差生"的救赎

汪微微

我是在一所离家较近的普通中学上的高中。它不仅不是重点中学，而且远离市区，离最近的小镇也有三五里地，很是荒僻和冷清。

学校西边，一条静静的河缓缓地流着；南边不远处，一段老旧的铁路蜿蜒着伸向远方。每周半天的休息时间，我都会躲出去，一个人沿着河边或铁轨，慢慢地走很远很远的路。直到那些时常汹涌的心事与情绪，再也跟不上我的脚步。

那条绵延的河流和铁轨，对于心有诗意和远方的“差生”来说，是一种洋溢着温暖和希望的存在。它们一直都在用自己的方式提醒我，你就是自己的远方啊，未来会怎样，要用力走下去才知道。

承认自己是“差生”，是需要极大勇气的。那个年龄，虽不肯服输，但也真的怕输。我的父母都是普通的农民，他们能为我提供的最好保障就是读书。否则，他们的当下，便是我一眼望到头的未来。所以于我而言，伴随成绩一起落下的，不仅有稀薄的骄傲和自信，还有一段长长的未来和人生。

正式把自己列入“差生”的行列是在高二选择进入理科班之后。身边没有人想过我会选择学理，在他们看来，一个除了看书、写字之外再无爱好和长处的女生，选择文科难道不是天经地义的事情吗？

选择理科，是和自己赌气的结果，也是和别人赌气的结果。我曾在一篇文章里写过：“水瓶座女生可能永远也不会知道自己想要的是什么，但她一直都很清楚自己不想要的是什么。没有人可以公式般地固化我，我也不想遵循众人的想象。我未来的样子，我要自己做主。”是的，我不想让大家觉得，我始终只是一个样子，笨拙、羞涩，又胆怯。我希望自己能够拥有粗糙但强大的力量，赶走内心的怯懦和自卑。

在我的眼里，理科就具有这样的力量。理科出身的人，有着不露声色的聪明，就算去冒险也有着饿不死的底气。对于理科，我有着健康、明亮又一意孤行的幻想。它像一个剑眉星目的少年，挺拔、俊朗，朝阳的一面五光十色，背阴的一面筛下星星点点。一群人匆匆赶路，脚步踏出金属声响，连笑声都是杠铃般的质感。

就这样用幻想修饰、带诗意美化，我鬼使神差地把自己骗进了理科班。

在理科班的日子里，我的大脑像被一场大火烧得寸草不生、片甲不留。尤其是物理和化学这两门课，我完全听不懂。即使是课本上那种仅需套公式的题目，我也无从下手。和惨不忍睹的成绩一样让我难过的，还有内心翻江倒海的崩溃感。有时花去一个散步的下午积攒起来的自信和上进心，常常会在一道道数理化题目或少得可怜的分数面前败下阵来。半学期后，我将自己的桌椅拖到教室最后排靠窗的角落处，仪式感极强地缴械投降。上课听不懂时，我或埋首纸间写写画画，或仰望窗外风起云涌。我安安静静地放弃着，有时都能闻到自己身上腐朽的气息。心里惊涛骇浪，脸上却倔强地波澜不惊。我的沉默，像夜色，越发厚重和深沉。

在爱好之外，写字成了我的情绪出口和表达方式。于是，晚自习后，我常常会躲在被窝里，就着微弱的手电筒光，用力写下一行行歪歪扭扭的文字，带着仰面朝天的困惑，载着微凉的体温与不动声色的渴望。

写字当然没有让我的成绩变得更好，却让我得到了许多善意的关注和帮助。

前面提到过，我的高中地处偏远，不太受待见，但凡有一点门路或积累了一定教龄与经验的老师都会想办法调离，所以留此任教的以入职不久的年轻老师为主。除了热情和活力之外，他们对成绩没有那么敏感和苛责，对“差生”也没有惯性的排斥，对学生也不那么区别对待，并且更容易看到差生的闪光点，鼓励个性化的成长。

我高二时的语文老师，是个帅气又忧郁的诗人。他的诗句，曾在校园里广为流传，也曾在很多女生心中起伏。他给我们布置了两项固定作业，一项是摘抄，另一项周记。理科生对语文的学习都很敷衍，我却写得用心认真。我没想到有一天他会检查周记——他布置的很多作业，都没怎么检查过。他是那种随性的人，强调但不强迫。周记一个星期后返回，我看见很多女生拿着本子失望地叹息，原来他的检查，只有一个日期和一个惯常的不置可否的“阅”字。而我打开自己的周记本，习作后是一段很温暖的文字。他在日期和“阅”字前，很认真地赞美：“文笔悠远，情致绵密、淡雅，希望坚持。”他的欣赏像砍向我内心冰封大海的斧头，让我看到自己身上的能量与微光。而他对诗歌的喜爱与坚持，也让我觉得人生也许还有另一种可能，并不是所有的河水都将流向大海。

物理老师是语文老师的“铁哥们儿”，受语文老师之托，他绞尽脑汁地在课堂上夸我，希望拯救我的自信心，鼓励我勇敢地坚持下去。有一次，他实在夸无可夸了，只好说：“希望你的物理成绩，能考到语文成绩的一半。”

化学老师是爱唱《透过开满鲜花的月亮》的文艺青年，他很懂我，但比懂我更强烈的是想帮我。所以他每次经过我的课桌前，都会有意多停留一会儿，以便我能抓住时机及时提问和请教。他做出了随时单独给我开小灶的准备，可我毫无胃口。每次看到他走向我时，我都觉得“世界末日”来了。

我高三的语文老师，行政职务是教导处主任。他姓熊，却有着鹿的良善与儒雅，他是我这一生里遇见的最特别的教导处主任。对待学生，他从不高高在上，也从不咄咄逼人，说话的声音里都透着微笑，并且抒情气质浓郁。很多年后，在女生节那天，我还收到了他发来的一条短信，他写道："如果你的电话号码换了，祝福在我心中；如果你的电话号码未换，我的祝福在花蕊中。"

记得当年，在一个月光如水的夜晚，晚自习刚结束，他走进教室，关掉惨白的日光灯，在黑暗里，为我们深情朗诵了一首关于月光的诗，然后领着我们共唱《弯弯的月亮》。在他的声音里，我听到了风的轻快和雨的清爽。诗意的他，赐予我们一个不同寻常的高三夜晚，并用他的诗意，及时地润泽了一颗颗干燥又沉闷的心。是他教会后来的我，即便生活在阴沟里，也要保持仰望星空的姿态，要活得快乐而芬芳。

在老师的带动下，我似乎成了一个在湍急洪流中做汩汩清泉的"差生"，并没有受到过排斥和蔑视。大家叫我"文人"，语气敞亮，透着直白的欣赏。于他们而言，我的存在像一幅画里的"墙西稍空，蜡梅补之"。

但作为"差生"，面对老师和同学滚滚而来的善意，我更加无地自容。时间久了，我像一只被海浪冲得踉踉跄跄的寄居蟹，一个人在岸边或石头旁逗留，等待自生自灭。"未来"两个字太重，再厚重的深爱和善意，也点不亮我心底的光。

我决定退学。当看不到希望时，我便忍不住做一只鸵鸟，怯懦地转过身去，把头埋进沙堆。于是，在一个黄昏，我一声不吭，收拾好书本，整理好铺盖，头也不回地逃回了家。那天夜里，我没有看书，也没有写字，就倚在窗前，看无尽的夜色，觉得自己也被夜色吞噬了，变成了黑暗的一部分。

第二天，在相熟同学的带路下，熊老师火速赶到我家里。彼时，我正好因为不想看到父母的愁眉苦脸而躲了出去。他一边安抚我的父母，一边耐心地等我。同时，他还提出了解决办法，他觉得我文科底子好，这个时候转到文科重新开始，一切都还来得及。但直到暮色四合，夜色渐起，他也没等到我回家，只得先走了。临走前他再三叮嘱我的父母，让我随后务必去学校见他。

第三天，我老老实实去学校见熊老师。他没有一句批评和责怪，只是详细询问了我的个人意愿，问我是否愿意去文科班，为自己的梦想而搏。待我点头后，他说："那你回家好好复习，到时参加文科班的期末考试。其他的事就交给我吧，梦想的事就交给你了。"我没有说一句谢谢，转身离开时，积攒多日的眼泪像一场突如其来的暴雨，噼里啪啦地落下。

其他的事我是从其他老师那里零星听来的——熊老师向管教学的校长提出了申请，校办为此召开了紧急会议，熊老师当众力陈了我的种种优势，为我争取了大多数支持票。接着他又找到最好的文科班班主任做工作。像我这样不打一声招呼就自动退学的学生，算是有前科的问题学生，班主任心里有各种忌讳，不太愿意接收。熊老师对班主任掷地有声地保证："这个学生今后出任何事情，可以直接找我，不用你负任何责任。"

就这样，我转到了文科班。文科班里的我，异常努力，就连睡觉时也在思考，大脑一刻不闲，刷刷地翻着一页页书。理解的，记下来；不理解的，背下来，不再想那么多没用的为什么。

后来，我没有如期长成一个有故事的女同学，却长成了坚忍又矫情的女生——什么事不到最后一刻，都会咬着牙撑下去，感觉累了，也须得在夜深人静时面对一池荷花才肯落下泪来。我想，所有的坚忍，不过是知道身边一直都有人在为自己保驾护航；所有的矫情，都源于长期深情的滋养。

感悟手札

____

____

____

我从来不是随便的 sneakerhead

韩世奇

一

我是一个 sneakerhead，意思就是"满脑子都是鞋的人"。像孩子渴望玩具一样，我对篮球鞋痴迷，从 12 岁起，一双一双地收藏到现在，200 双球鞋是我的全部身家，也是我爸认定我不务正业的铁证。

可要说起我第一双篮球鞋，还是我爸送给我的生日礼物。

童年时期，我出生的东北小城鹤岗正赶上下岗潮，小区里有一半的人下岗了，我爸也不例外。

在萧条和衰败的氛围中，我却有自己的热血世界。我的童年不属于游戏厅或台球厅，只属于《灌篮高手》。我的脑海里一直萦绕着赤木晴子说的那句话："请问，你喜欢打篮球吗？"

每当这时，我都会像三井寿一样喊出那句经典台词："教练，我想打篮球！"

那年，12岁的我已经是校篮球队的小前锋，普通鞋子的鞋底经不住和地板的摩擦，它们常常穿不过一个月。在我的生日那天，重新找到工作的爸爸带回了送给我的生日礼物：一双简版的"科比4"篮球鞋。

这是我的第一双真正的篮球鞋。那天晚上，我是抱着鞋子入睡的。第二天，我穿着那双鞋到了学校，瞬间成为男生们关注的焦点。我平时舍不得穿那双鞋，都是把它们拎到室内体育馆，等到打球时才换上。运球过人，起跳，投篮，穿上新球鞋的我有一种科比附身的感觉。

从那之后，我对每一期篮球杂志里介绍篮球装备的专栏都格外留意，还会用小本子把里面提到的鞋子、球衣记下来。有空时，我还会对照着图片，把好看的篮球鞋画下来。

看《灌篮高手》，当最后一集里湘北篮球队喊出"称霸全国"的口号时，我也在心里默默起誓：从此以后，我就是"鹤岗流川枫"。

"鹤岗流川枫"正在发育，脚长得快，父母不愿意给我买贵的鞋。我决定自己攒钱买一双"乔丹"鞋。那双鞋1800元，可以在当年的哈尔滨买一平方米的房子。

我把存钱罐摆在床头，开始了存钱行动。早餐钱必然是要省下来的，学校的小卖部里人头攒动，我快速经过，决不回头。每隔一两天，我会把家里的沙发缝仔细掏一遍，往往能收获几枚掉落的硬币。而我最盼望的就是和大人们一起去买菜，他们买菜剩下的零钱都是我的。

我甚至想了一个办法：出租以前买的鞋子给同学们穿，他们穿一次我收两块钱。但没几次我又开始舍不得了，怕鞋子被穿坏。

攒够钱的那天，我背起叮当作响的书包，去市里的一家专卖店，买下了那双"乔丹"鞋。那时候没有手机支付，我就这样完成了一次"大型"现金交易。

那是我第一次出远门，完成的第一笔大宗消费，拥有的第一双“乔丹”鞋。篮球鞋一双双换下来，我的篮球也越打越好。高考时，我凭借体育特长加分，考上了一所“985”高校。

二

上了大学后，远离了父母的视线，我感到前所未有的自在。我的生活费几乎都花在了收藏球鞋上，狭小的宿舍里，我的一部分鞋只能堆在床上，我只剩下窄窄的一部分空间可以睡觉。

在大学里，我继续着对流川枫的追逐，仍是院篮球队的主力前锋。那时网购盛行，假鞋也越做越好，不少线上购物平台都是真假混卖。一次，队友买了一双新款“乔丹”鞋，两只鞋鞋帮的高度不一样，他因此被全队人嘲笑了好几天。在一次次帮大家选鞋、鉴定鞋后，我专门组建了一个名为“我们只爱鞋”的微信群，这个群的成员最多时有500人。

篮球赛少不了围观加油的女生，但在赛后找我加微信的女生，小七是第一个。她穿着淡紫色连衣裙，踩着一双亮闪闪的凉鞋，我一眼看过去就知道，这是一个和篮球没什么关系的女生。

但自从我们成为微信好友以后，我的每场比赛她都会来。我问她：“你为什么想要认识我呢？”她说：“因为你打球的样子很自信。”我喜欢她说话时轻柔的语气和她身上散发出的温暖而坚定的力量。

一次，我看到她在微信朋友圈里发的运动照，她的脚趾发紫，旁边摆着一双普通的运动鞋，看起来很笨重。很明显，她穿的鞋不合适。机不可失，我当即从网上买了某品牌的新款运动鞋，直接寄到了她的宿舍。那双鞋很轻、很软，之后她经常穿着。

我很庆幸自己会打篮球，不然小七不会认识我，我们也不会成为情侣。

我和小七商量好，大三结束后，她准备考研，我找一份和篮球有关的工作，我们一起留在北京。可就在那个夏天，我打球时不慎扭伤了脚踝，在宿舍休息了几个月，之后便开始着急起来。

大四开学，室友们每天都在谈论“实习”“考研”“投简历”的话题，这些事情仿佛都离我很远。那些因为打球而得到过的满足，在毕业前夕随着时间逐渐蒸发，我退出了篮球队，甚至连微信群群主也转让了。坐在自习室里，小七奋笔疾书，我却一个字也看不进去。

吃散伙饭的那一晚，室友问我：“你毕业后到底有啥打算？”“没打算。反正不打球了，没劲。”可能因为喝多了，我把在大学期间收藏的球衣都送给了他们，有些还是签名款。我一度觉得是篮球耽误了我的人生。最终，我还是没能像流川枫那样继续自己的篮球梦。

三

也许是想逃避现实，我选择听从父母的安排，回到老家的银行做一名职员。

准时起床，准时上班，我的生活成了一潭死水，我也放弃了对生活汹涌澎湃的想象。

小七考上了当初心仪院校的研究生。那年年底的一天，我喝了不少酒后，拨通小七的电话，提了分手。我听到电话那头她的哭声，眼泪不争气地掉了下来。

过年期间，外甥坐在我家客厅，用 iPad 看《黑子的篮球》，很像当年那个放学后看《灌篮高手》的我。不同的是，我成了一个对生活充满焦虑的大人。

我把小外甥带到商场，让他挑一双喜欢的球鞋。一对家长在店里询问店员球鞋的特性，聊了许久，结果店员也不懂，连球鞋的名字都说错了。我看不下去，便给他们讲解了半天，终于帮他们找到了一双合适的球鞋。

那对家长临走前加了我的微信，说：“没想到球鞋这么复杂，谢谢你！”在小城市里信息不发达，拥有球鞋专业知识的人很少，想在这儿买一双好球鞋远不如在大城市方便。

那天，我找到了一种久违的兴奋，决定重启球鞋“追新”之路。

很快，我就凭借过硬的专业技能在小圈子里混得风生水起。“追新”不仅要掌握每个品牌发布新品的重要节点，还要对各个系列的款式有深入研究。

我逐渐收集了“乔丹”几乎所有的元年款或者复刻款。“乔丹 10”的球鞋底上，写满了乔丹的荣誉；而我的鞋架上，也摆满了我曾经的梦想。可能是因为当年临摹杂志上的球鞋时打下的基础，我还会在白色球鞋上画一些自己的小设计，把普通的旧球鞋改成拖鞋，或者自己在鞋子上做喷绘。对于我来说，它们已经是艺术品。

家里的球鞋数量开始成倍增长。爸妈开始没说什么，但后来还是会唠叨。最近搬家，我的家具和衣服只装了 3 箱，但球鞋装了满满一辆皮卡车。为此，爸爸有两个星期没跟我说话。

篮球鞋对于我来说，不仅仅是梦想，也是某种意义上的“硬通货”——卖一些以前的收藏，再去追喜欢的新品。我给自己的200双鞋拍了一张照片，发了一条朋友圈，配文是：“最喜欢的永远是下一双。”这一次，我没有屏蔽父母。在收获的数百个“赞”里，我会仔细去看那些头像，看里面是否有我最熟悉的头像。

现在，我依旧在这座小城的银行上班，每天穿着西装、打着领带，在银行的柜台前露出职业的微笑。可前来办业务的人不会知道，我的脚下穿着我最喜爱的“乔丹”。踩着篮球鞋，我努力把每一天的工作都做好。

和过去不同的是，我接受了这样的平凡生活；和过去一样的是，鞋子依然能带给我关于《灌篮高手》、关于篮球的梦想。我微信的个人简介又改回原来的那五个字：鹤岗流川枫。

上个周末，是我26岁的生日。爸爸递来一个快递盒，是最新款的“乔丹元年”。那双鞋我已经在网购站点里收藏了，还没来得及买。

我感激地看向我爸，他拍了拍我的肩膀，丢下一句：“小七送的。”

感悟手札

____

____

____

被遗忘的孩子

黑泽明

那是我当电影导演以后的事了。

我在日本剧场观看稻垣浩先生反映弱智儿童生活的影片《被遗忘的孩子们》，其中有这么一个镜头：场景是学校的教室，孩子们都在听课，可是有一名学生，他的课桌远离大家，他单独坐在一旁自顾自地玩。

我看着看着就产生了莫名的忧郁，同时不由得心慌意乱，再也坐不下去了。

我好像在哪里见过那个孩子。

他是谁呢?

我突然想起来，那是我呀!

想到这儿，我立刻站起来去了走廊，坐到那里的沙发上。

我想这可能是脑供血不足的征兆，便躺了下来。剧场的女员工颇为担心地走到我跟前，问：“您怎么啦？”

“啊，没什么。”我回答了一句便想坐起身，但突然一阵恶心，差点儿要吐出来。

结果，她叫了一辆车把我送回了家。

那么，那时候我为什么情绪不好呢?原因是一看《被遗忘的孩子们》，我就想起了那些我不愿回忆的、令人不快的事。

我在森村小学上一年级时，觉得学校这种地方纯粹就是监狱。在教室里，我只感到痛苦和难受。我一动不动地坐在椅子上，一直透过玻璃窗注视着陪我来上学的家人，看着他在走廊上来回踱步。

回想过去，我还没到弱智儿童的那种程度，但智力发育得很晚是不可否认的。老师说的东西我根本听不懂，就只好自己玩自己的，结果老师把我的桌椅挪到远离大家的地方，把我当作需要特殊对待的学生。

上课时老师常常望着我这边，说：“这个，黑泽君大概不懂吧？”或者说：“这对于黑泽君来说，是很难回答的啦。”

每当此时，我看到别的孩子都望着我嘿嘿窃笑，心里便非常难受。然而更令我伤心的是，正如老师所说，我的确不明白他讲的究竟是什么。

早晨的朝会上，老师一喊“立正”口令，一会儿的工夫我准“扑通”一声跌倒。我好像一听到老师喊“立正”就紧张，以致晕倒。我就这样被抬到医务室，被放在病床上，然后护士走过来，俯身看我。

我记得有这么一件事——

下雨天，我们在室内做抛球游戏。球朝我飞来，我却没接住。大概同学们觉得这样很有趣，所以拼命地拿球砸我，常常砸得我很疼，这让我心里很不痛快。于是，我把砸到身上的球拾起来，扔到室外的雨地里。

"干什么！"老师大声怒斥我。

现在我当然懂得老师发火的原因，可那时我还不明白，把砸在我身上、让我心烦的球拾起来，然后扔出去，这有什么不对？

就这样，在小学一年级到二年级的这段时期，我简直就像在地狱受罪一般。

现在看来，只按老规矩行事，把智力发展较慢的孩子送进学校，简直是一种罪恶的行径。

因为孩子们的智力发展水平参差不齐，有五岁时就像七岁那么聪明的孩子，便有虽然已经七岁但只有五岁智力水平的孩子。智力的发展有快有慢，因人而异，那种僵死的规定完全是错误的。

写到这里我很激动，因为我七岁的时候就是那么呆头呆脑的。学校生活使我深感痛苦，所以为了这样的孩子，我情不自禁地把这段生活写了下来。

我的头脑清醒过来，是在我家搬到小石川，我转学到黑田小学读三年级的时候。据我的记忆，那时就仿佛忽然刮来一阵风一般，吹散了让我的脑子处于迷茫状态的雾。

我记得，从那以后，我就像泛焦（摄影技术专用名词，即画面内一定范围内的景物全部清晰）那样，和从前截然不同了。

感悟手札

14岁少年的行为艺术

贾颖

一

一到初三，美术课便成了课程表上的一个摆设。在我们几乎都忘了还有美术课这回事的时候，美术老师走进了教室。还有40天就要中考了，同学们都在为考上重点高中而奋战。在这个时候上美术课，真是让人心情复杂。

“今天我们一起来完成一堂行为艺术课。行为艺术，简单地说，就是用某种行为来表达你们的心情。现在，我们全班有45名同学，都是艺术家，你们的身体就是画笔，你们可以通过动作、造型来表达你们的心情和体验。”美术老师拍拍手，示意大家开始思考。

“班长先来带个头！”美术老师的话音刚落，同学们的目光便一下子都集中到了班长的身上。只见班长从粉笔盒里挑出彩色粉笔，在黑板上写下不同字体、不同颜色的“自由”，然后，摆出罗丹的雕塑《思想者》的样子。有了班长的示范，同学们的思路一下子被打开了，一名又一名同学抢着走上讲台。有的举起双手，仰面朝天，张开大嘴，却一言不发；有的把书包抱在怀里，掏出一个本子，一页页撕碎了吃进嘴里，慢慢地咀嚼……

在美术老师走进教室之前，我已经用习题纸叠了12只鸽子，我把这些写满演算公式的鸽子捧在手心里，表情凝重地走上讲台，然后，轻轻地亲吻它们，并把它们全部撒向了窗外。美术老师说：“嗯，你的行为艺术还没有结束，现在只进行了一半，下课后，到楼下把你扔出去的鸽子都找回来，这样才算完成了你的行为艺术。任何艺术都有规则，就像任何行为都有规则一样，明白吗？”我点了点头。

还有七分钟就要下课了，我们请老师给我们表演一次行为艺术，作为这堂课的结尾。

美术老师想了想，说：“这样吧，我跟你们讲一个我在14岁时做的行为艺术。14岁时，我读初二，有一天，因为一件事情我跟爸爸吵了起来，我忘记了是因为什么事情，总之两个人吵得很凶。吵的结果是，爸爸不准我吃晚饭，让我反省，我觉得我没有错，没什么需要反省的，并且对爸爸有了一点点的恨意，觉得他是在滥用爸爸的特权欺负我。”“然后呢？”我们问道。美术老师动了动身体，说：“然后我就开始我的行为艺术了。”

二

14 岁的他决定离家出走。他偷偷地翻出过年时积攒下来的压岁钱揣到口袋里，又在贴身的口袋里放了一张全家福照片，然后空着手，跑出了家门。

“老师，你离开家的时候，你妈妈没发现吗？”我问。因为在我家，无论我做什么，都会被妈妈识破，我觉得好像天下所有的妈妈都有这样的本事。

“我想，我妈妈发现了。只是她假装没发现。”

“那你爸爸呢？他没问你出去干什么，上哪儿去？”又有同学问道。

“我爸爸大概是想给我一个台阶下，或者，他自己也需要一个台阶。你们知道，男孩子，尤其是在十四五岁的时候，好像跟爸爸是仇人似的，说不了三句话就会产生分歧，互相不服气。”

那个 14 岁的少年，漫无目的地走在暮色中，他想先去上海看看，再确定下一步怎么办。

车票是第二天早晨 8∶02 的。他决定去火车站旁边的招待所住一夜。这一夜，他辗转反侧，一会儿想着自己如何功成名就地回到家里，一会儿又担心母亲因找不到自己着急上火而病倒。天快亮时，一夜无眠的 14 岁少年从床上翻身坐起，对自己说：“我为什么要离家出走？为什么要像一个逃兵似的从家里跑出来？如果我觉得自己没错，那我就应该跟爸爸斗争到底。如果真是我错了，那我就改正。”

现在的问题是，怎么回家？回到家里，怎么跟爸妈交代这一夜的去向？最关键的问题是，如果再和爸爸发生冲突，那我该怎么办？

三

当 14 岁的他走出招待所茫然四顾时，他忽然看到一个熟悉的身影。

“妈——”他声音尖尖地喊道。

“啊，我去早市买菜。”妈妈站住脚，假装很淡定的样子，却难掩一脸的疲惫和焦灼。

他不知道，他刚从家里走出来，妈妈就偷偷跟在了他的身后，不敢离他太近，怕他发现；又不敢离他太远，怕跟丢了再也找不到他。直到看着他走进招待所，住了进去，妈妈才和爸爸一起在旁边开了一间房，一晚上贴着门听动静，生怕一个疏忽就弄丢了儿子，好不容易才熬到天亮。最矛盾的是爸爸，他既后悔昨天的冲动，又无法放下身段跟儿子赔礼道歉。

妈妈劝爸爸回家去准备早餐，她自己来面对儿子。

“走，回家吧。上学该迟到了。”妈妈没有提他昨天晚上离家出走的事，也没问车票的事。14 岁的他任由妈妈拉着自己的手，什么也没有说。

回到家里，爸爸看了他一眼，扭头回了自己的房间，餐桌上是他喜欢的豆浆和油条。

“后来呢？”我们问道。

“后来，我跟爸爸的战争仍然时时发生。比如，我想考美术专业，他却坚持让我考建筑专业。”

“谁赢了？”

“没有人赢。”美术老师说，“我们协商解决。”

“协商不了呢？”

“继续协商。沟通、交流，再沟通、再交流，就像画一幅画，涂一层色彩达不到效果，就再涂一层。”

这时，下课的铃声响了。美术老师微笑着说：“我离家出走的行为艺术已经结束。我很庆幸我以那样的方式结束了我的行为艺术。”说实话，我并没有完全明白美术老师在用他 14 岁时的行为艺术向我们说明什么，但是，我隐隐地搞明白了一件事情：我们在成长的过程中，总会遇到一些事情，也许是我们不愿意面对的，也许是我们没有勇气面对的，也许是我们还没有准备好面对的，但无论如何，选择逃离是最糟糕的一种行为，无论是行为艺术，还是真实的人生。

感悟手札

萧萧青春逝，淡淡人别离

木小六

一

上中学时，我本是传说中的“别人家的孩子”，安静、省事、成绩好，我的父母也是“别人家的父母”。但这样的好日子在我上初三时，突然终结了。

原因是，我家有了一个新邻居——了不起的孙阿姨。

孙阿姨为什么了不起？因为她原本住在繁华的省城，却为了儿子迁居到我们那座小城。她儿子也很“了不起”，明明高大、帅气，却一脸凶狠，喜欢独来独往。但是，他得过很多唱歌比赛的奖，经常上电视。

做了邻居，免不了经常碰面，但我每次跟他遇见，最多只是和他对视一眼，就扭头各走各的。虽然我妈跟孙阿姨一见如故，但毕竟我是“乖乖女”，他是“桀骜男”，我们不同类。

而且，由于孙阿姨老说她儿子收到了多少封情书，我妈就开始暗中防范，怕我也迷上他。

那时候我爸长年在外地工作，我妈要照顾我，没什么社交。孙阿姨的出现，正好满足了我妈的心理“刚需”。只是，自家儿子没多少新话题了，孙阿姨就开始跟我妈说，女孩子学习没后劲，越是在初中成绩好的女孩，上高中后问题越多。

之前，这样的话别人也说过，但孙阿姨一说，就有了“众口铄金”的力量。我妈突然就“沦陷”了。

我妈长年生活封闭，心思简单，凡事不爱跟别人比较，但当她开始了解别人家的孩子是怎么被教育时，知道得越多，就越恐慌。我这个一年到头被放养的好学生，突然间在她眼中变得一无是处。

小时候我也学过绘画、唱歌和舞蹈。可绘画班去了几次，我妈嫌离家远就放弃了；歌舞班则是因为我爸听说女孩子学唱歌、跳舞容易变坏，所以一声令下，便让我都退出。

但在孙阿姨的刺激下，我妈终于发现，昔日我那些兴趣班的好多同学，不但多才多艺、出尽风头，还拥有诸多获奖证书。而我，只是鼻梁上多了一副眼镜。

二

孙阿姨还说，女孩子学习好，靠的是死记硬背，应付平时的考试还行，一到高考就“歇菜”。只有参加过各种比赛、见过世面的孩子，综合素质才高，心理素质才过硬，才有长足的后劲。

经过孙阿姨对我妈的“洗脑”，我妈在心里树起了“素质教育”的大旗。她认定我是暂时的高分和长久的低能，甚至因为懊悔，动不动就把自己气哭。

成绩好就是能力差，而且必将陨落于高考，这是什么逻辑？可我淡定多年的母亲，就被这歪理给蛊惑了。

母女关系四面“漏风”，我们越发轻视彼此。孙阿姨高亢的嗓音让我觉得无比聒噪，再见到她的儿子，我就产生了新的念头：他无缘无故地回到小城，是在省城打架被开除了吗？

这话说了一两次，我妈就告诫我，不要拿别人当幌子来遮掩自己的缺陷。再多说一句，她就疑神疑鬼，说我是癞蛤蟆想吃天鹅肉，暗恋人家。我简直是百口莫辩。

在我们母女俩剑拔弩张的阶段，我爸调回来了。

本以为讲道理的人来了，可是，随着我爸回来，家里来的客人就多了。客人们带着孩子前来，一定会撺掇着孩子当众献艺。而我最讨厌别人让我“来一个”，或者说“你那么爱看书，实在不行就背首诗”。

我心中像有一座堡垒，塞满了青春莫名的顽固。别人越鼓励，我就越逆反，坚决不肯当众表演。于是，我爸也开始焦虑，说我这么没有竞争意识，以后怎么在社会上立足。

“没能耐还这么倔，都是被闲书带坏的！”在又一次没当众给父母长脸后，他们火速达成共识，迅速地抄检书架。那个时候，学习就是指学课本上的知识，除了参考书，其他的书都被统称为“闲书”，不是学生该看的。

书架被扫荡一空，战利品被粗暴地塞进一个大纸箱，胶带一圈圈被缠绕上去，发出刺耳的声响。见我只是闷声站着，连争辩都没有，爸妈更愤怒了：“懦弱！无能！没出息！”

三

爸妈一会儿互相指责，声嘶力竭，一会儿又同仇敌忾，掉转矛头针对我：“都是因为你！”

那一刻，我，一个成绩名列前茅、不知被多少同学羡慕的好学生，体会到了什么叫“哀莫大于心死”。

我转身回到房间，重重地关上门，反锁。然后，开始无声地哭。

头胀痛难忍，憋了好多委屈。摊开稿纸，我开始给爸妈写信。浩浩荡荡，洋洋洒洒，把心中的不满都宣泄了出来。

信写完，才发觉门外很安静。父母不知何时已鸣金收兵，更不知何时又会重启唇枪舌剑。我突然生出一个强烈的念头——我要离家出走。我要让他们着急，让他们愧悔，我要夺回尊严。

我把信丢在客厅，把大门摔得一声重响。晚上 11 点多，父母刚躺下，绝对听得到。

他们很快追了出来。我突然意识到，他们应该还没看到我留下的信。如果就这样被带回去，恐怕只会换来一顿暴揍，以及更大的羞辱。

心一横，我跑进附近一条漆黑的夹道。刚一个踉跄，手腕就被抓住了——这里有人！我被那个人拽着手腕拖着向前跑，他还警告我：“别出声！”

我吓得想叫又不敢出声，但心里又好像有一种离奇的畅快感，应该是被吓得产生幻觉了。

脚下磕磕绊绊，眼前混沌一片。没有路灯，我这个近视眼的夜视力差到伸手看不清五指。我被那个人拖拽着跑，感觉是到了夹道深处的“鬼屋”附近。

那是一座平房，常年挂着锁，门口杂草丛生，还有传言说那里闹鬼。

早已听不到爸妈的声音，世界一片寂静，他们不会想到我在这里。那个人松了手，我这才感觉到手臂生疼，他使的劲儿太大了。

松开我，他开始大口喘气。恐惧感顿时铺天盖地，我甚至开始想象，这个阴森的鬼屋或许就是一个血腥的杀戮场，而我短暂的人生就要在这里终结。

那我活得太亏了！

四

“吓死我了！”他声音颤抖，蹲了下去。

我愣住了，我——吓着他了？

他又剧烈地喘了几下，才颤巍巍地站起来，“啪”的一声点着打火机。借着微弱的火光，我这次看清了，是他——孙阿姨的儿子。

“你也没看上去那么乖啊，干什么去了？大半夜被坏人追到家门口。”他灭了火光，还警惕地四下张望，声音依旧轻得只够我听到。

“你——害怕？”我心里突然一阵平衡，好想大笑几声。这个“桀骜男”平时看上去凶神恶煞、不可一世，胆子居然这么小？难道他是故意装出一副凶相来掩饰自己？

因为太震惊了，我一不留神嗓门便大了些，他紧张得一把用袖子捂住我的嘴。如果这时灯光骤亮，不知情的人大概会以为他想捂死我。

眼前的景象颠覆了我对他所有的认知，那个夜晚的气氛陡然换了风格。

事实是我没被坏人追杀，他也是演出回来恰好路过。误会消除后，我忍不住问他：“你要当歌手，留在省城不是更好吗？”

我看不清他的表情，只感受到了他片刻的沉默。之后，他淡淡地说：“其实你应该庆幸，没真的遇到什么过不去的坎儿。以后别离家出走了。”

然后，我被他押送回家。快到家的时候，他一闪而过，没让我爸妈看到。家里的大门敞开，爸妈在客厅等我。他们已经看过我留下的信，也算准以我的胆量，必定会回家……

没有挨揍，没有交谈，大家都心照不宣，爸妈只说了句：“赶快睡吧。”

事情好像就这么过去了。可我睡不着。孙阿姨的儿子是不是遇到过什么事？他爸爸呢？我心里还有好多疑问。

不过我想，经过这一出，大家就是熟人了，我以后一定要找机会打探出究竟来。可隔天再遇到，他还是只瞄了我一眼，便像往常一样扭头走自己的。他的脸上依旧挂着冰霜，好像我们从未有过交集。

好吧，我还是“乖乖女”，你还是“桀骜男”。

几天后，爸妈归还了我的书。孙阿姨也还是常来找我妈闲聊。而我从那以后，好像突然长大了，淡定了。我想，就算父母继续疯狂下去，我也不会再感到煎熬。

再后来，上了高中，我的成绩开始摇摆，爸妈没做出任何评论。其实，他们也是佯装镇定，终究还是被我那一次的出走给吓着了。

因为住校，我一直没意识到，有多久没听见孙阿姨聒噪了。等意识到时，已经是高考结束，等录取结果的时候了。

“他们都搬走快两年了。孙阿姨有个好儿子，自然是儿子去哪儿发展，她就跟着去哪儿。”我妈边说边观察我，她居然还在疑心我暗恋某人。

所以直到现在，我还是不知道他们去了哪里，又发生过什么。昔日的小城早已不复从前，他却始终是一个谜。我们偶然撞见，又理所当然地离散。

但我想，他应当是一个很好的人。

感悟手札

酒鬼埃文斯

沈东子

1840 年，20 岁的惠特曼由长岛来到纽约，先后在各家小报做小记者，一度还去《新世界》任过职。那家报纸的总编叫格雷斯沃德，是爱伦·坡的死对头。惠特曼做记者主要是为了糊口，他的抱负不是做新闻，而是写诗。

一天，他将自己的诗作收集成册，小心翼翼地拿给纽约一家出版商，询问是否有出书的可能——这些年惠特曼写了不少诗，零星发表在各家报刊上，虽然也有一些反响，但总体来说不算太热烈，他还是个年轻的无名诗人。出版商随意翻了翻，说，这样吧，你帮我写本小说，稿费 125 元，这些诗就算了。彼时纽约的房租是每月 10 元，爱伦·坡的长诗《乌鸦》在《晚镜报》发表，稿费也只有 14 元。

换了别的诗人，可能会觉得太伤自尊，要么沉默，要么拂袖而去。这位大胡子诗人却不这样想，他觉得这是个很好的机会，没准自己还可以写部畅销书呢。有了畅销书，再去推销诗集就容易多了。他满口答应，去街上拎了几瓶姜汁酒，兴冲冲地回到租住的小屋，关起门来构思平生的第一部小说。他还是蛮拼的，将自己关了几天几夜，以每天两万字的速度，一口气写出了小说《富兰克林·埃文斯》（又名《酒鬼人生》）。

小说带有强烈的自传性质，是惠特曼对自己早期人生的回顾与反思。他初来纽约时，结识了一群街头混混，整天狂喝滥饮，过着醉生梦死的日子。他也知道这样不好，但一直无法抵御酒精的诱惑。直到有一天，妻子病死了，他才猛然意识到自己活得有多窝囊，连老婆都护不住，于是下决心戒掉了酒瘾。小说中的酒鬼埃文斯，就是惠特曼自己，其他角色也都有现实生活中的原型。

惠特曼如期将书稿交给出版商。他并不看好这部小说，始终认为跟诗歌比起来，小说的文字不够精准，登不上大雅之堂。他甚至自嘲这是部“垃圾之作”，不愿署自己的真名。可是读者不这样看，《富兰克林·埃文斯》印行后，竟然受到读书界热烈追捧，书中有关知识与诚信、财富与幸福的论述，击中了广大读者的泪点。埃文斯自我救赎的不懈努力，感动了美国人。两万册小说一销而空，出版商大赚一笔。

惠特曼无心插柳，却长出一棵参天大树。不过小说的意外成功，并没有改变他的文学追求，他还是决定继续写诗。这是惠特曼的第一部，也是唯一一部长篇小说，事实上，哪怕是写小说，他也更擅长使用诗意的语言。13 年后，惠特曼写出了成名作《草叶集》，据说诗中原来有这样的句子：“啊，美酒，你是快乐之源头。”这是诗人的由衷之言，不过后来删掉了。《草叶集》固然很优秀，但是没有任何一版《草叶集》一次印刷能超过两万册。曲高和寡，这是诗歌的命运。

感悟手札

活着活着就懂了

张曼娟

年少时如此沉溺于美，曾经用梦幻的腔调说："我希望活到十九岁就死掉，永远不要成年。"轻易过了二十岁，将近三十岁时，又升起一个念头："活到二十九岁就够了，过三十就老了。"如今已迈入知天命之年，六十在望，才发现，三十岁时以为的老，哪里是老！三十岁时理解的人生，原来只是个轮廓，还没有上色呢。很多事，真的要活着活着才能渐渐懂得。

我曾经和大多数女孩一样，走过婚纱店时总要在橱窗外伫立，想象着自己披上白纱的那一天，憧憬一场浪漫婚礼，希望与钟爱的男人永结同心，白头到老。可活着活着，突然发现，白纱虽然美，却只能穿在新娘身上；婚礼很浪漫，婚姻生活却很实际；钟爱不一定能持续一生，男人对妻子有时冷淡、有时欺瞒，婚约无法约束爱。当我确立了自己的方向，找到可以倾注一生的志业，因着投入而神采焕发时，也就有了一种热恋的感受，这是自给自足的、笃定的幸福。

常有媒体询问我："作为一个大龄单身女子，有哪些甘苦滋味？"我认为单身铸造了我的人生，让我过着想要的生活，成为一个完整的自己，并不感觉匮乏或苦涩。"难道没有寂寞孤单的时候吗？"人生而孤独，能享受孤独的人才能与自己好好相处。我现在的生活确实不是当初所设定的，但我感谢一切的失去与追寻，成就了此刻的我。

我发现人们总是喜欢回顾，留恋往昔的美好，懊悔那些失去的人与事；人们也习惯性地等待别人，等待别人的肯定与认同，等待别人的给予，浪费许多时间去等待，却低估了自己的力量。在《我辈中人》一书中，我用了许多篇幅去谈自我实现的重要，告诉大家避免"人生过处唯存悔"，真正的解药其实是自己。我很惊讶地发觉，竟有许多年轻读者，在阅读中得到了共鸣与疗愈。也许是因为，我们自小被教导要优秀、要成功，却没人教我们该如何与自己好好相处，当挫折与变故来临时，又当如何面对。

大约三年前，父亲的思觉失调突然爆发，我才猛然意识到，老去并不只是身体机能的衰退，还可能是精神错乱、失智……让老人与照顾者一起陷入流沙，不断沉陷。五十几年来，我那原本秩序井然的世界，因着父亲的病而颠破碎裂。母亲被确诊患了失智症，新的挑战迎面袭来，大龄子女独自照顾高龄父母，人生道途突然阴暗下来。

许多事都是必须经过才能理解的，我开始觉得活得久一些是好事，生活中挑战不断也是好事。人生上半场，追求的是成功；人生下半场，只愿能好好承担，便是大圆满。这都是活着活着才能懂得的事。

感悟手札

如果被欺负了，就去读书吧

藤原和博

过去，因为校园霸凌而导致的自杀事件发生时，我作为校长，曾被叫去参加日本一家电视台的晨间信息节目。在节目中被问到“如果被学生欺负了要如何反抗”时，一个评论员伊藤先生陈述了他的意见：“如果是我，我会推荐学生读书。”

一般的人可能乍一看不知道这人在说什么，觉得看书与反抗欺凌问题毫无关联。但是，伊藤先生的本意是：如果要让被欺负的孩子和欺负人的孩子在同一个擂台上进行对抗，那他肯定是打不过对方的，事实上就是因为打不过所以才会受欺负。那么，就有必要让他们登上欺负人的孩子无法登上的擂台。所以，读书应该会对此有些帮助。

听了伊藤先生的话后，我想起了研究古埃及的考古学者吉村作治先生。我和吉村先生通过“埃及文化战略会议”变得亲密起来。因此，他愿意到我们中学教书。在上课之前，我和他在校长室闲聊，他和我进行了这样的对话：

“吉村先生在小学和中学时代是怎样的学生呢？”

“我当时被欺负得可惨了。”

看他现在的块头我有些难以置信，但据他说，当年午休时间他在教室根本没有容身之处，一直都躲在图书室里，然后就和一本叫作《图坦卡蒙法老王的秘密》的书相遇了。因为这本书实在是太有趣了，他完全走进了书的世界，仿佛忘记了自己被欺负的事，后来他成为一位世界著名的古埃及考古学家。

一本书能帮助一个被欺负的孩子。

读书可以扩大视野，被欺负的孩子就可以和欺负人的孩子站在不同的舞台上。伊藤先生想表达的大概就是这层意思吧。而说出那句话的伊藤先生也是读了不少书的，正因如此才会有这样的观点。

感悟手札

给想逃离痛苦的你

松浦弥太郎

大约从一年前起，我开始慢跑。早上起床，洗把脸后，便换上运动服在家附近跑步。那条路我经常走，一直没觉得有什么特别之处。然而，当我跑在那条路上时，我对那条路的印象竟完全不同了。

起初，我是在凉爽的季节以不勉强自己的速度跑，但还是立刻汗流浃背。跑了几天之后，我心想：“既然身体已经习惯了，何不试着加快速度？”结果没多久我就气喘吁吁，双腿颤颤巍巍，那段熟悉的路竟变成了一条艰辛的路。

等我终于习惯了那样的强度后，我再次加快了步调。结果，艰辛之路成为荆棘满布之路，令我忍不住哀号："要一路跑到底是不可能的，实在太痛苦了！"

可等到我的身体再次习惯那样的速度，我又能流畅地跑了。我不再气喘吁吁，双腿也不再打战，现在我已经能够舒畅地进行早晨的运动了。以前要花十分钟的路程，我现在只要五分钟就能跑完。

这只是一件小事，但我确实有所成长，我已经能"跑得更快"。

这个例子和"面对困难的不安和寂寞"情况很像。每个人都想避开困难通过眼前的路，但感觉到"痛苦、吃力"，也是自己正在成长、前进的证明。如果你一点感觉也没有，就代表那条路对你而言已经驾轻就熟，你并没有从中得到成长。

人在健身时，会为想锻炼的部位多加一点负荷。如果想锻炼手臂，就多活动手臂肌肉，直到有点吃力的程度；如果想锻炼腿力，就积极摆动双腿，直到自己精疲力竭。也就是说，那些承受痛苦的部位正是因为承受了痛苦，才变得更加强壮。

困难也是一样。你之所以会觉得困难，或许是因为你正在弥补自己不足的地方。一切的折磨，或许都是为了锻炼自己的弱点而量身打造的试练。

不擅长与人沟通的你，如果正在为人际关系而烦恼，不妨去想"为了让自己能够更灵活地建立人际关系，现在我得多承受一点重量"。

工作经历还不丰富的新人，在遭逢未曾经历过的意外时，不妨去想"这场意外之所以发生，正是为了补强我的短板，这是一场使我能够变得更加能干的试练"。

只要换个角度思考，你就不会想从眼前的痛苦中逃离。遇上困难时，你也不会什么都不做，一味地任由不安和寂寞膨胀。相反地，你会使出浑身解数，生出与困难正面交手的勇气。

这么一来，我相信你一定能够有所成长。

人生在世，总会遇上自己无能为力的事情。这时，我们或许会抱怨"这才不是让我变强的试练"，真心感到悲伤、沮丧、烦恼，甚至差点儿就被绝望击垮。但我希望自己到了最后可以这么想："因为这件事我学到……""我是因为要更上一层楼，才会碰上这种事。"当你在苦恼过后得出这个结论，另一扇门便会为你开启。

只不过，在你能够更上一层楼打开另一扇门之前，还需要时间。这不是只要烦恼一个晚上便能解决的事情，有时也会碰上“无论如何，我都无法忍受这种事”的情况，有时候你也会忍不住想呐喊：“为什么只有我这么痛苦！”

遇到这种情况，我会念诵一个咒语：“正因为我有能力跨越，这个考验才会降临。”

这么一想，我整个人便会变得非常放松，便又有余力去思考：“这件事能让我学到什么？”

碰上痛苦的事情，我希望自己不要心怀怨恨，要能够感恩地想：“谢谢，让我得到了一个可以学习的机会。”如果一个人能把自己遇到的一切人和事都当作礼物收下，他就能变成一个很棒的人。

人生就像一级一级地爬楼梯，克服了一个困难，又会有其他困难接踵而至。困难永远不会消失，在这周而复始的过程中，我们一面生活一面成长。

我觉得没有痛苦也没有辛劳的人生很无趣。

尝到了痛苦与辛劳的滋味，便能知道自己和其他人的弱点。知道对方是背负着相同弱点的同伴后，你便能对身边的人多一分体谅。还有一个毋庸置疑的真理：你越是想要逃避，那些令你痛苦与辛劳的事越会紧紧地跟随你。与其这样，何不回过头紧紧拥抱它们呢？不管是多痛苦的事都紧紧抓住，把它转化为使自己成长的粮食吧！

感悟手札

人有两种命

马德

我觉得，人有两种命：始终快乐的命，以及烦恼不断的命。于是，也便可见两种人：天大的事也不愁的人，小琐事也会深缠的人。

——人生的轻松在这里，沉重也在这里。

人活一辈子，就这般天壤之别。有的人，一命独大，快快乐乐就过去了。有的人，两命相抵，无痛无痒无怨无恨。而有的人，命沉到底，终成乖戾的命运。

即便这样，我觉得，烦恼仍不会从根本上毁坏一个人的生活品质。如果，这个人的内心足够强大的话。当然了，若真的反过来，一根稻草的确会压垮一只骆驼。

烦恼的普遍性在于，富可敌国的人有烦恼，流浪汉也有烦恼，不穷不富、衣食无忧的人还会有烦恼。有时候，解决掉一件烦恼的事，远离一个烦恼的人，看似没有了烦恼。实际上，烦恼只是在某一刻没了附着物。其实，烦恼还在，它在烦恼人的心里。

这么说的意思，不是趋于悲观，而是呈现客观。烦恼是一种生活存在，消灭烦恼本身就是徒劳的。

这样想也就轻松了，因为大家都一样。这样想也就通达了，因为较真无意义。

烦恼和痛苦并没有本质的区别。

一件让人烦恼的事，并不大，纠缠得久了，就成了痛苦。人的更多烦恼，源自自私，没得到的想得到，已拥有的怕失去。人若砍掉一半的自私，烦恼便会只剩下一个零头。

在这个零头里，如果再减去与人攀比，抵达的，必然是内心的清净和宁谧。

烦恼是自身人性的回照。按照这个逻辑，最自私的人应该最痛苦。但生活事实是，这样的人并不痛苦。因为，人到了这一步，人格往往就有了很大的缺陷。

一个有人格缺陷的人，自己不会痛苦，他们只负责让别人痛苦。

与人相较的痛苦，终究是肤浅的。因为，它体现的是一个人被虚荣打倒的狼狈。最深的痛苦，是灵魂的绝望。这时候，周边连人也没了，茕茕孑立，形影相吊。附属于世俗世界的一切都消失了，只剩下自己。

在北海牧羊的苏武，在残破的时代颠沛流离的李清照，或许感受到的就是这样的痛苦。

其实，人世所有苦痛的路，古人都替我们走过了。几百年，上千年过去，我们需要的，不是重复的能力，而是开悟的能力。

这种能力体现在，心思投注在别人身上多一些的时候，念及自己的就会少一些；看到别人痛苦的时候，自己就会痛苦得少一些。没有幸灾乐祸，只为同病相怜。

所以，解决自身烦恼的一种方法，就是去解决他人的烦恼。拿出温暖的人，必然会被回以温暖。对他人施以冷漠的人，必然会被自身的寒冷包围。

人在向外柔软的时候，也就懂得了向内柔软。想着爱别人的时候，也就学会了心疼自己。

人若爱人，本质上是忘我的。忘我，作为人生境界，是从小我的跳脱。从这个意义上讲，它抵达的也是自我人格的完善。

感悟手札

那个夏天我们长大了

邱立新

那年，我们村终于建成了沙石路，能通汽车进城了。汽车开通的头天晚上，支书说为庆祝通路、通车，客运站不要车钱拉大家进城逛。

第二天，天刚蒙蒙亮，母亲就左手攥着旧面袋做的布兜，右手拽着我和大弟，领我们抄小路穿过苞米地赶到了村口。尽管我还睡眼惺忪，大弟的脸也没洗，可村口已有二十多人在排队等车了。听说能坐三十五人，母亲才如释重负地松了口气。

到了县城，宽敞的街道、高大的楼房，让很少进城的我们看得眼花缭乱，只恨没多长几只眼睛。绕过一家贴着招聘服务员的饭店大门，母亲领我们走进了新华书店，店里的书香味立刻感染了我们。

因父亲是村小学教师，受他的影响，我们从小就爱看书。书架上摆着许多课外读物，拿起这本，摸摸那本，哪本都让人有种爱不释手的感觉。最后，我捧起本《母亲》读了起来，弟弟也挑了本《蓝猫淘气三千问》画册看得津津有味。这时，一个店员催促说："你们买不买？不买就把书放回去。"又说，"别把书页弄埋汰了！"虽然我尽力央求母亲多买几本书，母亲最后还是依照出门前父亲的交代，买了《钢铁是怎样炼成的》和《唐诗三百首》。可把书装好走到门口时，一个店员拦在我们面前说："请你们跟我到主任办公室一趟。"主任办公室在拐角处，主任是个戴眼镜的中年男人。他拿过母亲手里的兜，从装着几盒药、一袋饼干、两件新背心和两本书的兜里变戏法一样翻出本《蓝猫淘气三千问》！

那一刹那，母亲的脸唰地红了，厉声质问我和大弟："谁拿的书？"

"我，我没有……"我结结巴巴地辩解。

母亲瞅向大弟，大弟立刻吓得哇哇大哭，说："我，我没看完……"

主任严肃地说："你们偷书，这事要交给民警处理！"说着就去拿电话。"求您别这样，这书的钱我现在就给。"母亲走上去拉主任的胳膊，哪知他把手一扬，母亲站立不稳，趔趄两下，竟跌倒在地。我忙上前扶起母亲，大弟也止住了哭声。主任这才稍微缓和了下语气说："不报告民警也可以，但必须交一千元罚款！"

那年月，一千元对于我家来说意味着什么？那是当村小学教师的父亲三个多月的工资。

"我知道孩子犯了错，要担责任，可一千元，我们家，一时半会儿真拿不出来，您看，能不能宽限宽限？"母亲边揉着膝盖，边哀求着说。"……交五百元吧，这是我们的最大宽限了。"主任沉思了一下说。"五百……能不能缓缓，他们的爸刚做完手术，还在炕上躺着，我还有个没掐奶的孩子……要不过几天我卖了老母猪……"母亲说着说着，竟流下了泪水。主任叹了口气说："你写下家庭住址和姓名，一个月内把钱交上，不然，我们还是要报告民警的！”

那是我第一次看见母亲在别人面前流泪，也是第一次看见母亲在别人面前这样低声下气地说话，我的心像钢针穿了一样又羞愧、又难受。一股力量和勇气突然冲上了我的心，我说：“妈，旁边饭店不是招人吗，我去干活，挣钱！”

于是，那个夏天，弟弟回家挨了打，身高只有一米三多的我，则第一次干起了饭店端盘子的活。我的两脚累得肿胀酸痛，两手腕抽筋一样麻。晚上，人一挨到铺草垫的水泥地，就沉沉睡去。

那个夏天，我知道了世上真有“苦累”二字，但我擦着汗，咬着牙坚持着。

阳光很灿烂的一天，当我把五百元钱交到主任手上从书店出来时，心里溢满了自豪和激动。归家心切，到家时，天还没黑，父亲已经能坐起来了，正跟弟弟在炕上编土篮，母亲在房后猪圈里喂猪，我把几张十元钱纸票和五百元收条交给她时，她用带着猪食味儿的粗糙双手捧起我的脸，噙着泪说：“丽呀，你黑了，也瘦了，但长大了。”然后她拉我到屋里镜前。一个夏天没正经照镜子的我，这才仔细端详自己。镜子里，我黑黑的，瘦瘦的，个子正好赶上了母亲肩膀。

那年，犯了错的大弟每天去河滩割柳树条，然后背回家在父亲的指导下学编土篮。细小的手一次次结痂流血，最终编成 12 个土篮，我们拿到镇上卖掉，当了学费。

那年，人生花季年华，我们懂得了成长路上不仅要在磨砺与坎坷中不断修正自己，也要扛着责任前行。

那年，我十四岁，大弟九岁。

感悟手札

感谢疼痛

恒恒妈

孩子在操场上骑自行车，磕破了膝盖。他一瘸一拐地走着，嘴上抱怨道："如果我得了无痛症就好了，那样就感觉不到疼了。"

唉，原谅他的无知吧。我告诉他，得了无痛症的人是痛感传导受到阻滞，对有害刺激丧失警觉，那样就不能很好地保护自己了。想象一下，若察觉不到疼痛，小孩子是不是就对刀子、油锅失去了敬畏之心？而他就无法判断受伤膝盖的严重程度，如果继续骑车，可能会引发更糟糕的后果。孩子若有所思地点头，乖乖跟我回家抹药了。

我知道没人喜欢疼痛，但疼痛在生活中不可或缺。它像一个报警器，对我们有问题的环节提出抗议。

爱人时常瘫在沙发里玩手机，我屡屡对他发出健康提醒，他都置若罔闻，行为如故。突然有一天，他发觉自己脖子疼得不行，头一低就眩晕得厉害。去医院检查，颈椎病没跑了。这回他主动把手机扔得远远的，还跑出去锻炼了。疼痛的警告比我的唠叨管用多了。

工作性质使然，我长期坐在电脑前。自从患上了腰椎间盘突出症后，我就给自己设立了番茄钟工作法——每工作半个小时，就起来活动五分钟到十分钟。喝喝水、上上厕所，远眺一会儿窗外的风景，再扭扭腰，拉伸几下身体。时间长了，我发现不光腰疼缓解了，体力也增强了，疲惫感比以前少了很多。这是疼痛给我的警示，让我找到崭新的生活方式，学会了善待自己。这也是老话"小病不断，大病不犯"的原理吧。

一位女同事多年来一直有些微痛经的毛病，别人一听说就不免升起怜悯之情。她倒是坦然，说虽然疼点，但她的身体很健康。这肚子疼总是在生理期来临前半天出现，相当于通知的信号，让她早做准备，防患于未然，以免因措手不及而遭遇难堪。

有个朋友肠胃敏感，一吃方便面就要闹肚子，一吃烧烤和炸串就嗓子疼。怕疼，让她很容易地戒掉了垃圾食品和高热量食品，保持着苗条的身材。哪像我们有着迟钝的胃部神经，吃完饭好久才觉得特别撑，常年奋斗在减肥阵线上也是无效。

还有一个话痨朋友晕车严重，坐通勤车时，多说几句话就头疼得难受。结果，她说感谢晕车。几年来，利用坐车时间，她听了大量的经典书籍，畅销心理书和好看的小说。平时上班没时间读书，下班要做家务，陪孩子写作业，要拥有一个安静的心境去好好读书是很难的。难怪，她感谢晕车让她有了一段充实又幸福的时光。偶尔她也会睡着。她得意地说，特别解乏，十几分钟就能抵上一小时，比上学时在课堂上打盹儿还要香呢。

疼痛证明我们活着，还能让我们好好保护自己。有首歌唱得好：爱得痛了，痛得哭了，哭得累了，劝自己放手，闭上眼让你走……所以，感谢疼痛！

感悟手札

你的青春，曾有一场无声对白

浮海沉鱼

一

转过集市的街角，我看见路边那个卖西瓜的姑娘。她神情专注，依旧是我记忆里的那副模样。

青春似一架纸飞机，落在那个骄阳似火的午后。在那个白衣飘飘的年代，夏日最流行的装扮就是一套白色运动服，配上一双白色运动鞋。

新一届的初一新生在报到处排成长龙。大家都穿着亮丽的白色夏装，队伍里忽然闪过一道格格不入的青黄色，在阳光的映照下，略显刺眼和土气。大家定睛一看，是一个穿着土气、身材胖似一圆球、一个人顶过好几个男生的身材魁梧的女生。或许，因为没有其他女生出水芙蓉般的美貌，她很不入男生的眼，又因面相略显蛮横，女生们也将她拒于千里之外。班主任安排座位，快要轮到她时，所有人都往后退了两步，表现出隐隐的厌恶。最后，在班主任苦口婆心的劝说下，一名乖巧的女生勉强答应与她做同桌。

她姓庞，因为体形偏胖，一周后便有了“胖莉莉”这个外号。她并未因开学初被大家厌恶而淡出公众视线，反而成了全班同学的重要谈资。当然，这种谈资是带有贬义的嘲弄。英语老师是一位幽默感十足的男老师，喜欢在课堂上营造欢乐的气氛，“胖莉莉”也成了他口中的常客。不过，老师绝非嘲讽，只是希望让这个不太爱说话，甚至有点自卑的孩子能够勇敢地敞开心扉。

与生俱来的自卑，像一双无形的黑手束缚住了她的小世界。在很长一段时间之后，我发现，在英语课上的互动环节，她永远都是紧闭双唇，从来不肯吐出一句话；体育课上，所有人都成群结队地簇拥在自己的圈子里，只有她一个人踽步在操场回廊一角，眼睛里闪烁着迷离，似乎正寻思着什么。

过于内向的性格，使她处处显得格格不入。同桌也不愿再与她坐在一起，班主任只好把她调离这片热闹的世界，墙角一人的位置成了她的静谧天地。

二

初一下半学期，我们班换了新的英语老师。第一堂课上，老师要求每位同学用英语进行简单的自我介绍，坐在最后一排的她，始终不愿张嘴说话。老师是个较真的人，全班其他同学发言完毕后，他依然坚持让性格拘谨的“胖莉莉”开口说话，可她的嘴就像一道没有缝的门，怎么都撬不开。

那晚放学，轮到我制作黑板报。教室里只剩下和我一起出板报的同学，还有“胖莉莉”。她正认认真真伏在课桌上写作业，强烈的好奇心促使我走到她面前。我的到来惊扰了正在奋笔疾书的她。我们相视一笑，略显尴尬。不过，这是我第一次看到她笑。

也就是在那一天，我第一次听到来自她内心深处的声音。她告诉我，她家以经营水果铺为生，还外带替人送米，父母每天都要操持生意。放学之后，她也得充当家里的劳动力，所以作业一定要在学校里完成。那天，这个内向的女孩还告诉了我她的梦想。

未来接手水果铺的人一定是她。学业对于她而言，已变得无足轻重，甚至从她入学第一天起，她就觉得这条路不会走得太远，终有一天她还是会卸下书山题海的包裹，回到集市的街角接手家里的这份产业。

有了第一次的交集，就会有第二次、第三次……我和她渐渐熟络起来，我似乎成了她在这个无声世界里唯一的有声反射。一次体育课，她旷课了，正好迎面碰见刚下课的我。打羽毛球回来，我已大汗淋漓，她带来的西瓜成了我的解暑利器。“谢谢你啊！”我啃着手里冰凉的瓜瓤，对她憨态可掬地笑着。面对我的感谢，她略显手足无措，摸着后脑勺，像个未经世事的孩子一样对着我笑。

在她无声的世界里，好像也会有情意绵绵的种子，只是种在那里，始终无人问津。长此以往，种子不再坚挺向上生长，而是逐渐枯萎。我这捧及时的甘露，就像在她的世界里下了一场及时雨，使她变得轻快而欢畅。

后来，她常常旷课，因为她要把更多的精力放到家里的生意上。客户预订的大米，有时需要她去送；她爸妈去郊区进货时，她得独自照看水果生意。越来越多的学习时间被占用，她已逐渐丧失了专注于学业的机会。

初一期末考试，榜单倒数第一名，无疑挂着她的名字。不过，看到成绩单的那一刻，她是淡然的，因为她心里清楚，自己不会在这方天地待太久，也许很快就会离开这块没有阳光的沼泽地。

有一晚放学，开学初交上去的寸照发了下来，“胖莉莉”死缠烂打地要了一张我的照片。我并不想给她，因为在当时，很多人最害怕的事情就是自己巨丑无比的免冠寸照流传出去，那是件很丢脸的事情。但看在她态度极为诚恳的份儿上，我才松口答应。

如今看来，那张照片应该没有大肆流传的机会了。

三

全班第一次春游，她没有来。那时，我想以她的性格应该是不愿意参加这种集体活动，所以并未在意。春游之后，接连几周的课她都没有来上。我想，大概是因为春季各类水果上新，家里生意忙，她抽不开身来上学。又过了几周，那个胖乎乎的身影，始终没有出现在教室的那个角落里。

学期末，班主任向全班同学宣布，“胖莉莉”同学要退学了。她在消失了近两个月之后，再次回到众人中间，只不过是来告别的。

一次周五放学后，我和一名同学去学校附近的小街闲逛。我第一次看见了她家的水果铺，就在离学校不远的那条街上。

那晚，我在远处站了好久，她才在忙碌之余瞧见我。我没有走上前，她也没有走近，我们俩隔着穿行人流的缝隙，相视微微一笑。她继续操持起面前不大的一片水果铺，仿佛这就是她的全世界。记得她曾说过，她的梦想是守护好这个水果铺，如今她似乎比我们更快地实现了自己的梦想。

高一那年，我在坐公交车时，隔着车窗看到一个少女骑着水果车迎风而过，身影极像她，我不敢认。但不管是不是她，我都相信，她一定已经成了一名优秀的生意人，她的小店铺会像很多街头前的水果铺一样，红红火火。

“胖莉莉”的人生没有太多的波澜，她就像一只小猫，躲藏在自己的无声世界里，用淡然、安静的心绪完成了一场青春的对白。

感悟手札

那些笑脸像星星一样点缀着校园

张雨荷

一

梧桐准备跟踪一个人，一个让她极为好奇的人。虽然她知道跟踪这种事情算不上最好的主意，但她实在想不出更好的法子了，索性还是选择跟踪吧！

放学铃声一响，梧桐赶紧收拾好书包，开始了她策划许久的跟踪。从教室一出来，她就紧靠着墙沿，悄无声息地来到了初二（5）班后门外，小心翼翼地伸出头去探查教室里的一切。过了一会儿，见林炫起身走出前门，梧桐就迅速将书包甩上肩头，往林炫的方向跟了上去。

其实梧桐并不认识林炫，至于她为什么对他充满好奇并跟踪他，全都是因为她经常在回家路上看到这个男生一边悠闲地走着，一边举着数码摄像机到处拍，所以她想弄明白他究竟在拍些什么。

林炫在前面拍得优哉游哉，梧桐却在后面跟得蹑手蹑脚，只要发现林炫有回头的迹象，她就假装整理衣服，或是踢踢路边根本就不存在的石子。许是梧桐的跟踪手法太蹩脚，又许是梧桐太过于扎眼，总之，林炫发现了她。

“你……一直跟着我？”林炫回头不解地问。

“没……没……”一紧张，梧桐口吃的毛病又犯了，犹豫了一下，还是硬着头皮点了点头，“林炫同学，你别误会，我跟着你，其实是想知道你到底在拍什么？”

“那你觉得我在拍什么？”林炫反问梧桐。

“拍人物，拍自然风光，或是拍街景，抑或是……我怎么知道你在拍什么？”梧桐在心里猜测着，可最后到了嘴边的话全都蹦不出来了，大脑也在瞬间被定在了空白格，急得像吃了辣椒般汗流不止。最后她只吐出几个字：“我，我不知道。”

林炫看了看梧桐一脸木楞的表情，“扑哧”一声笑了出来，“你说话还挺逗！”

“哪里逗了？分明是在说我傻。”梧桐不满地想着，尴尬地冲林炫挤出笑容，然后假装鞋带松了，迅速蹲下身系起了鞋带。梧桐本以为这个尴尬的气氛会因为她系鞋带而有所缓解，可没想到她刚起身，林炫便凑到她耳边悄悄地说：“虽然你很好奇，可是我暂时还不能告诉你，因为这是一个不能说的秘密。”说完，林炫低头关掉了数码摄像机，轻轻地拍了拍梧桐的肩膀，转身朝寂静的街道走去。

林炫一走，梧桐紧绷的神经才松弛下来。不过从那天开始，梧桐对林炫的好奇指数便不断飙升，经常偷偷跟在林炫身后，大有不弄清楚他在拍什么就不罢休的劲头。

要是换作其他人，天天被人跟踪，也许早就报告教务处了。可林炫竟毫不在意，虽然他知道梧桐每天放学后都跟踪他，但他也不揭穿梧桐，还是专注地举着数码摄像机，拍摄他眼中的世界。

二

“梧桐，梧桐，你看了吗？”同桌王丽丽一大早就抓着梧桐激动地说。

“看什么？难道又是哪个明星的写真海报吗？”梧桐见怪不怪地说。

“哪有啊！”王丽丽高声回击道，“我王丽丽又不是狂热的追星族！”

“那究竟是什么让你这么激动呢？”梧桐好奇起来。

“这你都不知道！是最近特别火的一部微电影啊！”王丽丽眯着双眼，已经陶醉在了她说的那部微电影里，“拍得特别美、特别棒。”

“那请问丽丽同学，这部特别美、特别棒的微电影的名字是什么啊？”

“好像是《明媚年华，灿烂星光》，而且拍的画面是我们学校外的那条街道！”

学校外的街道？原本梧桐对这部微电影并不感兴趣的，但听王丽丽这么一说，倒是产生了兴趣。她猛地从座位上跳起，一个大步跨到讲台上，打开电脑，搜索起了这部微电影。刚一点开，梧桐就被电影里清新淡雅的画风给吸引住了。

在拍摄者的世界里，学校外的街道不再那么无聊寂静，而是充满了无限的活力。明媚的暖光投射在红砖墙上，晕染出醉人的光圈，再配上寥寥几字，渗透出青春的活力。晚风领着堇色的霞光依偎在翠绿的树叶间，展现出青春中淡淡的忧伤，起风时有丝丝秀发飘动，静止时有瓢虫深深的眷念……

“天啊！这真是太美了！”梧桐在看完微电影之后不禁发出感叹。

“对呀，不过可惜这部微电影的拍摄者没有留名，不然肯定会成为咱们一中所有人崇拜的偶像。哎，你说，这部微电影的拍摄者会不会就是我们学校的呀？是男生还是女生呢？”

拍摄者？秘密！

“哦——”梧桐恍然大悟，“原来这就是他的秘密呀！”她随即飞快地跑到初二（5）班，拉起林炫就往操场跑。

三

“林炫，你简直太棒了！你已经成为我梧桐的偶像了，不对，你已经快成为咱们一中全体同学的偶像了！”见四周没人，梧桐抑制不住内心的激动，夸起林炫来，然后哥们儿似的在林炫肩头上拍了几下，“不错不错，有前途，我梧桐能够认识你这么有才华的人，真是三生有幸啊！”

“什么太棒了？你在说什么？”林炫一脸茫然地盯着梧桐。

“你别装了，我都看了你拍的微电影了，也知道你的秘密是什么了！”

听了梧桐的话，林炫不好意思地笑了笑：“你都看到了？”

“看到了看到了，你拍得太美好了！太漂亮了！这还是我第一次觉得我们的学校如此美丽！这才是属于我们的学校呢！原来你小子的拍摄技术这么好，我还以为你就是瞎拍呢！可是，我到现在都还存有一个疑惑……”说到这里，梧桐下意识地看了看林炫，见林炫做了一个请讲的姿势后，她才继续道，“就是，我在电影里只感受到了明媚的年华，却没有看到星光。星光在哪里呢？”

“这个嘛，你明天就知道了！”林炫故作神秘地说，然后在上课铃响起前跑回了教室。

等到第二天，这部微电影的第二集在全校炸开了锅，因为电影里面的“星光”不是夜空中闪烁的星星，也不是圣诞节挂着的彩灯，而是校园里面每一个同学在不经意间绽放的灿烂笑容。那些灿烂的微笑像明亮的星星一样点缀着美丽的校园，让校园充满了朝气与活力。最后，画面定格在了梧桐纯真的笑脸上，而画面上，渐渐地浮现出几行字——

致我最爱的校园，致我亲爱的同学们，致我们最美好的青春，希望我们在明媚的年华里，都拥有灿烂的星光。

感悟手札

青春拐角处的两个女孩

吉安

那是我最敏感脆弱的年少时光，十六岁，读高一。

在同学的眼里，我是个成绩优异又大大咧咧的女孩，从不会感伤，也从不懂得自卑。我穿着洗得发白的校服，但照样意气风发地在全校同学面前发言。我不像骄傲的张小凡，活在自己的世界里，对谁都爱理不理。虽然张小凡的成绩比我好，但在同学们的眼里，她不过是个除了学习好、长得漂亮，便再无可取之处的女孩。

这样的比较，周围的人时不时地便会提及，而且，我总是被褒扬的那一个。可是，没有人知道，我从心里讨厌这种比较。因为“农村女孩”的字眼深深地刺痛了我的心。有谁会相信，我极力在外人面前张扬出来的自信和豁达，不过是为了掩饰我心底的胆怯与自卑。我的父母，是从农村迁移到这个城市来的最普通、平凡的居民。母亲在一家医院做洗衣工，双手长年累月都是皲裂红紫的。而父亲，则蹬着一辆三轮车，大街小巷地跑着拉散客。

每个周六的下午，我总是让父亲在离校门口约有一百米的拐角处等我。父亲那么爱我，他当然不知道我在骗他。其实，我只是想等人走光了再去见他，因为我不想别人看到我瞬间的尴尬与躲闪。

但还是有一个人，会让在教室等待的我感到烦躁憋闷。她就是张小凡。张小凡与我一样，会等到所有人都走光了，才离开教室。但这是她一向的习惯，即便是平时，她也是赶在宿舍快要熄灯的时候，才悄无声息地推门进去。她不过是个太过用功的女孩，所以周六放学后，也要利用不多的时间，总结本周学习的知识。而我，却是在她均匀的呼吸声里，一边哗哗翻着课本，一边祈祷她快些离开。可是，张小凡却总是把要做的事做完后，才安静地离开。照例是轻扬着下巴，视线冷静淡定。每每听着她的脚步声在静寂的楼道里渐行渐远，我的心才会安稳下来，继而迅速地收拾好书包，冲出门去。

每次父亲老远地看到我，都会开心地按起车铃。我迎着这清脆的铃声一步步走过去，总会觉得愧疚，然后便恨起那个张小凡：如果不是她，父亲也不会饥肠辘辘地等我那么长时间。虽然父亲并没有说什么，但我还是知道，其实每一次，他都是提前一个多小时就来等我的。如果张小凡拖延一分钟，那么，父亲也会跟着多等我一分钟。张小凡，你真讨厌！

几个月后的又一个周六，我在张小凡走后，习以为常地向学校百米外的拐角处飞奔。到达拐角后，我无意中一歪头，竟在拐角的另一侧，看见了张小凡。她正坐在一个人工改装的电动三轮里，冲着车上一个农民工一样的朴实男人，笑说着什么。男人在发动机车的时候，看上去似乎很吃力，最后是张小凡跳下车来帮忙后，车才发动起来。我在张小凡扭身上车的那个瞬间，迅速地转过头来，催促父亲快走。

走出去很远了，我才试探性地问父亲："刚才那个拐角处的男人，你认识吗？"父亲沉默了片刻，才轻声回道："只是说过几句话，他左腿在工地上落下了残疾，只好开电动三轮出来拉些散活，他女儿几次让他去校门口等着，他都不肯，说是怕女儿的同学看见了，难为情。"我在父亲淡淡的讲述里，突然有些难过。我终于明白了张小凡沉默又倔强的眼神，明白了她在周六的晚归，只是为了维护自己父亲那骄傲的尊严，明白了我和张小凡之间，相差的不只是成绩。

当父亲躲在拐角处，默默维护着我的自尊时，该是何等的失落和寂寞？而这些，年少虚荣的我又何曾真正想过？

感悟手札

被人讨厌并不可怕

陈思呈

哲学家钱德勒说，一切烦恼皆源于人际关系。有时候我觉得这真是一件悲哀的事。世界那么大，宇宙那么无垠，黑洞的照片都出来了，但我们的眼睛，依然总是盯着身边这些鸡毛蒜皮的事情，我们的注意力，也总是无法免俗地聚焦于别人如何看待自己。

日本诗人小林一茶写出了无数清丽绝俗的俳句，但那些诗句里，竟然有这么一句："飞雁们，咕哝咕哝地，聊我的是非吗？"

唉，这么诗意的一个人，也依然担心被传是非。

所以，凡夫俗子如我们，担心被非议，担心被孤立，是再正常不过的事了。

近期孩子在学校里遇到了对他不友善的人，问我怎么办。我并没有很好的办法，却想到了自己有过类似的经历，是在我刚上大学的时候。

那是我第一次离开家乡的小城，到另一个城市生活；那是我第一次住集体宿舍，而不是住在家里。我第一次必须 24 小时与一群陌生的伙伴相处，完全无法确定与她们是否投缘。

我妈对此比我还焦虑。她给我准备了两个巨大的箱子，塞满了她所能想象到的、全部的生活必需品，箱子外面还用油漆写上我的名字。在她的想象中，这些物品可以让我在未知的日子里尽可能安定。殊不知，这两只庞大的箱子，以及箱子上面充满戒备的名字，令室友对我非常反感。

我妈甚至在我们宿舍住了一个星期，因为她要亲自感受我将要遇到的所有日常。一星期后，她带着她的焦虑回家了，我却发现，自己被孤立了。

那一个星期是同宿舍七个陌生女生互相熟悉的黄金时光，因为我妈的在场，我错过了与她们互相熟悉、建立情谊的过程。我成为一个局外人，不知道她们这些天关心的是什么，不知道她们如何聚在一起议论辅导员的性格、隔壁宿舍的卫生。人群中往往需要一个异类来作为话题，增加彼此的亲密感，而我，就成了那个异类。

因为曾经被孤立过，所以我能深刻地理解人的心理。我明白了人性的残忍——人们会因为一个随机的缺点，一个偶然的机缘，就把你踢出局，让你成为人群的对立者；人们需要这种敌意，仿佛一点调料，来让他们的友谊更有味道。

我曾经非常害怕被孤立，但后来我回想，被孤立的时候，是我读书最多、工作最有效率的时候。人群是温暖的，但同时也是拖累。

被孤立并没有那么可怕，有的人之所以恐惧，原因在一本叫《被讨厌的勇气》的书中写得很清楚："不想被别人讨厌，这对人而言是非常自然的欲望和冲动，哲学家康德把这种欲望称之为倾向性。对于很多人来说，仅仅是被讨厌这件事本身，就是一个可怕的印章，它意味着一种终极失败，你的一切价值很可能因此而归之为零。"

这本书对此提出一个明确的说法：自由就是被人讨厌。当你被某人或者某些人讨厌，这是你行使自由及活得自由的证据，也是你按照自我方针生活的表现。如果有人讨厌你，那不是你的问题。

被他人讨厌的人，客观上也得到了很多的自由：时间上的自由、行动上的自由。我前面说到的自己在被孤立时的高效阅读正是这个证明。在高效和高密度的阅读中，有一些抽象的人陪伴了我，他们是书上的人，比身边的人更智慧，他们与我交换着能量，并慢慢地让我意识到，我更大的舞台不在这里。

要在更广阔的天地里寻找自己的位置。实际上，我们每个人都属于多个共同体。如果你在一个集体里被孤立，说明你不属于这个集体，你可能属于更广大的集体。如果你在这个共同体里面没有归属感，那么此时，你需要做的就是置身事外，寻找更大的共同体。

感悟手札

每个人都有一个独特的情绪按钮

星一

我在学校实习的时候，有一天清晨在路边排队买早餐。我前面排着一位穿着校服的小女孩。小女孩原本安静地排着队，却忽然侧过身，朝着马路对面喊某人的名字。我顺着她喊话的方向望去，马路对面是另一位穿着校服的学生，我猜想应该是她的同学吧。

但是那位同学似乎没有听到她的呼喊，自顾自地往前走，进了校门。

“距离太远了，她没听见。”

我朝面前的小女孩脱口说出这句话，她没有回应我，买好早餐就走了。

我有一丝尴尬，但不十分强烈，取而代之的是有些好奇：我为什么会对小女孩说这样的话?

经我分析，原因是我认为这个小女孩会因为这位同学没有理会她而感到沮丧。我对她说“距离太远了，她没听见”是想安慰她，当时我甚至想帮她喊对面的同学。但我想安慰的真的是眼前的这位小女孩吗？

不，是我自己，那个曾经害怕被冷落的小孩。

内向如我，从小到大朋友都不多，对来自同学和朋友的关注，总是小心翼翼，生怕会被冷落。以至于我一直害怕：我与别人打招呼时，别人不理我，或者别人与我打招呼时，我没听见，对方会以为我不理他。如果我像那位小女孩一样向同学打招呼，无论对方听没听见，只要他没有理会我，我都会很受伤，认为对方是故意不理我。反之，别人和我打招呼时我没有回应，事后对方问我：“我那天叫你，你怎么没理我啊？”我也会紧张，怕他误会我故意不理他而赶忙解释。

“别人不理会我”和“别人误会我不理他”算是我的情绪按钮。我也渐渐地发觉，在人际交往中，如果我们常被别人不经意地激怒，很大程度是别人恰好按到了我们的情绪按钮。

我有一位高中同桌，刚开始同桌时我们的关系很要好，后来却变成坐在一起也不说话的陌路。因为有一次上语文课，老师说：“多数人会给他们的理想和抱负加一个前提，‘等我有钱了，其实……’”

“等我有钱了，我买两个棒棒糖，一个你看着我吃，一个我吃给你看。”他对我说。我们那会儿关系还很好，以为可以随便开玩笑。

“等你有钱了，还是先去把腿扯长点吧。全班第一矮的小短腿。”他听到后转过头，板着脸不说话了。

事后我也没有道歉，为什么一句玩笑就当真了？我甚至觉得我说的就是事实啊。

那时我不懂其实腿短是他的硬伤，在他整个读书过程中，一定因为身高问题遇到过一些挫折，可能被同学取笑，可能被喜欢的女生拒绝，而我也随意地“取笑”了他的身高。个子矮就是他的情绪按钮，如果不经意按到，他就容易愤怒，难以控制自己的脾气。只是那时的我还不懂“己所不欲，勿施于人”。

每个人的情绪按钮都很独特。有的人怕被冷落，有的人怕被质疑，有的人怕被拒绝，有的人怕无法做到完美。时间让我们自以为已经变成百毒不侵、不再矫情和脆弱的大人，只是某些时刻却不得不承认，我们心里还住着一个小孩，一点也没有进步。我们有无数需要默默消化的脆弱与难堪，有些笑笑就能过，有些种在心里，从未痊愈。但是很多时候，我们一旦摁住自己的情绪按钮，治愈模式就开启了。

直面情绪按钮，你会发现其实它并没有想象中那么可怕。我们就是靠不断地自我修炼，变得成熟自在。

感悟手札

熬过那些穷困的日子

村上春树

他们也罢，我们也罢，大家都很年轻，干劲十足。但遗憾的是，彼此都几乎没赚到什么钱。

虽说是做自己喜欢的事情，但毕竟负债累累，偿还债务颇为艰苦。我们不单向银行举债，还向朋友借款。好在向朋友借的钱没几年就连本带利还清了。

我们每天早起晚睡、省吃俭用，终于偿清了欠债，尽管这是理所应当的事情。

当时我们（所谓我们，指的是我和太太）过着非常节俭的斯巴达式的生活。家里既没有电视也没有收音机，甚至连一个闹钟都没有。也几乎没有取暖设施，寒夜里只好紧紧搂着家里养的几只猫咪睡觉。猫咪们也使劲往我们身上贴过来。

我们每个月都要偿还银行的贷款，有一次怎么也筹不到钱，夫妻俩低着头走在深夜的路上，竟拾到过掉在地上的皱巴巴的钞票。不知该说是共时性原理，还是某种冥冥中的指引，那偏巧就是我们需要的金额。

第二天再还不上贷款的话，银行就会拒绝承兑了，简直是捡回了一条小命（我的人生路上不知何故，经常发生这种不可思议的事）。

本来这笔钱应该上交给警察，可那时我压根儿就没有力气说漂亮话。对不起了……事到如今再来道歉也无济于事。我愿意以其他方式尽可能地返还给社会。

我无意在这里倾吐委屈，总之是想说，在二十多岁的时候，我一直生活得十分艰辛。

当然，世上际遇更惨的人不计其数。在他们看来，我的境遇恐怕只能算小菜一碟:“哼，这哪里算得上什么艰辛！”我觉得这种说法也没错，但一归一，二归二，对我而言这已经足够艰辛了。

然而也很快乐，这同样是不争的事实。我们年轻，又非常健康，最主要的是可以整天听自己喜欢的音乐，店铺虽小，却也算是“一城之主”。

无须挤在满员电车里行色匆匆地赶去上班，也无须出席枯燥无聊的会议，更不必冲着令人生厌的老板点头哈腰，还能结识形形色色有趣的、兴味盎然的人。

还有一点十分重要，我在这段时间里完成了社会学习。说“社会学习”似乎太直白，显得傻气，总之就是长大成人了。

好几次差点头撞南墙，却在千钧一发之际全身而退。也曾遇到过污言秽语、遭人使坏，从而闹得满腹怨气。

当时，仅仅因为是做“酒水生意”的，就会无端地受到社会歧视。不单得残酷地驱使肉体，还得事事沉默忍耐。有时还得把醉酒闹事的酒鬼踢出店门。狂风袭来时只能缩起脑袋硬扛。总之我们别无所求，一心只想把小店撑下去，慢慢还清欠债。

不过，总算心无旁骛地度过了那段艰苦岁月，而且没有遭受重创，好歹得以保全性命，来到了稍稍开阔、平坦一些的场所。

略做喘息之后，我环顾四周，只见眼前展现出一片从未见过的全新风景，风景中站着一个全新的自己。简而言之就是这样。

回过神来，我多少变得比以前坚强了一些，似乎多少（不过是一星半点）也增长了一些智慧。

我丝毫没有奉劝诸位“人生路上要尽量多吃苦头”的意思。老实说，我觉得假如不吃苦头就能蒙混过关，当然是不吃更好。

毫无疑问，吃苦受难绝不是乐事一桩，只怕还有人因此一蹶不振，再也无法重整旗鼓。

不过，假如您此时此刻刚好陷入了困境，正饱受折磨，那么我很想告诉您："尽管眼下十分艰难，可日后这段经历说不定就会开花结果。"

也不知道这话能否成为慰藉，不过请您这样换位思考、奋力前行。

感悟手札

十年前扇过的翅膀

沈嘉柯

我从小就挺宅，不爱跟其他孩子玩，17 岁那年开始，我在法律系的教室听到各种故事，很多让我瞠目结舌。

大学时写作很顺利，我毕业后去了一家心理学杂志社。

当时，我的单位硬性规定必须值夜班接咨询热线电话，当然，夜晚回家不方便，会给 50 块钱的车费补助。

好几个同事不乐意，说，为什么不邀请社会义工参与呢？领导回答，社会义工根本没有知识背景，有的自己都有问题，不像你们天天熏陶，有基础。

但是当时的我们，写一篇文章几百元，谁也不乐意浪费时间在这件事上。不过，我有一点好奇心。我之所以选择在这家杂志社工作，就是因为怀着对他人的好奇心。说得俗一点，其实是一种写作偷窥欲——说不定有精彩故事呢！

在深夜，我开始跟全国各地无数千奇百怪的人谈心、谈人生。比如，动不动就有人打过来，哭着嚷着要自杀，准备放弃一切。至于失恋的、被父母抛弃的、破产的……层出不穷。

有的故事，让你难过落泪；有的故事，让你愤怒，但这些情绪都得控制好。

一般我接到问题后，会按照电话咨询手册的标准回答来应付。应付不了的，就请他们第二天再打过来。

当然了，我会把搞不懂的问题，隔天询问那些知道是怎么回事的同事。

然后我又玩票性质地当了半年记者，一会儿飞去北京采访高级官员，一会儿去小城市参加医学会议，一会儿去山村了解当地人的生活。最终，我变成了一个见多识广的人。

后来，我去很多的大学和知名企业做讲座，登台之后就浑然忘我，从不紧张，效果奇佳。我自己都想不到，我当年接热线电话，会锻炼出表达能力。

那些我不喜欢的、我厌烦的、我抗拒的人生阅历，一点点构成了我。不知不觉，功夫居然就上了身，一出手，还很吓人。

十年前我扇动翅膀，构成了当下的我。

我最近还常常看金星秀。这个人的生命太过传奇，她跳了半生舞蹈，年轻时候恐怕也没有想过自己会做脱口秀节目，还那么红，国内电视节目同时段收视率第一。但是，她出国的经历、跳舞的经历、打工的经历，最后都变成了她脱口秀的重要内容。没有这些多年积累的东西，她拿什么来秀？

有一部电影叫《蝴蝶效应》，我当时看的时候，是当科幻片看的。但多年以后，我却另有看法。伊万总希望能通过改变自己的过去，来造就满意的当下，但事实上，过去就是过去，牵一发而动全身。

如果当初我完全拒绝了深夜值班接热线电话，或许我就会一直埋头编辑稿子沉浸写作，不怎么跟外界进行语言沟通。

人本身才是最大的资源宝库。人生可以规划，并且要努力，但不该死板僵硬地去执行，也不要拒绝尝试改变。遭遇失败，要能反思，然后站起来。

感悟手札

第三辑 与自己和解

所谓成长，不过是自己与自己和解的过程。以前想要得到的，终归还是想要得到，只不过不再苛求结果。或许结果不尽完美，甚至与曾经追求的状态有着天壤之别，然而，只要努力过，又有什么必要同自己过不去呢？

在不完美中生存

连岳

现在心理学很流行，有些观念也很普及，比如，原生家庭。这是好事，能够搞清楚一些不幸的因果关系。

你小时候受虐待，原生家庭有问题，你更可能成为一个施虐者，对自己、对他人不友好，甚至也会虐待自己的家人。你不知道原因，就会成为原生伤害的奴隶，它们可能操控你的一生；你知道原因，心理疾病就好了一大半，从而可以慢慢痊愈。

但也要避免心理学成为一个大坑，觉得你现在的不如意，都能在童年找到阴影。我认为有种判断很重要：任何人在童年都受过伤害。这说明什么？说明所谓的伤害，所谓的原生，能够成为任何一个人的借口，有的人可以躺在不幸上一直舔伤口，就是不愈合。

没有完美的童年，没有完美的家庭，没有完美的人性，也没有完美的世界。接受不完美，是一个人心理真正健康的标志。事事顺心，你想买房，户头便多了一个亿；你想恋爱，校花就向你表白，并没有这样的人生。

真实的人生是，每一件大事都不太容易。想买房，得筹首付；想恋爱，总被姑娘拒绝。但到最后，你还是会把这些事情做成。

刻意给孩子制造一个特别干净的环境，反而不利于他的身体健康，他的抵抗力可能会很差。

人的生命力体现在什么地方？体现在抵抗力，体现在愈合能力，体现在有能力战胜各种不利条件。现在不开心，你便开始分析原因，是因为父母不细心，是因为老师伤过你的自尊，是因为学校有霸凌。这种分析很正确，但不要让它变成正确的废话，类似于“我为什么很穷？因为我的爸爸不是马云”。

一个人这样分析自己的财务状况，就会成为笑料。

你已经有分析能力了，你甚至能挖原生家庭的根了，这说明你是有思维能力的大人，未来可以由你自己塑造。

乞丐，尤其是假乞丐，会刻意展示或真或假的伤口，以博取他人的同情。他们最喜欢伤口，最害怕愈合。而战士、拳击手、运动健将、芭蕾舞者，他们都会受伤。在他们身上，可以看到疤痕。疤痕并不美，没人想要疤痕，但这些不得已的疤痕，却让人感到力量与意志之美。那些受过的伤，并没有挡住他们。

你受过伤害？那或许让你一生都难受。你渴望很多的关心？抱歉，人人都受过伤，人人有自己的事情要做，你要感谢这种冷漠。它告诉你，无论怎么样，人生是你自己的事，在受伤中长大，就是成长。

感悟手札

让自己幸福，而不是让别人羡慕

二次元猫小姐

一

18 岁那年，我的同学们拖着行李箱去大学报到，我流落在异乡街头。22 岁那年，我的同学们穿着学士服合影欢呼，我穿着工服在流水线上测量数据。28 岁那年，我迎来了人生中的第一次升职。我 33 岁结婚，34 岁生子，是我们班上最后一个脱离单身的人。而我 35 岁才发现自己真正的兴趣所在，36 岁才树立人生目标。

我的人生节奏，始终慢人半拍。

我曾想，如果倒回去重来一次，我的人生会不会不一样？比如，努力学习，考个好大学，谋份高起点的工作，早点遇上优秀的人，过上别人期待的生活。但转念又想，可能现在的每一步都是命运的恩赐。吃过生活的苦，才会明白努力有多重要；走过太多弯路，才知道自己要怎么活。

我在 36 岁这一年，仿佛突然醍醐灌顶，感觉自己的人生才刚刚开始。我不觉得晚，有了方向，往前走就是了，只要最后到达的是自己想去的终点，就没有遗憾。

二

有一次去朋友家做客，看到她家茶几上有把车钥匙。我跟她认识两三年，根本不知道她家有车。朋友解释说，她家买车不是出于刚需，纯粹是为了面子。老公兄弟几个结婚的时候都有购置房和车，轮到自己办婚礼时，缺啥都觉得跌份儿。于是，夫妻俩一起贷款买了这部车。

车子买回来后，除了一年一两次的郊游，其余时间全是摆设，所以我们不知道也不足为奇。车子虽闲置着，但每个月的车贷和停车费一直得交着，还要每半年保养一次。现在夫妻俩想出去吃顿好的，或想买几套漂亮衣服，一想到还要还车贷就打住念头了。

遵从自己内心的需求，由内向外探索人生价值，才能感受真实的乐趣。跟着别人的节奏，由外向内去调整自己的步伐，往往会被他人所牵引。世上最愚蠢的事莫过于我们无比狂热地做一件事，却不知道为什么要去做。

我们的未来不取决于别人是什么样，而取决于自己想怎么做。衡量幸福的标准不是看你拥有了多少东西，而是看你得到了多少自己想要的东西。

三

我有个高中老师，教出了很多厉害的学生。某一年我们镇的高中被撤，这位老师失业了。一个经商的同学跟他说："老师，你跟着我创业吧，比当老师有前途多了。"

老师拒绝了，找了一所小学继续教书。他不觉得自己屈才，这辈子，他就爱跟孩子们在一起，帮一棵棵恣意生长的树苗修剪枝叶，把他们扶上正道。你有你的名利烟酒茶，我自有我的桃李满天下。

几年后，同学成了有名的企业家。许多人为老师感到可惜："如果不是这个犟脾气，你现在已经坐拥豪宅豪车啦！"

老师呵呵一笑，不加辩驳。子非鱼，焉知鱼之乐？一个人若从来没想过要得到某样东西，他就不会感到失去，也不会因为自己没有这样东西而痛苦。

很多时候，我们不是在追求幸福，而是在拼命追求比别人幸福。但其实，被别人的生活节奏所干扰，最容易迷失自己。

四

那么，你把命运握在自己手上了吗？生活中的苦乐悲喜，都是大大小小的决策带来的，每一个决策都有可能改变我们的人生走向。这些结果都要靠我们去亲身经历，别人是替代不了的。能为我们人生负责的，永远只有我们自己。

人生长路，你是否一直遵从自己的内心？是否没有辜负自己对生活的期待？是否找到了自己的价值？

成功不是比别人更有钱、更有名，而是你知道自己要怎么活，并朝这个方向努力。幸福也不是得到别人的喝彩，而是你没辜负自己活着的每一天，此生无憾。而这，也就是我们对自己的义务。

感悟手札

高处是我的弱项

村上春树

从成田机场驱车赶往东京，我在路上看到一个眼生的、高高的东西，心想那是什么。仔细一看，原来是晴空塔。我不禁感叹，有一阵子没见，它竟长高了好大一截。就好像我看到熟人的小孩便感叹一样："不知不觉长成大人啦。"

其实我对晴空塔没什么兴趣，它建好后我大概也不会去。为什么呢？因为我原本就不喜欢高的地方。一言以蔽之，我有恐高症。

可是我太太最喜欢登高，旅行时只要遇到高楼和断崖，立马就想爬上去。托她的福，我去过世界上各种各样的高处，但每一次我都胆战心惊。

往上爬时倒也罢了，俯瞰下方时我总是两腿发抖，有好几次甚至都下不来了。路过的小孩子迷惑不解地望着我："这位大叔在做什么呢？"我真想劈头一声怒吼："这不是没办法吗？谁都有一两个弱项嘛！"可我又不能真冲着小孩子发火。

我唯一自告奋勇地攀爬上去的高处，就是墨西哥的金字塔。从下往上看，它显得并不太高，我便掉以轻心，嗖嗖嗖地往上蹿，一直爬到顶。然而从顶上往下一看，那情景实在是太可怕了。往上爬时觉得平缓的坡度，望下去简直就像悬崖一般陡峭。我腿脚战栗，冷汗直冒。但好歹最终我还是像状态不佳的蜘蛛侠，紧搂着岩石，磨磨蹭蹭地下到了地面。

小时候家里养的小猫咪，神气活现地爬到院子里高高的松树上，这倒没问题，可一往下看便四肢僵硬，下不来了。我完全理解它的心情。它"喵喵"地叫了一整晚，可我也没办法拯救它。早晨起床后，心想情况不知怎样了，我过去一瞧，已经连叫声也听不到了。从此以后，我再也没见过它的身影。

那只小猫咪到底去了何处？至今我仍不时感到奇怪：总不至于就那样饿死在松树梢上了吧，在它身上究竟发生了什么事呢？

也许那只小猫咪羞于将狼狈相暴露在家人面前，因此下定决心："好，不克服恐高症，我就再也不回家啦！"于是，它独自游历天下、修炼武功去了。说不定它还打算踏遍世界的高处，将自己重新磨炼一番。总之，由于某种原因它至今未归。这么一想，我就觉得小猫咪很可怜，便很想告诉它："没关系，谁都有一两个弱项嘛！"可这是很久以前的事了，对方又是一只小猫咪。

感悟手札

我终于与镜中的自己和解

文珍

一

我一生中最频繁地照镜子的一段时光，是在25—27岁之间。那几年，我断断续续地在学弗拉明戈舞。

我看到自己的手在空中举着还未落下，裙子被另一只手提高还来不及扬起，左脚踏后，右脚向前。静止的那一刻，脸上似笑非笑。

舞蹈老师及时地让我从梦中惊醒。她说："看镜子！向10点钟方向甩裙子，头再迅速回正。"

我和其他同伴都照做。

"下巴要骄傲地收起，眼神要坚定，肩背要笔挺，要相信自己是最美的！"她厉声道，并反复强调，"看镜子！"

于是我继续看镜子。幻觉消失，我努力追随着镜中人的影像。

"不用笑。这不是照相，你不需要假笑。"老师说。

我喜欢这句话。我喜欢不必取悦任何人，只是坦然、平静地看着镜中的自己，目不转睛地等那张好端端的面孔随着镜子流淌成云，盛开成花，波光潋滟变为水，或者只化作一阵大风。

舞蹈练习室里最基础的设施就是那四面墙上顶天立地的镜子。你站在中央，向任何方向转头，都能看到自己的身影。那一刻，你甚至比在舞台上更像在世界的中心，因为不但别人可以从四面八方看到你，你也能凝视自身，如凝视深渊。

练舞时镜子主要用于调整姿态，然而就算这时候我仍忍不住注意自己的脸：天生左右不够对称的面庞，竭力微笑或者宣告放弃的鬼脸——总是一样愚蠢，一样没有自信。

二

我和镜子的缘分开始得相当晚。童年时代，我无从判断自己的美丑，因为没人肯提。在我家，关于长相的话题始终是一个禁忌。我10岁时坐爸爸的摩托车出去兜风，路遇熟人恭维，说我长得好看，爸爸回来复述，妈妈便说："好看什么？

一只丑小鸭！”

我就这样默默当丑小鸭当了许多年。又因近视，我经常戴一副遮住半张脸的黑框眼镜，只有在做眼保健操时才会取下。

11 岁时，父母都去了深圳，我被托管在奶奶家。偶尔照镜子，奶奶便骂：“怪不得成绩不好——红漆马桶！”这是一句很厉害的骂人话，意思是只有光鲜的外表。

和我要好的同学告诉我：“有人趁你做眼保健操时偷偷看你。”但我也不觉得是因为自己好看，只担心鼻梁上有眼镜压出的可笑的印子。

这一切造成了我整个青春期面对镜子时无法言说的羞耻感，因此我是绝不会当众照镜子的。

然而私底下，我仍然珍藏了一面小镜子。它的外形是巴掌大的卡通青蛙的形状，里面配的小梳子早就被我弄丢了。我独自一人时常常凝视镜中的自己。我怀疑过自己一只眼睛大，一只眼睛小；也怀疑过自己的鼻梁不够高挺；还对着镜子练习微笑时露出八颗牙齿，午睡时也偷偷把它带上床。

迟来的自我觉醒和这面青蛙王子的小镜子一起，陪我度过了黯淡无光的青春期。上高中时有一次和父母去珠海玩，我把镜子丢在了大巴上。我下车后遍寻不得，失魂落魄了许久，直到终于在座椅缝隙里找到那面镜子才安心。我爱它，如同爱并不完美的自己，认定只有它才不会照得我失真变形。

对于当时的我来说，没有比它更重要的朋友了，上大学后它依然陪伴着我。

我经常问它：“魔镜魔镜，谁是世界上最孤独的人？告诉我，告诉我。”

来北京读研后，这面陪伴我超过 10 年的小镜子有一天被我不小心摔碎了。“世间好物不坚牢，彩云易散琉璃脆”，之后，我有好长时间都不再照镜子。又过了更久，我开始觉得照什么镜子都一样。

这面碎掉的镜子我一直保存着，时至今日，偶然拉开抽屉还会看到。我看着它，觉得十分亲切，就像在看我少年时代唯一的朋友。

三

开始接受全身镜中的自己，是在学弗拉明戈舞之后。

我和六七个学舞的同学一起，排成一列，一模一样地甩头、击掌，提起裙子并抛至另一侧。从镜子中看到自己在集体队列之中，我有一种异样的平静。

舞蹈老师一直说："看镜子，要相信自己是最美的。"

我其实从未真的相信自己是最美的，而且早已明白美丑并不是那么重要的一件事。美也好，不美也好，总有一些东西是镜子无从了解，只有自己知道的。我学会了坦然面对任何一面镜子，接受任何形态的镜中人，也学会了面对这个遍地幻象的世界。镜子不过是镜子，自己永远都可以从镜子前走开。或许那面青蛙镜子决定碎掉，也不过是为了最终放开我。

我将毕生怀念与它共处的时光。它认识我的本质，远比我自己要早。

感悟手札

____

____

____

那些小说教我的事

陈沐

有一本关于食品的书上讲到，一位妈妈注意到她女儿拿回家的便当盒（饭盒）太干净了，询问后才知，女儿的中学同学大多觉得在便利店买的便当（便携餐食）才够档次，而妈妈亲手做的饭则太寒碜：颜色暗淡，汤汁四溢。于是女儿模仿同学，在上学途中的便利店里倒掉妈妈准备的便当，然后又在那里买了便当去上学。

最初看到这一段时，我觉得这个孩子太可恶了！虚荣、愚蠢、薄情，她怎么能够把妈妈辛苦做的便当倒掉呢？但是某一天，我忽然看到《平凡的世界》中有这么一段："对孙少平来说，这些也许都还能忍受。他现在感到最痛苦的是由于贫困而给自尊心带来的伤害。他已经 17 岁了，胸腔里跳动着一颗敏感而羞怯的心。他渴望穿一身体面的衣裳站在女同学的面前；他愿自己每天排在买饭的队伍里，也能和别人一样领一份乙菜，并且每顿饭能搭配一个白馍或者黄馍。这不仅是为了嘴馋，而是为了活得尊严。"

这段话让我想起自己的中学时代。父母不想让我养成“爱慕虚荣”的习惯，加上当时我的身材偏胖，所以我的衣着总是很俭朴，我经常穿着母亲的旧衣。他们越一遍遍地向亲友夸我“朴素”，我便越不好意思开口要新衣。但是，我一直都很羡慕那些身材苗条、穿着漂亮衣服的女孩。有一次母亲出差几天，我就穿着一些不符合我平日着装风格的衣服去上学，一天换一套，内心像度假一样雀跃，觉得自己更好看了。等到母亲回家，我便把那些衣服收起来，穿着宽大的旧衣服去上学。

现在想起来，少年时代对服饰或者饮食的在乎，在很大程度上只是希望自己跟大家一样，被同龄人接纳。而所谓的价值观、人生观之类宏大的命题，都是后来的事情。上大学之后，他们会选修传统文化讲座、读《瓦尔登湖》；会见识不施粉黛的女学者及“穿布鞋上课的院士”……于是，他们的人生开始有了不一样的追求。而所有的这些，并不是普通中学生所能理解的。他们的生活单调重复，除了学业，大概也只有衣食。所以他们在乎衣服与饮食的体面，并将之视作尊严的象征，实在是再自然不过的事情了。即便是那么善良、懂事、上进的少平，在17岁时也不过是“渴望穿一身体面的衣裳站在女同学面前”并“领一份乙菜”。

再回到那本讲食品的书。一位食品工程师给中学生做演讲，演示了“增添多糖类凝固汤汁，不让沙拉的汁液流出来”，以及“用染色剂将腌制的萝卜染成漂亮的纯黄色”的实验，孩子们受到了很大的冲击：妈妈辛苦做饭，只是为了让我们吃到不放添加剂的健康午餐，我们却嫌弃它汤水多、颜色不好看。有的孩子说：“从明天起我要大大方方地把妈妈做的便当带到学校来，一边炫耀一边吃。”

孩子的心，太容易被成人误解。幸好还有小说，让我跨过时间的沟壑，回忆起那些单纯柔软的少年心思。

感悟手札

消化是一件残忍而自然的事

表妹

前段时间，朋友给我推荐了一部电影《帕特森》，她是这么跟我介绍的：男主人公是个公交车司机，他的生活无聊又机械，最大的爱好就是每天在一个笔记本上写些小诗。后来因为疏忽，这个笔记本被他家的斗牛犬撕得粉碎。电影就是讲他怎样默默消化这一事实的故事。

她用了“消化”这个词，因为这个词，我决定去看这部电影。

故事情节就像朋友说的那样，甚至电影的架构也和男主角帕特森的生活一样，周一、周二、周三……循环往复：我们看着帕特森每天在相同的时间起床，走一样的路线去上班，循固定的线路开同一辆老旧公交车，在进门前习惯性地取出信件并扶正邮筒，在每晚遛狗的时候去同一家酒吧喝一杯，通常都坐在吧台的一个固定位置。

这庸常生活的唯一诗意是，他会写诗——不怎么押韵的，通常不是一气呵成的，破碎又浮华的诗。

高晓松用“诗和远方”吸引了大把“生活在这里”的人。人们都聪明地意会到，这里的“诗”是一个隐喻，指一些美好而无用的东西，养花之类大概也算。

而《帕特森》的导演对此的处理是，“诗”真的就是诗。简直大胆。

我说大胆，是因为通常这么做的后果是招来讪笑，就像电影《四重奏》里的那句著名台词：“有志气的三流就是四流。”同样，想写诗的公交车司机就是更可笑的公交车司机。

活得庸常，就接受庸常；非要做梦，就必定要承受梦碎的惨痛。

在帕特森用来写诗的笔记本被自家狗狗撕碎之后，他惶惑不已又无话可说的样子让人难过。对这样一个平凡又内敛的人来说，他甚至不敢说出被摧毁的那个东西对他有多么重要。即使是梦想，即使是一成不变的日常生活中唯一的微光，他也不敢承认。

帕特森在女友的不断道歉和安慰中，平静地说：“没关系，那不过是一些写在水上的句子。”生活一切如常，似乎再无波澜。偶尔，他会一个人走到瀑布前静坐，吃着简单的三明治发着呆。

痛苦的当下，人是极容易放弃的。

当然，帕特森最终并没有真的那样做。那些在我们心里并且只在我们心里发生的巨变最终会平息下来，热爱终究是热爱，即使它曾让我们感觉受伤。

朋友的概括十分准确，这是一个关于消化的故事。消化是一件残忍的事，它类似于“算了”，我们一边若无其事，一边把那个结石般的固状物费劲地整个吞下；但它又是一件无比自然的事，任何一个活着的人，在再次吞咽之前，都需要把之前的囤积消化干净。

电影的最后，帕特森在瀑布前遇到了一个日本人，那个人给了他一个新的空白笔记本，对他说：“有时候空白代表着更多的可能。”

感悟手札

内向并没有什么不好

鱼甜

一

在上大学前，我看到过这样一篇文章——《大学里，内向的人靠边站》。

虽知道说法过于绝对，理智也提醒着我，性格不会决定人的全部命运，但我还是从那些说“内向不好”的言论中衍生出了些紧迫感。

因为，我的确是一个比较内向的人。

我的内向不是天生的，确切地说，从转学到南方上学的那个冬天起，我才渐渐变得沉默寡言，“内向”这个标签放在我身上开始变得恰如其分。

我从北方来到陌生的南方，穿着土气的紫红色棉袄站在讲台上做自我介绍，望着班上陌生的面孔，我第一次有了胆怯感。

那时我的北方口音很重，说话总引来大家的笑声，我知道，他们并非恶意。

二

那些女孩身着时尚的衣服，她们会跳舞，会玩电脑游戏，会和班上的男生打闹在一块儿，和老师说话从容淡定，放学有家长来接；而我呢，好像有些格格不入。

一种疏离感在我心中蔓延，我到底只是“住在别人家的孩子”。

我的内向在那个阶段开始无限滋长，到后来，竟深入骨髓，在自我的意识系统里，它占据着一席之地。

与陌生人交谈不敢正视他的眼睛，能少说话绝对不多发一个音，来到全新的领域不愿意主动了解感受，在大家交谈甚欢的时候，只愿默默倾听。

所以这样的我，在成长的时日里，并没有变得越来越优秀。

长时间以来，我都喜欢为自己打造好一处角落，供我安抚自己，供我存放虽然内向却也少不了的虚荣心。

我开始在这里，羡慕那些走路带风的人。

三

我认识 TR 老师，是因为一次意外的采访。那时学姐临时有事，把我喊过去帮忙，而他则是我的采访对象。采访过后，他跟我说：“我和你其实有些相似，在某些内心的地方。”

33 岁的他说这句话的时候，充斥着一种少年气，说话声音让我想用温婉来形容。

在采访开始的时候，他看出了我的紧张不安，于是递了一杯温水给我，让我慢慢说。

原本的采访竟变成了一次谈心，我想这是需要些机缘的，天气、时间、地点、情绪，有一个地方不对，可能都无法促成这次的交谈。

我向他倾诉刚进大学的困惑，那种身上的自卑感和内向情绪都被他一一看穿。他同我说：“我和你一样，从前也是内向的人，而且现在还是。

“我们不同的地方是，我把它渐渐看作我身上的优点，而你似乎还未打破你内心对它的恐惧。”

不错，这么久以来，我一直试图挣脱它，却被内心的怯懦打败，最终习惯了逃避。对年轻人来说，这是件有些悲哀的事情。

四

TR 老师是成功的，出国读研，见识到了更宽广的世界，种种经历给予他巨大的力量，让他勇敢向前，打破了内向带来的自卑感，使内心寻找到了平衡，从此有了觉醒。

突然发现，人生很多事情都是可以有所选择的，培养对事物的反观性，反而会让人变得通透起来。不论是性格还是人际关系，又或者是自我的认知，只有跳出当前，才不会被局限起来，才更有机会接近豁然的状态。

这些年，在我自我否定的时候，耳边响起了越来越多坚定的声音，他们都在告诉我：“内向不一定是坏事，它还可能是成功的代名词。”

之所以会有这样的声音，是因为调查显示，爱因斯坦、比尔·盖茨、巴菲特、村上春树等都是内向性格。

如果我们真的把这顶成功的帽子扣在内向性格的人群上，那么，剩下的外向性格人群可能会一涌而出，争执、捍卫、抨击。这些无所谓的言论其实并不会决定什么，但是会给一部分内向的人带去一丝丝光亮。

就像很久未被雨水滋润的地区突然来了一场春雨，当地的人们不会抱怨雨水，反而会感激，并期待下一次雨水的来临。

他们会和我一样，渐渐把内向当作一件好事去对待。不是刻意改变，也不是在世俗的场合里扮演外向，而是更好地去成为一个内向者。

五

最近有幸参加了一堂大学生梦想公开课，当年从学校毕业的学长学姐，如今都带着各自的光环回到母校。站在舞台上的他们，用心地把每一句话讲给我们听。

“内向不是我的缺点，而是我的特点。”

我对这句话的记忆尤为深刻。当初羞涩的小女生，如今成长为一名气质女主播，有着自己的专题节目，有着自己的一批听众；她向我们坦言，一路走来，着实不易。

她享受那种被镁光灯照射的感觉，却偏偏生了副羞怯的皮囊，上台说话会结巴，脸蛋会变红，更让她沮丧的是，主持人大赛，她从没有进入过复赛。

现场有人提问："学姐，那你是怎么变成了现在外向的你呢？"

"我还是那个我，性格这种东西是很难轻易改变的，只不过为了我喜欢的东西，我学会了去做一个有职业素养的我，把内向这种东西换一种方式呈现，比如专注。"

我恍惚间突然发现，内向可以是一种成功的选择，我们和别人没什么不同，我们或许能比别人活得更热烈。

六

不善于社交，并不代表我们不健谈，我们会更懂得选择自己的社交群，不浮于表面，更在乎深层次的交流。

远离人群不代表我们不合群，在我们所处的小世界里，那里一样有爱、有温暖、有陪伴和守护。

独处会成为我们的一种能力，并在需要的时候，为我们独当一面。

"我们习惯一事当前，先为自己布下巧妙逃遁的理由。我们善于发挥悲哀的想象力，制造可以逃避的借口。我们不断把一些后天的弱点归结为遗传的天性，以洗脱自身应负的责任。

"我们没有勇气对瑕疵自我解剖，便推诿于种种客观和大自然的不可抗拒之力。这一切的核心是怯懦，自身的敌人，也需有正视和砍刈的英雄气概。"

毕淑敏如是说，正中下怀。

这么些年，我依旧没有走路带风，没有很酷，但我变得有趣起来。

快看，内向的你，眼里也正在放射光芒！

感悟手札

花钱时千万别心痛

李刚

拥有时的快乐，和失去它时的痛苦，哪一个更强烈？为什么穷人更穷，富人更富？

这两个看似风马牛不相及的问题，其背后隐藏着同一种心理效应——禀赋效应。

这个理论是由2017年诺贝尔经济学奖获得者理查德·塞勒教授率先提出的。想要理解禀赋效应，先得了解行为经济学中另一个更基本的概念——损失厌恶。

宁愿得不到，也不愿失去

假如你工作非常努力，天天晚上加班，为了鼓励你，领导特意打报告，为你争取加薪。然而到了年终，却一无所获，你一定非常失望。

事实上，你什么都没有失去啊！努力工作却得不到加薪的大有人在，为什么别人没有你那么失望呢？为什么经历一场想象中的“得而复失”后，你的心情会更糟糕呢？

经济学家是这样解释的：假设你今天早上出门上班时的“心情满意值”是100，忽然，你捡到一个大皮夹子，里面有100元钱，“心情满意值”迅速上升50%，达到150。可是乐极生悲，你迟到了，被扣工资100元，“心情满意值”下降50%，变成75。一得一失，你的钱没有任何变化，“心情满意值”却降成75。

有人会说，这个计算有问题，为什么“心情满意值”不是加减某一个值呢？如果那样算，“得而复失”后的“满意值”就没有变化了。这就问到点子上了。

好比同样是捡到100元，一个百万富翁和一个乞丐的感觉就完全不同，我们拥有的东西是我们做价值判断的起点。所以“心情满意值”的变化不是加减某一个值，而是乘除一个比例。就像我们拿1万元炒股，亏损10%，再盈利10%，就变成了9900元。

上面的例子证明了“投资决策心理”中最重要的理论之一——损失厌恶：得到一样东西的快乐，通常小于失去一样东西的痛苦。所以我们不喜欢冒险，宁愿放弃得到的快乐去维持现状，也不愿承受失去的痛苦。

损失厌恶的前提是“拥有一样东西之后害怕失去的感觉”，它暗含着一个假设：你对自己所拥有的东西的价值判断，常常是非理性的。理查德·塞勒的“禀赋效应”，就证明了这个假设。

敝帚自珍的禀赋效应

假如你同时有两份工作机会，别的条件都一样，唯一的不同是一份工作的薪水高 1000 元，另一份每年多 5 天年假。你觉得两份工作都可以接受，用经济学术语来说，1000 元薪水和 5 天年假的效用相等。其中一家先打电话通知你，你欣然接受，开始憧憬跳槽后的生活。过了一会儿，另一家也打电话给你。此时，你十有八九会拒绝。

虽然几分钟前，你还觉得两者没有区别，但当你接受了第一份工作后，你已经拥有的多 1000 元薪水的效用就增加了，大于你没有得到的 5 天年假。

理查德·塞勒教授说，这就是禀赋效应：当你拥有一样东西之后，你对这样东西的评价会高于你没有拥有它时。禀赋效应是损失厌恶心理造成的，因为“失去这 1000 元薪水”的痛苦，大于“得到 1000 元”（等同于 5 天年假）的快乐。

这一观点是不是让你想起了一个成语——敝帚自珍?

理查德·塞勒教授在说明禀赋效应时，做过一个实验。他让学生分成三组，第一组的任务是卖掉一个咖啡杯，第二组的任务是向卖家买咖啡杯，第三组可在拥有一个杯子和得到同等价值的一笔钱中选择，然后让三组人分别给咖啡杯标价。结果是第二组买家估价的中位数是 2.87 美元，和第三组可自由选择的学生估价 3.12 美元非常接近。而卖家估价的中位数为 7.12 美元，高出一倍多。这再一次证明了“拥有什么，就高估什么”的禀赋效应。

在理查德·塞勒等经济学家的很多实验中，都出现过大约为 2∶1 的比例，于是得出禀赋效应的损失厌恶系数——两倍获得的快乐才能抵消相同损失带来的痛苦。用这个系数解释前面的例子，当你答应了高 1000 元薪水的那份工作之后，另外一家要多给你 8 天的年假（而不是原来的 5 天），才能让你改主意。

不过，有人提了两个很有趣的问题：当我从自己的钱包里拿出 500 元钱，买一双标价 500 元的鞋时，为什么我对自己拥有的这 5 张钞票没有产生禀赋效应呢?

为什么卖家没有对他的鞋产生禀赋效应呢?

为什么穷人更穷，富人更富

理查德·塞勒是这么解释的：因为你知道钱是用来花的，商家也清楚商品是用来卖的，所以不会产生禀赋效应。反过来说，当你对钱产生拥有感时，你就不能理性地面对“花钱”这件事。

穷人的钱是用来维持生计的，所以穷人常常对钱有“拥有感”，进而产生了禀赋效应——花 100 元钱的痛苦大于得到 100 元商品的快乐；喜欢的东西没货了，竟然如释重负地松一口气。而富人相反，他们的钱是用来“钱生钱”的，不停地进进出出，不会有禀赋效应的心理负担。

钱这个东西，一旦停止流动，就会迅速贬值。所以这个世界往往穷人更穷，富人更富。同样，在做生意的新手眼中，商品和钱，是两样东西，卖得不好的商品，你让他打个折就像割自己的肉。但在生意老手看来，它们都是财富的不同形态，所以他们更注重资金周转速度，该清仓甩卖时，毫不犹豫。

用一句老话说：钱只有被用掉了，你才拥有了它的真正价值。

感悟手札

沉默的人

苏童

许多年以前在一个朋友间的聚会上，我听见一个女孩这样评价我的一个寡言少语的朋友：“他懂得沉默。”女孩说这句话的时候，眼睛里熠熠生辉，你可以从那种眼神中轻易地发现她对沉默的欣赏和褒奖。对一个青年男子来说，那是一种强烈的暗示，男人总是格外重视来自异性的种种暗示，并以此来鉴别自己的行为。

我亦如此。我一直自认是一个沉默寡言的人。从那次聚会开始，我似乎不再为自己的性格自卑，在以后的生活中，我自由地顺从了自己的意愿，能不说话则不说话，能少说话则少说话。

在沉默中，我一次次地观察别人，发现了许多饶舌的人、词不达意的人、热情过度的人，发现了许多语言泛滥、热衷于舌头运动的人。这些发现使我庆幸，我庆幸自己是个沉默的人。我情愿不说话，也绝不乱说话；情愿少说话，也不愿说错话。

言多必失，这是中国的古训，也是给我留下深刻印象的童年经历。许多年前，我还是一个小学生时，曾看见老师在操场上狠狠地踩一只皮球。因为心疼那只皮球，我像老妇人一样大叫起来："你神经病啊，好好的皮球，为什么要把它踩瘪？"

那个老师勃然大怒，一把抓住我的手往办公室里领，边走边说："反了你了，敢骂老师是神经病！"我在办公室被罚站的时候后悔不迭，但后悔已经没用了。我并不认为老师是个神经病，但是那三个字像水一样泼出去了，已经无法收回。我只能暗暗发誓，以后就是有人把世界上所有的皮球踩瘪，我也不去管他了。

在许多场合，我像葛朗台清点匣子里的金币一样清点嘴里的语言，让很多人领教了沉默的厉害。事实上，很少有人把沉默视为魅力，更多的人面对沉默的人所感觉到的都是无礼或无聊。有时一个沉默的人去访问另一个性喜沉默的朋友，那场面会像一部 20 世纪 30 年代的默片电影。等到对方告辞，两个人的脸上会不约而同地掠过一种解脱的表情，一个下午或者晚上双方都觉得是在浪费时间。

但是时间和生活会改变一个人，这些年来我不由自主地体验着自身的变化。这种变化也许始于家庭生活，也许始于几个"多嘴多舌"的朋友的影响，反正我现在开始大量地说话了。

大量说话起初是出于需要：妻子需要与我讨论家事、国事和其他有用无用的许多事；女儿需要我给她讲许多胡编乱造的神话故事，需要我给她解释街上广告和店牌的含义；几个谈锋锐利的朋友说话时也需要我的配合。我总不能无动于衷，只是在一边张着嘴嘿嘿地傻笑，总得发表一点自己的见解。

渐渐地，需要变成了习惯，不管是与谁交谈，我总会争取比对方多说一些话。奇怪的是，我在不停地说话中竟然获得了某种快乐，这快乐在从前是与我无缘的。这快乐的感觉有点朦胧，有点像拧开水龙头后水流喷涌而出的快乐，也有点像铁树开花的快乐。

学会说话从某种意义上说就是学会生活。我记得几年前一位远方的客人来访，我怀着惴惴不安的心情与他交谈。客人临别时对我说："你很健谈。"我先是惊讶，然后便感到一种喜悦。这种喜悦酷似一只雏鸟刚刚学会飞翔。是的，是鸟就必须飞翔，是一个健康的人就必须说话，这就是生活。

生活当然不仅是说话，生活也包括沉默，有时我会怀着怅然之情回顾我沉默的少年和青年时代，思考许多人之所以沉默的原因。我想，有些人沉默是因为不想说话，有些人沉默是因为不善说话，有些人沉默是因为不懂得说话。沉默的人以沉默对待生活，但沉默是一把锁，总会有一把钥匙来打开这把锁，这也是生活。

感悟手札

我们不是认输，只是放过了自己

苏芩

从小，我就是一个很敏感的孩子。很容易被激怒，会因为不太感动的电影背着人哭得一塌糊涂，别人的一个眼神儿有时也会让我愣上半晌……用长辈的话说："小小年纪，心事重重。"

性格爽利、干脆的妈妈，似乎并不欣赏我这样多愁善感的女儿，她总是鼓励我去跟班里那些个性像男孩的女生多接触。她给我剪极短的头发，只让我穿各种长短的裤子，给我买的衣服总以冷色为主。但这样并未矫正我敏感的情绪，而我也就这样一年一年地长大了。

因为体弱多病，加之后来转学，到了新的环境，我很害怕被同学欺负，也最讨厌恃强凌弱的人。记得小学转学后，班里有一个很淘气的男同学，最爱欺负弱小的同学，很喜欢看同学求饶的样子。因为一点点小事，我的手背被他的长指甲抓得血淋淋的。我咬着牙，昂着头，一脸豁出命去的表情。我的不服输，让他倍感扫兴。此后几年，我时常被他有意无意地踢一下、撞一下。我从不求饶，也不寻求帮助，似乎生怕老师教训那个男生，显得我弱小不堪，只会打小报告。妈妈看到了我手上的伤，惊问原因。我扯了个理由："做值日时被铁丝划的。"此后一段时间，妈妈和姨妈们总端详着我的手背担心："这么漂亮的小手，不会留下疤吧？"留疤我不怕，我只怕被人知道我是因为打不过别人才被印下这羞辱的疤痕的。

现在想来，那个年纪的我真是倔强得不可思议！

初中时我有一个最要好的女同学，成绩极好，但性格也极柔弱，常常被班里几个调皮的男生欺负。现在看来，说"欺负"有点严重了，在青春叛逆阶段，似乎很多人都有过一些讨人嫌的举动：越是成绩好的同学，越要跟她调皮一下，拽一下她的头发，故意踩一下她的新鞋子，恶作剧地在她的铅笔盒里放一只飞蛾……这其实就是一种挑衅，以此彰显：我也有胜过你的地方！

那一次她又被恶作剧作弄了，在旁边的我终于忍不住爆发了。看着对面三个幸灾乐祸的男生，我和他们约架："有本事你们仨中午别走！"

他们当然有这个本事，三个高个子男生，俯视着我这样一个瘦得像一根小竹竿的女生，有啥不敢赴约的？！

那天中午放学后，我把一脸紧张的她赶出教室，门一闩，就剩我们四个人。三个男生嘻嘻哈哈，嘴里吐着各种轻蔑的言辞，但都没有动手的意思，因为没人相信一个体育成绩从来没及格过的女生会干"单挑"这种傻事。于是先动手的必然是我。我甚至都忘了当初是怎么拳打脚踢的了，但必须承认，他们只是稍微应付了一下，他们中的任何一个人真出力气，我都不是对手。最终我那种决绝的眼神儿可能还是有些威慑力的，他们率先拉开教室的门，留下一句"好男不跟女斗”，一个个快步离开了。

从教室到校门的那几百步距离，眼泪一直在我的眼眶里打转，好姐妹在旁边小心翼翼地给我鼓劲儿：“你要是哭了，就输了。”小孩子真是可爱，我就那么把脑袋仰起来对着天，迎着正午的太阳，把欲滴的泪水蒸发了个精光。

可能连她也不理解，一件小事，何至于如此大动干戈？其实那时的我也不明白，只是觉得不打这一架，整个人都过不了这一关。

现在回想那个佯装强大的自己，实在弱小得让人心疼。

20年后，我长成了现在的样子。回头细想，竟然完全无法把这两个人联系到一起。

不一样的，首先是性情。

那时候我是阳光的，却容易被乌云遮蔽；现在我也是阳光的，坚信自己内心的阳光可以刺破阴云。

现在常有人问我：“你的幸福秘诀是什么？”

“我呀，我这个人就是记性不好。”

曾经发脾气，三天五天哄不好；如今生气，五分钟后就觉得没必要。与朋友、亲人、爱人产生矛盾，大多数时候我成了主动退让的那一个。刚刚还吵得不可开交，10分钟后一扭脸：“今晚咱们吃什么？”气得家人啼笑皆非：“你刚刚还在跟我吵架呢！”

我常说，一个人的成熟和自信体现在他处理怒气的时间长短上。忽然明白了自己和那时最大的不同是：我已经不再认为认输是一件没面子的事。

当不再需要靠别人的屈服来证明自己的强大时，才是一个人真正走向强大的开端。

现在的我平和多了，也懒散多了，老朋友总说：“你没有之前那么强的好胜心了。”

我不反驳。

其实当你得到了很多你想得到的东西，也知道有些东西即便努力也终究无法近身，生活就变得简单多了。我们不是认输，只是放过了自己。

如今的我常常认错，也懂得原谅别人。这并非是我比他人高尚。我不在乎在感情中把姿态放得很低，因为在其他方面，我有站得起来的能力！

感悟手札

庸常的炫彩

路军

生活的细节少不了庸常的碎屑飘舞，而灵魂的最高栖息地一定属于高贵的浅吟低唱。有无观众的参与都不算什么，内心的音律早已经在人生的轨迹中一次次奏响。

庸常填塞每一天的朝朝暮暮。早起，刷牙洗脸，一杯牛奶，一块蛋糕，或者一碗米粥，一碟咸菜……时光的游走之声飘浮在晨曦的光影里，天天如是，并没有褪尽古老的羽毛，谁也不可能丢弃这样的庸常日子。只不过有心人，给予了庸常淡雅、浓郁、浑厚、洒脱等不同的装饰，使庸常的日子也闪烁出几许迷人的炫彩。

从家门出来，乘公交、挤地铁、步行、骑自行车……庸常以不同的运动轨迹勾画出一幅幅平淡无奇的景象。若见老妪上车，扶她一把，或者将自己的座位让给她，无疑，庸常已经升华为高贵，即使短暂的一瞬，也在生活的时空闪烁迷人的色彩；若安静无声，留白的册页上保持一种清醒和温和，不仅仅带给自己一份心安，也以一己之力平复了喧嚣的热风；若捧一本书，沉浸其间，保持一种姿势，独立，即使面对异样好奇的眼神，也不曾收回，也旁若无人一样的专注，高贵的气息就改变一点庸常的气氛。

庸常的日子久了，已经不觉得庸常。作茧自缚或许可以比拟这样的常态。习惯于庸常者，若沿着约定俗成的规矩前行，并不妨碍他人的庸常，这无可厚非。谁都有选择庸常与高贵的思维与举动。在一饭桌上，与一朋友吃饭，他常常感慨自己这一辈子太过庸常，没有留下什么值得书写的东西。这样的长吁短叹，不知是不是代表了一类庸常者的自省意识。我回答他，庸常的外壳过于坚硬，包裹了生活的一部分真实，你可以想象，拥有健康乐观的心态、自得其乐的事业、学业有成的孩子等，你已经在享受高贵者的炫彩与快乐了。

见到一个网上流传的帖子，其云："天将降大任于是人也，必先卸其QQ，封其微博，删其微信，去其贴吧，收其电脑，夺其手机，摔其iPad，断其wifi，剪其网线，使其百无聊赖，然后静坐、喝茶、思过、锻炼、读书、弹琴、练字、明智、开悟、精进，而后必成大器也。"这番激励莘莘学子勤奋刻苦学习的话语虽有些极端，不过，扪心自问，因为微信、QQ、网络等的时光消磨，我们本来可以丰富多彩的生活变得庸常。凡事皆有度，若无节制，迷失于浅薄、虚妄、低俗的环境不能自拔，何以会有高贵与你相伴呢？

改变庸常从自身做起，高贵的性情自然会像金色的阳光一样悄然而至，暖意融融。

感悟手札

不饶岁月

方佳林

退休后的一段时间里，作息不再按部就班，生活也就失去了重心。玩象棋或许能打发寂寞，然而，马脚被别住还只顾跳，让邻人质疑"冠军"奖状的来路。那就待在家中吧，擦擦桌子，抹抹椅子，扫扫地，只是活儿太有限。有经历的人，枯坐会陷于往事的回忆。我奇怪地发现，少时的许多往事，都在记忆与遗忘的门槛打盹，一经复苏，没有丝毫的遥远之感，仿佛就在昨天。

马提亚尔说："回忆过去的生活，无异于再活一次。"只是，脑海中浮现的，大多为年少时让人欲言又止的事，这让我错愕。这有悖记忆的属性。回忆应该是一种精神享受，因为记忆这位编辑，通常都是自作主张地收容它所喜欢的东西，而对那些不尽如人意的则大刀阔斧剔除。这是种带有太多偏见和情绪的剪辑，美好的时光就被珍藏在时光瓶里，而不称心的日子它总是充耳不闻，任其淡漠，直至消失。难道记忆在跟我闹别扭？

有"吾日三省吾身"之说，那是古人，我只会凭着一股热情大胆而使劲地行事。招工招生开始后，乡亲们首批推荐了我。泪水濡湿眼眶的同时，我心里暗暗发誓，此后要步步踏在路中央，再瞎折腾出现笑话，会辱没了乡亲们的厚爱。

人的成长是有过程的，但惊觉只在瞬间。在工作岗位上，我还真佩服自己的约束力，不僭越，不旁逸斜出，规规矩矩做着分内之事。即便言语不慎冲撞了领导，也会适时检讨是"口误"；性子来时做错了事，更会自我谴责是"一念之差"，认错悔过。要说这就是"省"，我坦言，不是发自内心的。我的"口误"，其实是性格使然、真情流露；"一念之差"也是矫言，这"一念"在日常里早已多次思虑过，不过是情绪激越时付诸实施而已。可见，我的这种"省"，不是古人推崇的那种修养，家里的父辈们却夸我成熟了。我可圈可点的事情应该也有，想多忆起一些，很遗憾，从风华到迟暮，彳亍而行，似乎少有成绩也少有错误，都是些无痕旧梦。能形成语言的，也就是我在一所名气还算不错的学校里扎了根。

眨眼间到了退养年龄。在岗几十年里，年少的经历被我等闲略过，成年人要面对的事物庞杂，即便提及，也是一笑置之。可是今天，却如此痴迷地陷入那段生活的回忆，像是心弦被拨动了，颤音不可抑制。

今天人们的生命健康状态，60岁并非垂暮。当我试图开启另一段生活时，才发觉赋闲之初的心绪日不能平，灵魂夜不能寐，是希冀后半生再做点什么，不甘于人们戏谑的坐以待"币"（养老金）；也醒悟到，我对少时的省察，其实是怀念，因为，我需要找回弥散了的勇气和信心。虽说那段生活成年后也觉得够莽撞荒唐，但不可否认的是：我努力了，也成功了（获得推荐）。我没有蹉跎时光，没有虚度韶华。

那应该是一段峥嵘岁月。不然，不会为记忆珍藏。

怎样生活，选项很多。曾经，我努力把自己变成一个成熟的人，现在，我还得努力做回一个孩子去。毛头后生的单纯与胆气，世故的成年人是不具备的。毕加索说过这样的话："我花了一辈子学习怎么像孩子一样地画画。"柯罗也说："我每天祈祷，愿上帝让我早晨起来像婴儿一般地看这个世界。"现在，我有了实际的领悟。

人生的每一寸光阴都有用，岁月不饶人，也不要饶过岁月。

感悟手札

社会在前，大学在后

马海霞

那年高考，阿音考砸了，被调剂进了一所普通大学读专科。她闷在家里，不敢出门，生怕别人问她考得如何。

父亲说，姑姑打工的地方在沿海城市，他建议阿音去姑姑那里散散心。父亲话说得漂亮，其实就是送她去当暑期工呗。反正阿音在家里待着也憋屈，索性答应了。

那天，父亲带着阿音坐火车去找姑姑，那是父女俩第一次出远门。出门前，父亲把钱分成两份，自己一份，阿音一份，并让阿音母亲将他俩各自的钱取出大部分缝进内衣，又在上衣内侧缝了个口袋，将剩下的小部分零花钱装到里面去。

到了车站，候车时，父亲低声嘱咐阿音：出门在外，啥人都有，还是提防点儿好。少和陌生人交谈，更不能吃喝别人送的东西，如果两人走散，一定要求助警察，不要轻信陌生人的话，跟陌生人走。列车上阿音比父亲警觉性还高，有时父亲和对坐的旅客交流几句，阿音便悄悄用手从背后拽父亲上衣，提醒他少说话，以防被骗。

坐了六个多小时火车，到了目的地，姑姑来接站，父亲把阿音交给姑姑后，便坐车返回了。阿音被安排在组装车间，和姑姑的车间相隔不远，阿音所在的车间都是年轻人，她们来自全国各地，大多是初中毕业出来打工的，有的初中都没读完，但她们已经是老江湖了，小小年纪走南闯北，去过很多城市打过工，妥妥的社会人。阿音和她们比起来真是小学生，原来学校外的世界精彩又无奈。

车间里有一个云南来的小姑娘，刚出来打工时才十五岁，第一次打工就被骗了。人贩子打着招工名义将她骗上了车，要将她卖到山区给人当媳妇。幸亏她机灵，一路装傻，趁人贩子放松警惕，自己逃了出来；还有一个小姑娘，在一家个体饭店打工，足足干了一年，工资都被黑心老板克扣了……

每天听工友闲聊，阿音了解到了不少社会黑暗面，也增长了社会阅历，而且各地方言也能听个大概，有时还能说上几句。

整天加班加点实在太累，阿音才干了几天便打起退堂鼓，让姑姑送她回家。姑姑说，暑期工必须干够两个月，否则工资不发，而且还扣介绍人工资。听到此话，阿音怕连累姑姑，只好硬着头皮一天天熬。一个月后，她适应了下来，一直干到临近大学开学，才被姑姑送回家。

知道挣钱不易的阿音，成了小财迷。大学开学时，她独自去学校报到，不让家人送，这样可以省下一笔车费。学校比她打工的地方只多两小时车程，到站就有学校的车接，自己已经混过“社会”了，练就了“火眼金睛”，父母只管放心便是。

那天，父亲将阿音送到火车站，阿音独自提着行李，背着背包挤上了火车。到站时，她一眼便看到学校的学姐学长举着大牌子接站。到了学校办完入学手续，辅导员第一堂班会上便让阿音当临时班长，后来还推荐她去了学生会工作。两年后，阿音专升本，“官职”也升为学生会主席，最后获得了留校的机会。

一次，她问辅导员，为何入学时让她当班长。辅导员说，因为班里那么多学生，只有她是独自来报到，而且不管哪个省份的学生来了，她都能大概听懂他们的方言，帮了辅导员不少忙。

没想到18岁的那年夏天，阿音的打工经历为自己埋下了“金种子”，让自己一开学便比其他同学成熟懂事，从中脱颖而出。这也使她在后来的学习中更懂得吃苦奋进，成就了未来的自己。

感悟手札

保时捷里的自卑

甘北

一

跟一个“00”后画手聊天，我差点没惊掉下巴，她说自己的童年很自卑。跟家人住在一个大院子里，和一群年龄相仿的小伙伴上同一所学校。每天清晨，大家洗漱完，就陆续出门等车。

大人和小孩站成一排，站在大院门口，热热闹闹地讲昨晚的趣闻，你一言我一语，亲昵劲儿十足。

没过一会儿，学校的校车来了，小朋友们背着书包，排成排上了车。大人也一窝蜂散去，买菜的买菜，上班的上班。

而这个时候，她，一个孤独的小女孩，小心翼翼地爬上妈妈的保时捷，带着落满眼底的寂寞，一骑绝尘……

怎么样，听到这样的描述，很想撇嘴对吧？

我也是！

但她跟我发誓，真没有炫富的意思，这事真令她自卑了整个童年。坐保时捷去上学的她，特别想坐一回校车，跟小朋友们一起等车，一起聊天，一起叽叽喳喳地走在去往学校的路上。

在她的记忆里，那辆校车成了一个魔盒，里面发生的一切，都是她难以触及的秘密。小朋友们聊过的天，分享过的零食，交换过的玩具……所有的欢笑，都与她无关，那错失的十五分钟，让她成为一个“边缘人”。她甚至会刻意带一点零食，去讨好那些坐校车的小伙伴。因为她总隐约感觉，那一个个清晨，她们一定交换过什么重大秘密，却没有告诉她……

聊到这里，我好像隐约能理解她的感受——那是一个敏感的孩童，担心自己会被小伙伴排挤的可怜心思。那辆保时捷，一定曾给她带去过忧愁。至少在漫长的童年时代，那并不是什么值得炫耀的事。

如今说来一笑置之，但谁的过往里，没有一点莫名其妙的自卑呢？

二

有个朋友告诉我，整整四年，她都不太敢在寝室说话——因为普通话不标准。

一个南方人去了北方，总是因为平舌音或者翘舌音、前鼻音或者后鼻音，被宿舍的同学一次又一次纠正。

她知道同学们没有恶意，可她们每纠正一次，她对自己的信心就弱了一分。

久而久之，她不太敢开口说话了，生怕又把“肉”说成“漏”，把“日”说成“意”，引得哄堂大笑。

这种自卑支配了她四年，原先活泼开朗的性格，变得内敛又安静。

一直到毕业多年，同学婚礼邀请她去参加，大家在KTV里唱歌，有人非要起哄，叫她唱粤语歌，她推托不过，就硬着头皮来了一首。

这一次，竟赢得满堂喝彩。

大家告诉她，其实她们也看TVB的剧，也爱听里面的人讲粤语，甚至曾一遍遍跟着MP3，练习过粤语歌……

有人遗憾地说：“其实当年我们都想让你教点粤语，但是看你也不怎么爱说话……”

那一刻，朋友才陡然释怀。

原来一直以来，折磨她的东西，不过是自己的敏感和自卑。

分不清平舌音和翘舌音、前鼻音和后鼻音，多小的一件事啊，怎么她就介怀了那么久呢?

时过境迁，那些难堪和自卑，都变得微不足道。但在当时，却是一道无法跨过的坎。

三

我理解这种心情，我也有过这样的时刻——因为胖。

一米六的身高，不到 90 斤，如今看来，简直是瘦得不能再瘦的身材。可不知为什么，在十几二十岁那几年，我就是介怀得要命。

看哪里都嫌肉太多。跟朋友去买衣服，我总是要试最大的码，哪怕导购小姐再三告诉我，穿小码或者中码就行了，我还是不敢相信："我这么胖，小码怎么穿得下？"

那几年里，网上流传的所有减肥方法，我通通试过。最凶的时候，我甚至试过整整一周一粒米未进，只吃苹果和香蕉。

如今回首，好想抱抱当年那个围着浴巾，站在游泳池边，小心忐忑的姑娘。我要告诉她："你哪里胖啊？你一点都不胖。"相反，那说不定是你一生中，最瘦的时刻了。

过去了，都过去了。

那个戴牙套的姑娘，终有一天会在众人面前开怀大笑："瞧，我只是现在做矫正，以后牙齿会很整齐哟。"

那个长斑、长痘的女孩，也终将正大光明地跟男生约会："青春痘怕什么?那是青春的标志。"

还有那些因为身高不够、家境不好、眼睛不够大、鼻子不够挺……闷闷不乐了一整个青春的女孩们，不用怕呀，迟早有一天，你会开心地接纳那个并不完美却很真实的自我。

因为岁月本身，就是最好的治愈良方。

我们终会渐渐明白，比体重更重要的，是健康和快乐；比脆弱的自尊更重要的，是仅有一次的青春。

那些漫长得忍不住要浪费的青春，哪里需要完美的呈现，寥寥几笔，同样美得惊心动魄！

就像有的人说的，原先总讨厌爸爸那辆三轮车出现在学校门口，可如今才发现，那些坐在爸爸三轮车上的午后，就是他此生最好的时光。

更何况，终有一天，我们都会发现，那些因介怀众人目光而受过的苦，其实，压根没有落在众人的目光里。

四

我曾很多次与人分享过一个不敢上厕所的故事。

一个敏感而自卑的少女，总是害怕在众目睽睽下，走到走廊尽头的卫生间。

为此，哪怕她憋坏了膀胱，都要撑到放学回家，才敢安心地跑去上厕所。

直到好多年后，她向人提起这段往事，对方惊讶道："我的天啊，谁会注意你上不上厕所呢？"

是啊，谁会注意你上不上厕所呢？

谁会注意你鼻尖那颗痣呢？

谁会注意你又胖了一两斤呢？

谁会注意你穿了一双很便宜的鞋呢？

只有你自己啊！

你为他人的目光而自卑，但事实上，他人的目光，从未落在这些细枝末节上啊！

曾经不快乐的朋友，那么多年，你受苦了。往后余生，请多快乐一点。

感悟手札

单眼皮女生

沐苒

一

我一直怀疑科学家们关于“单眼皮是隐性基因”的论断。据我观察，只要父母一方是单眼皮，孩子多半也是单眼皮。而在我们家，单眼皮更是绝对的“显性基因”。我的爷爷是大眼睛双眼皮，奶奶是小眼睛单眼皮，结果我爸爸兄妹四个，无一例外地继承了奶奶的单眼皮。爸爸娶了大眼睛双眼皮的妈妈，而我还是坚定不移地继承了爸爸的单眼皮，尽管我的眼睛比爸爸的大了一点点。

小时候，妈妈带我出去玩儿，邻居的奶奶们总是说：“这闺女要是能遗传妈妈的双眼皮就更俊了。”妈妈总是笑着不说话，而我就像犯了什么错似的，羞涩地低着头。外人说说也就算了，爸爸有时也在家里打趣地和妈妈说：“当初找你就是想改良一下基因，没想到我的基因这么强大，哈哈……”爸爸显然不是真的嗔怪妈妈，更没有嫌弃我的意思，可我听了，心里还是不大舒服。没事的时候，我总喜欢对着镜子左看右看，越看越觉得自己不够漂亮，特别是那肿肿的单眼皮，真是好难看。

我曾经试着给自己“做”了一个双眼皮，用牙签的尖头在眼皮上轻轻划一下，眼皮上就多出了一道我梦寐以求的线。这道线不但让肿眼泡瞬间消失，而且眼睛也奇迹般变大了。可惜这“人造”的美丽只能维持几秒钟就会消失，镜子里还是那个肿肿的单眼皮。

后来，我还发现了一个能变成双眼皮的“办法”，那就是发高烧。记得有次发高烧，我烧得连眼睛都觉得发烫，像要冒出火来。妈妈带我去医院打退烧针，经过门口的穿衣镜，我想瞥一眼自己的可怜样，没想到，竟然发现自己烧出了一对双眼皮！双眼皮衬着通红的小脸，楚楚可怜的样子倒是多了几分美丽。不过，那时我可没太多的心情自我欣赏，只想赶紧退烧，赶紧好起来。后来病好了，我倒是挺怀念高烧时的那对“双眼皮”，它比我用牙签做的更自然，持续的时间也更长。要是不发烧，也能有那样的双眼皮该有多好。

二

学校举行首届“爱我中华”的主题朗诵比赛，每个班级只给一个参赛名额。一向热衷于各种活动的我，自然不会放过这次难得的机会。

在班里举行初赛的时候，我和李子璇的得票数并列第一。但班主任说李子璇的舞台表现力比我更好一些，最终由李子璇代表我们班参加比赛。

同桌杨欣瑶凑到我耳边轻声说：“其实我觉得你的演讲比她好。”我有些不服气地自言自语：“哎，看来老师也喜欢大眼睛双眼皮的美女呀！”杨欣瑶故意气我说：“要不你放学后赶紧割个双眼皮去？没准还来得及。”我瞪了她一眼，不再理她。

老师宣布初选结果后，坐在前桌的李子璇居然还回头冲我得意地笑了笑。不就是长得漂亮占了优势吗？有什么好显摆的！我冷冷地看了她一眼，低头开始看书。

虽然是前后桌，但我和李子璇开始谁也不理谁了。即使偶尔四只眼睛撞到一起，彼此也是一扫而过。李子璇像是故意在气我，每次下课后，就聚拢一大群同学，在课桌旁大呼小叫地说话，笑的时候，还把我的桌子靠得乱晃。有一次，我实在受不了了，就冲着她们大喊：“你们能不能小点儿声，吵死人了！”教室瞬间安静了，所有的眼睛都齐刷刷地投向了我。我没再说话，和李子璇对视了几秒钟后，又捧起了书本。

杨欣瑶说我变了，变得越来越古怪，越来越不爱理人。我也觉得自己变了，变得和谁都不想说话。我的心像是被一块石头死死地压着，压得我没力气说话，更没力气高兴。

三

北方的冬天总被阴霾笼罩着，我的心情也和这天气一样阴沉沉的。但今天，我的心情多少有些不一样。明天就要期终考试了，这让我有些紧张，又有些兴奋。考试是公平的，它靠的是智慧，不是颜值，这次我一定要打败李子璇。我必须早早睡觉，以充沛的精力迎接明天的大考。可是躺在床上，我翻来覆去怎么也睡不着，羊都已经数到一万只了，还是睡不着。

感觉刚迷糊一会儿，闹钟就响了。我实在是不想动，脑子强硬地指挥着身体，心里数着“一、二、三，起”，挣扎着从床上爬起来。刷牙的时候，我的脑子还是昏沉沉的，心里有点恶心。望着镜子里那张还没睡醒的脸，心里有种不祥的预感。

尽管没睡好觉，所幸考试成绩还不算太差，但我仍高兴不起来。我考了全班第二，可李子璇考了全班第一！

四

和往常一样，我回到家就扎进书房写作业。打开语文书，我意外地发现书的第一页夹了一张小字条，上面写着“我喜欢你，你长得像周冬雨”。这算是情书吗？我的脸顿时变得发烫，心怦怦地猛跳个不停，感觉自己好像做了什么错事一样，又紧张又害羞。我轻轻地关上书房的门，把字条又仔细地看了好几遍。我从来没想过哪个男生会喜欢我，这突如其来的字条让我心里有种说不出的小欢喜。

可是，该如何处理这个字条呢？撕毁了，还有点舍不得；藏起来，一旦被妈妈发现，那可是了不得！想来想去，还是狠心把它撕碎，偷偷地埋在了纸篓的最下面。

我没心思写作业，脑子里还在胡乱地猜测到底是谁写的这个字条。为什么不写名字？又是什么时候塞进我的书本的呢？心跳已不再像刚才那样猛烈，但脸还是热热的。我对着写字台上的镜子照了又照，突然发现自己确实长得有点像周冬雨，嘴巴和脸型都有些像，最关键的是我俩都是单眼皮！原来单眼皮也可以是美女！

五

心里还在想着昨晚的小字条，我走进教室时突然觉得有些紧张，感觉有双眼睛正在注视着自己。那双眼睛把我看得心慌，可又不知道它藏在哪儿。

我偷偷地观察班里的每个男生，回想着我和男生们的日常交往。难道是王嘉韵？每次值日的时候，别的男生都跑出去玩，只有他心甘情愿地服从我这个组长的命令。曾经，刘乐陶起哄说王嘉韵喜欢我，我当时气得骂刘乐陶随意造谣，可王嘉韵从来也没反驳过，难道……想到这里，我的脸又一阵发烫。我偷偷地窥探王嘉韵，但王嘉韵似乎都没有注意到我，是他故作镇静，还是我猜错了？

六

就这样，我稀里糊涂地上完了一天的课。正收拾书包准备回家，前桌的李子璇突然转身诡秘地看着我，试探着问：“安琪，我昨天给你的字条，你看见了吗？”

“那是你放的呀，我还以为……”我的话还没说完，脸就变得通红。

李子璇哈哈大笑：“以为是谁？快说！”

我知道自己被她戏弄了，又气又恼，抓起书包就转身要走。她忙拉住我的手。这次她没有了刚才的坏笑，认真地央求我：“别生气，我只想和你开个玩笑。我也不知道咱俩的关系怎么变成了这样，但我真的想和从前一样，咱们和好吧。”我没说话，噘着嘴，但眼睛里露出了微笑。

连我自己都觉得奇怪，封冻了半年的心，竟然这么容易就融化了。我俩一起走出了教室，像从前一样有说有笑。她说：“我写的可都是真心话，你确实长得像周冬雨，你是咱们班好多男生心中的女神呢！”“你还敢胡说！”我一边生气地瞪她，一边用手捶她的肩膀。

渐渐地，我和李子璇又成了好朋友，这让杨欣瑶也长舒了一口气。她说如果我俩再不和好，她都快被我俩夹成“馅饼”了。

只是，李子璇现在总是故意叫我“周冬雨”，惹得班里好多同学也都叫我“周冬雨”。我当然不许她们这样叫，但心里美滋滋的。

没事的时候，我还是喜欢照镜子。镜子里的我还是那个单眼皮的女孩，不过现在怎么看，都觉得比以前好看多了。

感悟手札

青春过道里的坏天气

邓迎雪

我会记得青春路上的飞雪和落花，记得阳光、雨丝、温暖和寒冷，正是这些经历，织成了我的人生，让我成长为现在的自己。

一

初见廖承凡，简直惊为天人。

那是在校园迎新晚会上，舞台中央，淡黄的灯光下，他一袭白衣，俊朗飘逸，轻轻地唱“偶尔在镜子里面，旧时光和我相遇……”

我从没有听过这样富有磁性又略带感伤的声音，这也是我第一次领略一首歌可以带给人这么多难言的感动。我望着台上的他，舍不得眨一下眼睛。很快，他唱完了，双手合十致谢，冲台下微微一笑，那笑容动人心魄，好像世间的花一下全开了。

杜秋若和冯嘉宁是我高中绘画班的朋友，我们一起考进这所美院。那些天，我总在她们面前夸赞廖承凡，冯嘉宁撇撇嘴说：我倒没觉着有多好。

我气愤地说：你这是嫉妒！

我决心接近廖承凡。听说正读大二的他是校园电视站站长，我急忙报名参加他们的记者选拔活动，经过测试，我终于如愿以偿混了进去。

从那以后，我几乎每天都能见到他。下课后，跑去电视站，听他策划选题，点评片子，虽然忙碌，我却乐此不疲。

我决定给他写封信。信悄悄放到他的包里后，我紧张得发抖，请了假不敢再去见他。

第三天，他约我出来，在校园的绿杨林下，他说：“谢谢你，不过，我们现在最重要的是学习。”

我明白了他的意思，点点头，强装笑颜，一扭身，泪水夺眶而出。

原以为事情就到此为止，没想到有天电视站开会，门被“咚”的一声推开，一个身材高挑的漂亮女孩气呼呼地冲到我面前。我还没有反应过来，她就把手中的几页纸狠狠地摔到我脸上，锐声骂道：“你也不照照镜子，想追廖承凡，也不看你配不配？！”

那一场闹剧，我不知是怎样结束的。

后来听说，那女孩是廖承凡的女友，富二代，高中时演过电视剧，在附近一所大学读书。

原来，我一点也不了解廖承凡。

二

有天晚上，我梦见他。他温柔地对我说，给你唱一首歌吧。可他只唱了一句“正当梨花开遍山崖”，就渐渐从我身边隐去，耳边传来他女友“丑人多作怪”的呵斥，然后是一阵鄙夷的怪笑。我从梦中惊醒，那种又生气、又难过、又自卑的滋味痛彻心扉。我拿起镜子，镜子里是一张平凡至极的脸。

我伤心地想，我怎样才能变美一点呢？怎样才能让他刮目相看？让他明白，我才是那个最优秀的女孩。

杜秋若和冯嘉宁请我吃饭，我真想一醉解千愁。可我对酒精过敏，只好连喝了三罐可乐。我捧着肚子出来，坐在街心花园的石凳上撑得难受。

杜秋若埋怨冯嘉宁：“都怪你，她本来心里有气，你又让她灌汽水。”

冯嘉宁委屈地说：“我也是好心嘛。”

两人吵作一团。我挥挥手让她们安静，然后打了一个嗝，悲伤地说：“都怪我长得太丑。”

杜秋若说：“你其实一点也不难看。”

冯嘉宁也迅速表态：“对，一点也不难看，你笑起来特像姚晨。”

我不置可否地望着她，冯嘉宁一脸真诚地说：“尤其是嘴巴。”

她的话还没有说完，我巴掌就打过去了，冯嘉宁跳起来躲开。

我生气地说：“我眼睛小，我想割双眼皮。”

杜秋若说：“你眼睛不小，当然，大些会更好看。但手术有风险，再说你爸妈也不会同意。”

周末回家，我刚说出我的整容大计，老妈就扯开嗓门大骂：韦小萌，你敢动我的原装试试！

我在轰炸声里待了一晚上，第二天一到校，我就对死党宣布计划失败。

三

那时候我心里萦绕的就是怎样变得出类拔萃，超过那个嚣张跋扈的女孩。我不服气地想，为什么我这样平庸，为什么我会怯懦自卑，为什么我不可以再优秀一点？终有一天我会挺起胸膛，自信地走到他们面前。

如果说以前我是在稀里糊涂地打发着青春，那么那次难堪的遭遇就如当头棒喝，让我警醒，我不能再荒废青春，我该努力了。

抱着这样小小的决心，我的生活变得规律起来。每天早上和杜秋若、冯嘉宁跑步锻炼身体；没课的时候，就躲在画室临摹宋代花鸟画，顾恺之、吴道子、任伯年的人物作品。每当拿起画笔，置身在艺术世界，我的心就好像在草原上驰骋，忘记了所有烦恼。随着时光的流逝，我的临摹稿、创作草稿和速写稿堆积得越来越高。老师说我是美院最勤奋的学生。

那是好长一段痛苦又快乐的时光。每逢节假日我和冯嘉宁、杜秋若就去山里写生，太行山深处，四季绝美的风景一幅幅跃然在画纸上。有时，我也会画一些人物速写，山里孩子朴实热情，非常乐意做我们的模特。

不过杜秋若和冯嘉宁总是有些静不下心来，画上几幅速写后，就在山间转来转去，对一切都充满好奇。我们写生的地方多出一种俗称“太阳石”的奇石，石面上的图案如一轮红日初升，煞是好看。两人迷上了在河滩、山上寻找太阳石，倒也时有收获。

那年国庆节，我们又去山里写生。像往常一样，画了一会儿，杜秋若又到山坡下捡石头。天空碧蓝高远，山林被大自然的妙手渲染出层层叠叠、斑斓多姿的色彩。我正凝神在画板上勾勒远山草图，忽听杜秋若大喊“救命”。我扔下画笔向山下冲去，只见杜秋若半身浸在河水里，死命抓住河中的一棵枯树，狼狈不堪。冯嘉宁比我跑得快，“扑通”一声跳下河，扯着杜秋若就往岸上拖，杜秋若抱着树不走，大声叫着“先别管我，石头掉下去了，先捞石头”。

我和冯嘉宁一边骂她脑子生锈，一边把她拖上岸。原来杜秋若捡到一块绝佳奇石，欣喜之余，一脚没踩稳，便连石带人跌落河里。

我们披头散发，浑身湿透，怀抱几块石头，狼狈不堪地回山下的农庄，路上竟然遇见廖承凡和他的女友。廖承凡穿一件烟灰色的格子衬衫，神情淡然，那美艳女孩从我们身边经过时，眼神斜睨，“哧”的一下笑出声来。

过去的一切又在我心里隐隐作痛，我咬咬牙低头往前走。过去的就让它过去吧，遗忘是治疗疼痛的最好良药，我只管做好我自己，何必再自寻苦恼。

四

时光匆匆，从不为任何人停留。毕业后，我漂在北京，专职绘画。那是一段非常艰辛的日子，所得收入也仅够糊口。

冯嘉宁回到家乡省城，在一家美术出版社工作，日子过得平稳安逸。杜秋若在故乡小城当了一名小学美术老师，同时继续热爱着她的奇石。听说廖承凡和女友结婚了，听到他们结婚的消息，我很是伤感了一阵，尽管我早已知道了这个结局。

我继续我的北漂生活，不断将作品送到展览会、画廊、拍卖行，努力地推销自己，有时也会将画作交到网上的艺术品交易市场拍卖。渐渐地，我有了固定的藏家，经济状况得到很大改观。两年后，我搬出了地下室，签约了美术馆，有了自己的工作室，作品开始接二连三地获奖。在同行眼中，我已是声名鹊起的青年画家。

我在国家美术馆举办绘画作品展时，杜秋若和冯嘉宁比我还激动，两人专门跑到北京为我捧场。好友相逢，有说不完的话，说着说着，我和杜秋若还哭了。杜秋若说，她真想把我的画册和获奖证书快递给廖承凡，让他好好欣赏欣赏，也让他明白他当初的选择是个多么大的错误。

我微笑着拒绝了杜秋若的这个计划，尽管多年前，我也曾有同样的幼稚想法。

真正的自信是活出精彩给自己看，哪用拿别人的眼光衡量。廖承凡只是我青春成长路上的一个坐标，这么多年过去，我早已不在乎自己在他面前是什么形象，也早就不想完胜那个漂亮嚣张的女孩。反而我要感激那曾让我伤心的过往——正是有了被兜头泼冷水的遭遇，才促使我鼓起勇气，奔跑成长。

后来有一天，我偶然读到台湾诗人琼虹的一首名为《记得》的诗。诗里说：你如果 / 如果对我说过 / 一句一句真纯的话 / 我早晨醒来 / 我便记得它 / 年少的岁月 / 简单的事 / 你如果说了一句 / 浅浅深深云飞雪落的话……

读后，我竟然孩子气地哭了。我想我也会记得，记得青春路上的飞雪和落花，记得阳光、雨丝、温暖和寒冷，正是这些经历，织成了我的人生，让我成长为现在的自己。

我多想说，谢谢你，青春过道里的坏天气。

感悟手札

时光会慢慢褪去那些年的羞涩

鱼有鱼

我从一个小镇的中学，来到了市里的重点高中。因为胆小笨拙，课间休息时大家都喜欢调侃我，而我也只是羞涩地一笑。我不觉得他们有时的取笑带有任何的恶意，因为我能感受到大家挺喜欢我的。

就是因为我这种性格，所以大家都喜欢叫我的名字，不论在什么场合。

语文老师上课时会说找个同学回答问题，找个同学把诗歌朗诵一下，于是大家就喜欢大叫我的名字引导老师让我有感情地朗读诗歌。然后我便支支吾吾，两颊通红地站起来。大家便在桌前竖起一本书遮挡老师，然后趴在桌子上齐刷刷地看着我憋住笑。

不管是教什么科目的老师，只要想叫同学回答问题，大家都会把我“引荐”给老师。一开始，我站起来憋得满脸通红也说不出一个字，老师只好叫我坐下。每次回答问题，我总是支支吾吾，惜字如金。

被捉弄的次数多了，老师也熟悉我了，便也鼓励我大声说出来。站起来的次数多了，胆子便也大了些，后来的我，也敢在全班同学面前有感情地朗诵诗歌了。

高一上学期期中考试后，老师重新调换了位置。那时候，我前边坐了一个男生。我从未见过如此好看，成绩又好，智商又高，待人又彬彬有礼的人。那一次，我情窦初开，喜欢上了他。青春里的暗恋，都是那么羞涩。在班级里喜欢上了一个人，不管做什么，都得小心翼翼，因为那时候，在喜欢的人面前出丑，就是这天底下最大的糗事。

我们那学期有音乐课，临近期末考试的时候，音乐老师期末考试的题目便是让我们上台唱一首歌，她打分作为期末考试的成绩。而我天生五音不全，唱歌非常难听。让我在喜欢的人面前唱歌，真是赶鸭子上架，强人所难！

考试那天，我浑身不舒服，既紧张又怯场，害怕让喜欢的人看见我出丑的样子。眼看着同学们一个一个上去，然后又下来，我没心思和大家一同嘲笑台上同学的歌声，我等的每一分钟都如坐针毡。

每听老师叫一个同学的名字，我都要竖起耳朵，祷告着不要是我。可是，终究还是轮到了我。大家像看自己偶像的演唱会一样激动，拍手叫好，大声地呼喊我的名字给我加油，期待我的表演能够博取大家一笑。可越是这样，越是让我退缩、紧张、害怕。我唱了《三寸天堂》。一开始，大家的呼声和笑声，盖过了我的歌声。

我还挺感激，这样我喜欢的人就听不清我的歌声了。可是，老师却不解人意地示意大家安静。我的脸憋得通红，声音都颤抖了，高潮的时候，不但唱不上去，还跑了调。很多人故意拍桌子大笑，这让我无地自容，还没等唱完就尴尬地跑了下去。我趴在桌上，全身发热，不敢见人，只想找个洞钻进去。我偷偷抬起头看我的前桌是否有在意我的表演，发现他早已沉浸在下一个同学的表演中了，我这才松了一口气。

多年以后，再想起那些年的自己，我才恍然大悟。那些在你眼里天大的糗事，其实根本没有多少人会放在心上，因为每个人都忙着在意自己的事。

不管那些人在你生命里扮演着什么样的角色，好的或坏的，他们都是青春给予你的、没有办法回绝的礼物。有了他们，青春变得有趣了。后来的他们，或许会变成你生命里的永恒。

感悟手札

对于家庭不圆满这件事，我释怀了

chanchan

在小城市里住久了会发现，餐馆是个挺有人情味的容器。

爸爸熟练地点好了菜，妈妈把三份碗筷分别漂洗干净，而我坐在他们两人中间，等待美食的慰藉。

他们聊我期末考的排名，聊我不大合格的发型，聊我一直没好的感冒……如果可以一直这样那该多好。而事实是，酒足饭饱后，我们三个人便又各自走回各自的轨迹里。

前几天我无意中看见一篇文章——《绝对不要找离异家庭的人结婚》，心被刺痛了一下。离异家庭的孩子总被描绘成有自卑、逆反、怯懦、孤僻等各种心理缺陷。

无法否认，父母分开这件事，是我从童年就烙下的梦魇。而局外人看不到的是，离异家庭的孩子经过苦痛、挣扎和反思后，内心磨砺出的优秀品质，像秘密武器一样为此后漫长的岁月开路。

前不久，我参加了一次同学聚会，大家聊起小时候人缘最好的三个人，分别是我和另外两位女生。我们仨受宠若惊，反问原因，他们提到“幽默好玩，很有梗”“超出同龄人的成熟”，以及最重要的“会照顾身边人的情绪”。其中一个女生听完之后爽朗大笑，她说：“你们不知道我们成为‘快乐源泉’的源泉是什么。”我后知后觉，才发现我们三个都是从小就经历了父母离异的孩子。

爸妈之间的对抗持续数年，结果却是分道扬镳。我曾听大姨提及，妈妈有过愿意为了儿子接受复合的妥协。听完之后我哭得稀里哗啦，感动、悲戚，甚至有对爸爸“不作为”的愠怒。

后来有了恋爱经历，我渐渐了解到，“为了孩子好”而强制绑定的关系实在难以体面地维系。明白这些事，我用了十余年。

后来，小我 16 岁的妹妹出生，她成了一个性格跟我截然相反的热闹存在。五岁时她问我：“哥，你爸是谁？”

我说：“我爸是你爸。”

她又问：“那你妈是谁？”

我说：“我妈是我妈。”

她思考片刻后说：“好吧，没关系，我们都是一家人。”那一瞬间我觉得，即使属于我的家庭没有圆满，却很幸运地成全了额外的美好结果。

爸妈各自有了新的伴侣、新的生活，各自美好。我们三人偶尔还能凑到一块儿吃个饭，他们聊我现在的工作，聊我的感情近况，聊我一直没好的感冒。

我开始把这个家想象成身体里的一个细胞，它一分为二地裂变，成为相互独立的个体，却又流淌着相同的基因。而我作为那个自由移动的分子，不断地逡巡、拜访、停留和暂别。

这么想来，“父母离异”于我，似乎已经不是一件值得揪住不放的拧巴事了。

“诗人放过夜里的笔，眼睛放下相机，一杯热茶留在客厅，放走蒸汽。我们除了和彼此相伴，活在当下，不肯再做别的事情。”张悬的这段话，我把它总结为“释怀”二字。

记忆回到那年的饭局，我揉揉鼓胀的肚皮，妈妈发着呆，看着我。爸爸脸朝窗外，不顾形象地剔牙，末了把手里的纸巾揉成一团，拍在桌面，说：“走吧，我送你们回家。”

感悟手札

90：10的秘密

沈畔阳

90:10 的秘密真是令人难以置信！很少有人知道并运用这个秘密，结果无数人吃尽烦恼和头痛的苦头，鲜有快乐可言，糟糕的日子一个接一个，不顺心的事情似乎随时在发生，破碎的人际关系把生活弄得很是乏味，这是你生活的写照吗？如果是，那也不必灰心，你完全可以变个样！明白并运用 90:10 这个秘密，就可以做到。这个秘密意味着什么？一句话，生活由 10% 发生在你身上的事情构成，90% 由你做出的反应决定。

这意味着什么？我们真的无法控制发生在自己身上的 10%：没办法不让车抛

错，没办法不让飞机晚点使整个计划落空，没办法不让另一司机在堵塞的交通中插队……可剩下的90%就大不相同了，你完全可以决定！怎样决定？通过你的反应。你控制不了红色交通灯，但可以控制自己的反应。这里用一个例子说明问题。

你正在和家人吃早饭，女儿把咖啡打翻在你上班穿的衬衣上，你控制不了发生的事情，但接下来会发生什么完全取决于你如何反应。你粗暴地咒骂女儿，她号啕大哭。骂完了她你又冲着老婆发火，责备她不该把咖啡杯放得离桌子的边缘太近，她不服气，怪你不小心，更不该责骂孩子，又是一番争吵，最后你还是自己气哼哼地去把衣服换了。

回来看到女儿因为哭泣，早饭还没吃完就要去上学，可是已经赶不上校车，老婆也要马上去上班，你只好急忙开车把女儿送到学校。因为着急，限速30公里的路段你开了40公里。迟到15分钟吃了一张60元的罚单，你终于到达学校，女儿急忙下车连声再见都没说。20分钟后你到达办公室，当然也是迟到，又发现提包忘在了家里。你的一天就这样混乱不堪地开始，接下来似乎越来越糟。盼着下班，可到了家里却感觉和老婆孩子之间的关系像插了个楔子，不像平时那么自然，为什么？就是因为你早晨的反应。

为什么这一天过得这么糟糕？

是咖啡造成的吗？

是女儿造成的吗？

是警察造成的吗？

是自己造成的吗？

答案当然是你自己造成的。你控制不了咖啡泼在身上这件事，五秒钟里的反应却是造成糟糕一天的根本原因。

我们假设一下相反的情况。咖啡泼在你身上，女儿急得要哭出来，你满不在乎地说："没关系，宝贝，下次小心些就是了。"然后跑进卫生间用毛巾认真擦拭。换上新衬衣，提起上班用的包，透过窗户看到女儿上了校车，转过头向你招手。和太太告别，两人一起出门上班去，你提前五分钟到达，心情很好地和同事打招呼，老板微笑地说，看样子你今天心情不错。看到区别了吗？完全是两个版本。开始都一样，结果却大不同，为什么？因为你的反应不一样。你确实无法控制10%发生的事，剩下的90%就由你的反应来决定了。

这里是运用这个 90∶10 比例的几个方法。如果有人说你坏话，不要像海绵似的吸收进去，而是要让这样的攻击像窗户玻璃上的雨水滚落下去，没必要让它影响你！恰当的反应不会毁掉你的一天，而反应过度则会导致失去朋友、遭到解雇、变得郁闷等。路上有人抢道怎么办？你会发脾气吗？会挥拳敲打方向盘吗？我的一个朋友曾经因此把方向盘敲得掉下来。你会咒骂不停吗？会血压瞬间飙升？你会试图追上去撞他的车吗？可是即使迟到十秒钟会有谁在乎？为什么任由那辆蓝色的车就这样轻而易举地毁了你的正常驾驶？接到通知明天不用上班了，睡不着觉或怒不可遏又有什么用？其实很快就会顺其自然，把“烦恼”的精力和时间用在寻找下一份工作上吧。飞机晚点耽误了一天的日程，为什么要把心中的怒气撒在空姐身上？她也控制不了这样的情况。还不如把时间用在看看书、和其他旅客交流一下上。为什么那么紧张？那只能把事情搞得更加糟糕。

明白 90∶10 的秘密了吧，运用一下你就会对结果惊讶不已，甚至感觉不可思议。

感悟手札

穿碎花裙的胖姑娘

微酸袅袅

我很爱在故事里设置女胖子减肥成功的情节。

可遗憾的是，作者本人，我，身为一个一直有体重烦恼的女生，却没有真正成功过——梦想是瘦成“一道闪电”，但梦想一直是梦想，我最瘦的时候也不过是“不胖”。

年少时因为对自己的粗腿感到自卑，我有好几年时间没有穿过裙子和短裤。中学时的夏天，我最常见的打扮是上身穿短袖的夏季校服，下身是秋季校裤。

中考前学校模拟测八百米跑，班主任特别郑重地叮嘱："你们明天跑步都要穿短裤，那样阻力小，容易出成绩。"这条"指令"让我在家里纠结了一夜，第二天虽然听话地穿了短裤，但在外面加了长裤才去体育场，临上跑道前才不情不愿地脱掉。

现在想来应该根本没人会在意我的腿是粗是细吧，可那时的我心里就是别扭极了。

青春期的我还非常讨厌体检。我抗拒往仪器上一站，机械冰冷的女声报出那个可怕数字的瞬间。

有一次测完体重我忍不住自我唾弃说："我真胖。"医生伯伯笑眯眯地安慰我："不胖不胖，你长得高嘛。"可我一点都不相信这种安慰，深深地沉溺在自己是个"女壮士"的悲伤里。

到了大学就没有校服穿了，夏天的武汉就像一个巨大的蒸笼，在太阳底下站五分钟就会浑身湿透。而那时的我无惧会中暑的可能，无比坚强地每天穿牛仔长裤去上课。

牛仔裤又闷又热，也不会让我看起来瘦一点，但有着鸵鸟心态的我觉得这样穿才安全——它可以保护我的粗腿不被赤裸裸地暴露在众人的目光里。

令我震惊的是，好像也有女生完全不在乎这些事，比如P。她和我住同一栋寝室楼，因为每周有几天排课时间一样，所以我们常常能遇见。

P似乎比我还高一些，体型更魁梧一些，面相充满了男子气概。可她很自然地穿着坡跟凉鞋和大号的碎花连衣裙，打着遮阳伞慢悠悠地走在校园里。在一群纤细的同龄女生中她像个突兀的惊叹号，但我永远不会忘记她身处其中时自信又淡然的神情。

我暗暗佩服她的勇气，同时阿Q地安慰自己：其实你也还好嘛——我很没出息地把她当作心理上的"垫背"，以此来鼓励自卑的自己。

大四快毕业时的某天，我在学校的超市门口又和P打了个照面。我突然发现她虽然还是那么高高大大的样子，但整个人的气质都柔和了下来，碎花裙和高跟鞋在她身上不再突兀，反而增添了女人味。简单来说，她在没有明显消瘦的情况下竟然变美了！我在那个瞬间意识到：正能量的自信心真的是有魔力的，它会带你走向你曾经只能向往的地方。或许有些胖姑娘因为种种原因一辈子都无法成为一个瘦子，但我们不能因此而一辈子不敢试穿那件很想穿的漂亮衣衫，更不能一辈子都没有做过最想成为的自己。

那个穿着大号碎花裙子、坡跟凉鞋的姑娘用她真实的变化告诉了我一件事：不要沉溺在自己的缺点里自怨自艾，不要害怕出丑或者失败——要么改变，要么坦然接受。

其实出丑和失败都没什么大不了，永远躲在“害怕”的壳里唯唯诺诺，不敢挣脱出来做最勇敢的自己才让人沮丧。

从那天之后我不再刻意隐藏自己的粗腿，会在炎热的夏天穿短裙、短裤，还会迈着我的粗腿去海边玩水，去泳池游泳——我比从前更爱夏天，也比从前更爱自己。

感悟手札

哪有什么人生巅峰

陈文茜

如何定义人生的巅峰？

收入最高的时候？社会地位最高时的身份？掌握巨大权力的领袖？或者懂得放下一切，达到笑看茫茫三界的境界？

瑞典一位摄影诗人克里斯蒂安·马尔豪瑟，2012 年 8—10 月间，共 3 次攀登瑞士高峰马特洪峰。他刻意独自夜宿当地数天，在 −12℃、没有文明尘埃扰人的情境下，拍了四分钟的缩时摄影影片《巅峰》。

出发前他问自己：一个人面对大自然，看着云朵、阳光、星空变化，就可融入其景吗？

攀登的过程中，他不假思索地相信：只要到了目的地，一定可以抛掉所有现实中恼人的不安；当自己被光和影拥抱、成为世界的全部时，必然可以找回最初纯洁的灵魂，一丝烦恼也不会有了。

抵达目的地时，他先是一声惊叹，但很快地，许多往事冷不防地盘旋于脑海，即使他已爬上高峰。

我们许多人都有类似的经验。想观赏落日的彩霞、树梢的新月，虽然河面平静、星空无云，但总有一些杂念、情绪、遗憾、感叹，占据心灵。

乌云，没有那么容易消失；尘埃纷扰，也没有那么容易抛弃。因为我们的心，不是安静的。我们本身就是一片乌云，除非将自己的心洗涤干净，否则你到哪儿，乌云就到哪儿，永远跟着你。

因为我们本身就是乌云，所以无论在城市、乡野、极地……我们都逃不了。我们放不下许多事，我们不是自由人，我们是各种社会价值下的囚鸟。

不只时代是仓促的，个人的日子也是仓促的，我们在城市里为生活、为成就、为争一口气，忙碌奔跑，忙得喘不过气来了……文明摧毁了我们，但蛮荒未必可以拯救我们。

除非你的心静了，除非你的心是自由的。

自由？

是的，自由不只是政治上的自由，自由包含了每个人内心强大有力的生命定力。流浪，或许可以帮助你找到短暂的自由，让你重新给自己定位，但总有一些东西牵绊着你。

我们是欲望的奴隶，收入、身份、外表、名誉……甚至什么牌子的包包、当季名牌鞋……到了极地、山顶、原始森林，我们或许可以暂时被治愈，但回到现实世界后，心又躁动。

你看那天空中的鸟，纵使迁徙，春去秋来，飞越大地，永远是快乐的。你看那笼中之鸟，虽有遮雨之屋，不必自己苦苦觅食，但看似小小的城堡，却是最悲伤、“奢侈”的囚笼。我们把这种状态的鸟叫“囚鸟”。那么活在框架下，一切以社会价值为生命标准的人，是什么？即使手握权柄，但权力愈大，恐惧和疑心也愈大。

明白看穿这些庸碌俗名，你会更清楚什么叫人生的巅峰。那就是不论你出身如何，你的人生都不是社会影印机印出来的一纸草稿。你可以创造自己的图案，“让生命来到你这里”，回到你的身上。

当你看到一朵花时，当下心静，无杂念，明白它的美好；看到海水的波浪，不必神伤，感念它漂荡了如许之久，终和你相遇；月亮自归圆，叶子轻落，如我们偶尔碰到的生命奇遇；天空明如镜，大地没有什么隐约的呼唤。这一刻，你才能和一切你所经历的周遭事物，共同享受生命的历程。

这时你不必登峰，却已在巅峰。

感悟手札

青春里的乌云，在慢慢散开

琦惠

如果你问我：对于高中生活，有着怎样的记忆？大概就是这样吧——季风总是会在考试结束后，毫无疑问地掠过我身侧的树顶，将倾盆大雨带到我的世界。可我偏偏有个性，早就知道会有此事发生，也不肯事先准备雨具。通俗一点讲就是：我明明知道自己是学渣，每次考试后都要轮番接受老师和父母的教育，承受同学异样的眼光，却还是不肯好好学习。

我一直在自暴自弃，完全放任自己在十六岁狭窄的巷底向外探视，也根本瞧不见所谓的未来之光。尽管，我是那么的热爱写作，想在长大后，将自己的名字印在杂志上。可是，又有什么办法？

自从课程里出现了物理和化学，几乎一夜之间，我“学霸”的坐标便不复存在，而伴随它丢掉的还有我骨子里的那份开朗、自信，以及乖巧。特别是当父母想让我借“艺考”的东风考入本科学院，便为我办理了转学手续后，我就更加地叛逆了。我开始在数学课上睡觉、历史课上写短篇、专业课选择逃学……还曾离家出走，差点让父母报警。总之，我就是那些年老师心目中爱捣乱的“齐天大圣”，大家口中人生突然转了弯的“落魄公主”，父母眼里不学无术的“混世魔王”。如果不是有绘画天赋，不是有一定的文化课基础，我真的不可能考上大学。

如今回想起来，真庆幸命运眷顾了我，让我打开了新世界的大门。我还记得自己在十六岁之后，首次想要脱下“叛逆少女”的外套，重新披上女王的斗篷，就是因为大学里的那一场模拟采访大赛。

可谁又知道，我当初之所以报名参加这场比赛竟是因为无聊。因为本就没多少朋友的我，去到了陌生的环境，还少了可以敲打的架子鼓，身体里的躁动分子便炸裂了。于是我站上了那个舞台，想要在灯光的照射下，释放隐藏了许久的“洪荒之力”，以此来获得关注。我甚至一遍遍告诉自己：“没有关系，输赢并不重要，只要大家愿意看着你就好。”

你看，我内心深处其实是长着苔藓的，既不想被他人放弃，却也不肯自我拯救，很阴暗。每一天，我都是喝着可乐、化着浓妆，不知未来该去哪儿又能做什么。直至我开始加入这个比赛，一切真的都变了。

我在每一次跑新闻的准备过程里，遇到了各种有趣的朋友。他们也许热爱轮滑，也许擅长吹萨克斯，也许是B-boy，他们一样在青春里“躁”，只是比我更具有积极的意义。每一次，我约他们在烧仙草店做专访时，都能感觉头上的乌云在慢慢地散开。时间久了，我自然而然拥有了朋友，还通过他们学到了新的技能。

比赛那天，我在会书法朋友的协助下，写了“惨绿少年”四个字作为增加项才艺。后来，自由提问环节，评委老师问我：“惨绿少年”为何意？

我答：“虽无华服荣身，也可气度不凡，这是我最想成为的模样。”我淡定从容地讲着自己的愿景，在伙伴们的一片欢呼声中，拿到了此次比赛的第二名，还被招收到了学校的记者团。而随着自己报道的新闻越来越多，我又分别被空降到了辩论队担任领队和学生会担任副主席，最后，还成功策划了毕业生晚会。

前不久，一名高中学妹加我的微信，对我说：学姐，我们老师现在把你作为成功案例讲给我们听，还会把你写的许多文章当成课堂上的作文素材。我盯着手机上的这行字，笑了又哭了，然后开始循环播放一首歌："我怎么变这样，变得这样倔强，每一步的地方，每一站都不会忘……"《Young》是我很喜欢的一首歌，它总提醒着我：大学生活给我带来的改变。

我想，我这一生都会记得：那年初秋，我踏进了那所像是杂货铺子的校园。我先是选择了像是跳跳糖一般刺激好玩的设计专业，不再热衷打游戏，反而爱上了头脑风暴；随后，我又找到了如同雪碧一样可以让人心飞扬、欢乐无限的记者团，拥有了归属感和自己的优势；最后，我在每一次比赛、每一场晚会、每一个朋友、每一张证书里，寻到了带着阳光味道的自己。

少年不识愁滋味，谁能保证不犯错？但只要你能进入大学，总会找到一种方式"好好改造"，与自己和解。毕竟，它真的是间"解忧杂货店"，会用琳琅满目的物品再一次让你的初心回炉，重新气势如虹。

感悟手札

______

______

______

你的挑剔里，藏着曾经的自己

辉姑娘

初秋，在米兰街头的小店，我与朋友品尝当季的黑松露意面。隔壁桌坐着一位又高，又瘦，又漂亮的白人女孩子，十分赏心悦目，四周的目光总是忍不住落到她的身上。

朋友也偷偷看向她，忍不住小声啧啧赞叹，语气却有些遗憾："那边的女孩真是好美哦，但那一口牙……有些可惜了。"

我有些疑惑地看向朋友："哪里可惜了？"

她很惊讶地看我："你没注意到吗？她的门牙有些突出啊。"我摇头："真的没注意，我只是觉得她是O型腿，虽然瑕不掩瑜，但也算个小问题吧。"

她困惑地"啊"了一声："O型腿？有吗？"

我笑起来："是啊！其实我的腿形也有些问题呢。"

她更惊讶了："啊？你的腿形有什么问题？"

我伸直腿给她看："你看，我小时候是X型腿，爸爸每晚都要给我捆上矫正，坚持许多年才稍好一些，但还是很明显的。"

她连连摇头："天哪！认识这么久，你要是不说，我从来都没有注意过。"

我笑起来："你的腿又长又直，自然不会在这方面留心。"

她似有所悟："别说，还真是这样。我以前有一口四环素牙，丑得要命，总是被同学们笑话。后来上了大学，花钱费力折腾了好多年才矫正过来。所以现在见到别人，第一眼就会看对方的牙。不管对方有多么完美，只要牙有一点瑕疵，我都觉得碍眼。"

"原来对方根本没有那么严重的缺陷，只是我们自己因为类似的缺陷而产生心结，才会格外在意。"她有些自嘲地感叹。

我认同地点头，想起自己这么多年盯着别人的腿瞧了又瞧，也觉得颇为失礼。

每个人着重关注的，都是自己曾经欠缺的。若是一路顺遂，自然看世间万物都顺眼，哪有什么挑剔呢？

减肥成功的人格外关注他人的胖与瘦；健身成功的人格外挑剔他人的肌肉线条；整过容的人对他人是否整过容几乎一目了然；求学艰难的人特别注重他人的学历；努力美白的人则特别在乎他人的肤色……

那些敏锐的感知，早已在无声无息间，透露出一个人的弱点所在。有一些缺憾可能连自己都已经忘记了，但它们其实从未退席，而是深入骨血，变成了审视他人的目光和下意识的挑剔。当我们把它们说出口的瞬间，却恍然不知早已将某些自己深藏的缺憾大白于天下。

所谓的独具慧眼，不过是一面镜子，照出那个曾经拼命浮沉、挣扎的自己。愿我们都能对这众生百态修炼出心满意足，熟视无睹。唯有熟视无睹，方能无懈可击。

感悟手札

第四辑

爱是教育的灵魂

父母松开搀扶孩子的双手时，爱是一种信任；教师悉心向学生传道授业解惑时，爱是一种欣赏；学生踏入社会课堂时，爱是一种理解和尊重。无论形式如何多样，爱都是浇灌成长的阳光雨露，堪称教育的灵魂。

妈妈，你爱我，但你喜欢我吗

小张

《伯德小姐》是一部口碑和票房俱佳的青春片。除了讲述女主角的青春成长故事这条主线之外，影片还安排了一条非常出彩的副线——女主角和母亲从对抗到和解的关系变化。

亲情关系一点也不简单，很多人终其一生也没有学会如何与自己的父母相处。影片里描述的父母和子女之间那种既有爱意又互相角力的复杂关系，让全世界的年轻人看了都心有戚戚焉。就像豆瓣网上一段评论所说的："青春期与原生家庭的冲突方式是普世的。年轻人与父母一辈的裂隙、争吵、代沟，无论文化差异如何，都会在一个特定时段以一种相差无几的方式表现出来。"

1994年出生的西尔莎·罗南扮演的女主角，是一个平凡、普通，又有点自命不凡的18岁女孩。她的长相不算惊艳，只能在学校音乐剧中当个跑龙套的角色；学习成绩普通，不够上耶鲁这样的顶级常春藤名校；家境就更普通了，父亲一把年纪突然被辞退需要重新找工作，母亲是医院的护工，斯坦福大学毕业的哥哥没找到工作，只能在超市收银打零工，一家人20多年没有换过房子。

但不太普通的是，她内心自命不凡，不愿意被人控制，不愿意服从权威。这样的性格，正是遗传自她的母亲。电影的第一个镜头，就是母亲和女儿躺在同一张床上。相似的发型、睡衣和睡姿，如同复刻。也正因为如此，叛逆的女儿和母亲因为生活习惯和人生道路选择上的种种分歧频繁地产生了各种矛盾。

最初母亲帮她规划好了未来要去的学校，萨克拉门托本地的城市学院，因为学费比较低。但她恰恰不喜欢自己出生和长大的加州首府小城萨克拉门托，觉得这个地方沉闷、无趣，缺乏人文气息。她向往纽约，向往东海岸，所以她瞒着母亲悄悄申请了纽约的大学，想要彻底逃离萨克拉门托。

她不喜欢父母起的克里斯汀这个普通的名字，固执地要求所有人叫她Lady Bird，希望自己像鸟一样能够自由高飞，她甚至在考卷上都这样署名。

影片里有一个很有意思的关键情节，母亲陪着女儿去平价商店选购毕业舞会的服装。女儿试穿上自己喜欢的裙子，满怀期待地想要得到母亲的赞许和肯定，但一向爱挑剔的母亲说：“你不觉得有点太粉嫩了吗？”女儿一下子感到备受打击，说：“你就不能称赞一下我好看吗？我希望你能喜欢我一点啊！”

更衣室外隔着门的母亲没有听清，含糊地回应道：“我当然是爱你的。”于是女主反问道：“我知道你爱我，可是你喜欢我吗？”

人的感情太复杂了。爱是无法割舍的血缘，是人类与生俱来的本能。喜欢则是另一个层面上的情感，受到很多因素的影响，父母对子女的爱并不必然就会转化成喜欢。如果爱和喜欢出现了脱节，那冲突和分歧也就产生了。但是，严格来说，这种脱节又是一种错觉：既然有爱，怎么可能没有喜欢呢？

伯德小姐之所以会有母亲不喜欢自己的错觉，是因为她和母亲的性格都过于强势和激烈。她们花费了太多的精力去和对方争吵，既因为去哪里上大学这样的大事，也因为早上该谁煎鸡蛋、晚上衣服该怎么叠这样的小事。

伯德小姐和父亲的关系就非常融洽，父亲每天早上会送她去学校，告别前彼此会说“我爱你”。而她和母亲之间，缺的恰恰就是这样一种表达爱的仪式。

在电影的后半部分，伯德小姐经历了种种事情以后，意识到自己以前过于自私和以自我为中心，因此她对母亲的态度也逐渐有所改变。但真正的改变发生在她到纽约读大学以后，她在自己的行李箱里发现了一叠皱巴巴又被揉平的信纸，那是母亲写给她的若干封信。

原来，在她收到大学的录取通知书、确定要离开萨克拉门托到几千公里之外的纽约读大学后，母亲提笔给她写了信。

“怀上你是个奇迹，我当时都已经42岁了……”

“很抱歉我们吵架了，我爱你，我不是故意的……”

母亲写了一个又一个版本，但最后还是没有下定决心把信给她看。是细心的父亲暗中把这些信留了下来，塞进了她的行李箱。看完这些信的女主角，郑重其事地给家里打了一个电话，郑重其事地对母亲说了一句：“我爱你。”

在那一刻，仪式完成了。她和母亲之间过往的所有争吵、冷战都烟消云散，她和母亲实现了和解，也和自己实现了和解。

爱得到了确认，也因此得以永固。

感悟手札

关于阅读题的“标准答案”

陈蔚文

儿子乎乎的语文课外作业中有一则文言文阅读题《牧童捉小狼》，选自蒲松龄先生的《聊斋志异》。这段话翻译成现代文后的意思大致是：

两个牧童走进山林，来到一个狼窝前，发现窝里有两只小狼。他俩商量着各抓一只，又各自爬上一棵树，两棵树相距几十步远。一会儿老狼回来了，进窝一看小狼不见了，十分慌张。这时，一个牧童在树上扭小狼的脚，揪它的耳朵，让它哀号。老狼听到小狼的叫声，仰头看见牧童和小狼，愤怒地冲到树下，边号叫边连爬带抓。这时，另一个牧童也在树上将小狼欺负得哀号起来，老狼这才发现了另一棵树上的小狼和牧童，于是也奔了过去，像方才一样号叫。而第一棵树上的小狼又叫了起来，它又返身奔回去，焦急得叫个不停。就这样，老狼奔跑不止，来回几十趟，脚步渐渐慢了，叫声渐渐弱了，累得奄奄一息，终于倒在地上，又过了好一会儿，一动不动。两个牧童下树一看，老狼已经死了。

文后的问题是：“这则故事告诉我们什么道理？”标准答案是：“当我们遇到比自己强大的敌人时，只要运用智慧，就可以战胜它。”——我大吃一惊，怎么能是这样的答案！从这个故事里，我只看到两个恶作剧过头的孩子和一只可怜的老狼（或许是狼妈妈）。

这种捉弄是“智慧”吗？不，它几乎可视作一种人性的恶。两个孩子并未受到狼的威胁，却主动去挑衅，利用老狼对小狼的情感，将它折磨至死。这是人主动与狼为敌。

那么，这则故事告诉我们什么道理？我对乎乎说，这个故事说明动物与人的情感是共通的，在动物身上一样有着对子女的舐犊之情。人不可利用这种感情去故意伤害动物——那并不是“善于用智慧战胜比自己强大的敌人”，而是用貌似机智的残忍去战胜另一个物种。

我想起汪曾祺先生写过的一则小随笔《狼的母性》，于是讲给乎乎听。文中有一段写游击队在山里行军，发现三只小狼被埋在沙坑里，只露出三个小脑袋。一个小战士感到奇怪，有经验的老战士告诉他，小狼出痘子，母狼就把它们用沙土埋起来，过几天再刨出来。结果，小战士把三只小狼刨出来背走了。这一下惹了麻烦，之后游击队到哪里，母狼就跟到哪里，然后蹲在不远的地方哀号，一号叫就是一夜，小战士又不能开枪射击，怕暴露目标。号叫了几夜，小战士终于听了老战士的劝，把小狼放了。

“物伤其类，秋鸣也悲”，生命是平等的，我相信蒲松龄先生写这则故事并不是为了说明人拥有比动物高级的智慧，而是怀着对那只为孩子死去的老狼的悲悯。

乎乎说：“可标准答案就是这样，我如果按你说的写，老师会判为错误。”“那么宁愿被判错，也不能写明知是错的答案。”我开始在网上搜索，这道题给出的答案多是如此“标准”，只有一个网站的答案是：“这篇短文告诉我们，对像狼一样的坏人，我们要敢于斗争、善于斗争。从爱护动物的角度看，两个牧童的行为属恶作剧，过于残忍，不值得提倡。”总算，最后一句和我的想法一样。

刘瑜在写给女儿的信《愿你慢慢长大》中说：“我希望你是个有同情心的人，对他人的痛苦——哪怕是动物的痛苦——抱有最大限度的想象力，因而对任何形式的伤害抱有最大限度的戒备心。”我不知道，我们这种同情是否属于“妇人之仁”，但我想，这更应是“人之仁”。

从阅读理解题的“标准答案”再说开去。乎乎对阅读理解题向来犯怵，因为他的答案常和“标准答案”不一致。老实说，当下语文教学的许多阅读理解题乏味而惯用套路，大多是为了说明一个“高大全”的人生道理。

周国平曾出过一本书《试卷中的周国平：对标准答案说不》，他质疑，如果阅读理解题的标准答案是作者自己也不容易猜中的，那么，所谓标准答案的根据是什么？“语文阅读理解之所以要有标准答案，自然是为了方便打分，避免产生歧义。发展到极致，就是看得分点，以此判断对错。这一方面说明，标准答案确实是出于规范化考试的需要；另一方面又表明，阅读理解已经偏离了‘阅读’和‘理解’的本义。按理说，学生看完一则材料，应当从自己的角度分析文本，只要言之成理，就该得分。但依赖于标准答案的阅读理解，人为地限制了学生的理解能力与想象力。这对培养学生的阅读与欣赏能力，无疑是一种极大的破坏……归根结底，这又是应试教育体制导致的弊端。在应试化的思维下，任何考试都以成绩为主，以分数决定高下。这在扼杀学生想象力的同时，也会钳制老师的积极性。既然到最后是分数说了算，那么老师如果把更多的精力放在培养学生真正的阅读理解能力上，就会与应试化教育的模式相悖。”

我自己的散文随笔也若干次被选入各种教辅书和试卷，相应地出了不少阅读理解题，面对那些题，作为作者的我，也有点“蒙圈”。文本具有开放性，自然也没有固化的答案。有时，阅读理解题的标准答案往往连作者自己都意识不到——文本是充满奥秘的，就像一些彩色纸屑被制成万花筒后，折射出了各种可能性。

“本该是生动活泼的语文教育，难道就没有任何改革的空间？死抱标准答案的阅读理解题，难道就不能在题目设计上开放一些，更加符合这一题型的本意？身处教学一线的语文老师们，敢不敢走得更远一些，放手让学生自己思考与判断？”周国平的诘问引人思索。

语文教育不应只是让人记住年代、姓名、流派，并非对于“说明了什么道理”之类的问题给出标准答案。事实上，语文常常没有标准答案，它指向更辽阔的光风霁月、霞姿雪韵，指向更独立自由的见识、更丰富的人文意境，指向感受美好与情趣、辨别是非与善恶的能力——我想，这才是语文教育最终要达成的目的。

感悟手札

数学之美

游斯彬

大家好，我毕业于英国的华威大学，学的是数学专业。

我相信很多人一听到数学就会联想到无穷无尽的公式、定理、概念，背背背、算算算，特别无聊、特别无趣，对吧？

但是我今天在这里，就是想告诉大家，其实数学是一门无比美妙的学科，而且它蕴藏着伟大的力量。

我爱上了一个姑娘

它还可以跟爱情有关。

我上高中的时候，情窦初开。我们班上有个金发碧眼的女孩，特别好看，我十分喜欢她，但是我刚到英国的时候英语不好，而她性格又比较内向，我不知道怎么样与她接触。

直到有一天，她突然来找我问一道数学题。我特别高兴，觉得自己终于找到了可以接触她的方式。

于是，我开始苦学数学，用一年的时间把英国两年的高中数学全学完了。我期待着她每一次问我数学题时，我都能侃侃而谈。我要成为她数学上的依靠，这样就有了日久生情的机会。

临毕业时，我觉得表白的时机到了，不然就再也没有机会了。我开始思考，我应该怎样对她表白呢？说我爱你？太俗，配不上我高贵的爱情。于是，我就想能不能给她一次独特的表白，让她刻骨铭心。

我遍查典籍，发现当年大数学家笛卡儿在给瑞典公主表白的时候，写了一封信，内容只有一个方程，而这封信现在还存放在博物馆里，成为千古美谈。

笛卡儿的信上写的是“$r=a(1-\sin\theta)$”。

各位，有谁知道它是什么意思吗？

这位公主是个低调的数学迷，一眼就看破了其中真意。她优雅地在纸上画了一个直角坐标系，然后将曲线画了出来，于是一幅心形图案跃然纸上。

这是一种数学家独特的浪漫，实在是酷！

所以，我准备照猫画虎。我找来一张纸，也给她写了这个方程，然后满心欢喜地送给她。

可我千算万算没想到，人家数学本来就不好，我给她写了一个方程，人家以为我故意难为她，这件事就没成。

虽然失恋，但我爱上了数学

虽然姑娘没有爱上我，但我因此爱上了数学。

数学的美无法言说，它拥有揭露宇宙星辰奥秘的力量，是一切科学的基础，以至被称为“万物之理”的物理学，也得管数学叫“爸爸”。

在 21 世纪之前，牛顿被认为是世界上最伟大的物理学家，在他去世之后的 160 多年里，大家一致认为，在广袤的宇宙空间中，上至星辰大海，下到汽车轮船，没有什么是牛顿的理论解释不了的。

直到 160 多年后，科学家突然发现了一个震惊整个物理学界的现象。

按照牛顿的理论，如果我们在移动的过程中向前方扔一个球，那这个球的速度一定快于在原地投掷它。光也是如此，如果我们乘坐光速飞船，然后向运动的前方投射一束光，那这束光的速度应该快于在原地投射一束光。

可实验结果显示，光的速度是不变的，与光源的运动速度无关。

所有的物理学家全蒙了，这怎么可能呢？因为这意味着牛顿构建的“物理大厦”出现了问题。

大厦将倾，就像我们辛苦盖起的摩天大楼，在封顶的前一刻，突然发现地基出现了问题，怎么办呢？所有人都不知道答案。

直到一个叫爱因斯坦的年轻人出现，才发现了问题的根源所在。他清楚地知道，要解决这个问题首先需要一种数学工具。于是他花了 10 年的时间去重修数学，而这门数学就叫作黎曼几何。之后才有了现代物理学里的广义相对论。

在此刻，何为数学？

它是扶将倾之大厦的力量，它能力挽狂澜。而后来，它又将人类带到了一个全新的领域，向我们揭示，原来这世间真的有时空穿梭的可能。

数学，胜过百万雄兵

说到这里，可能会有人说，数学不就是一门工具吗，有什么了不起的，孔子还说“君子不器”呢。那我告诉你，如果这门工具用好了，它能胜过百万雄兵。

1943年是第二次世界大战的关键节点，英美联军与德国纳粹在北大西洋上进行着激烈的角逐。

英美舰队的运输船时常受到德国舰队的袭击，被击沉率高达25%，数以百万吨计的物资无法及时运送到前线的将士手中，而这是一场决定双方生死存亡的战役。

万分危急之下，英美联军统帅急调了一批数学家来到指挥部，看他们有没有什么办法。

一批精通统计的数学家来到前线，经过一番调研发现，其实德国军队压根不知道英美舰队的准确出航时间，他们只是以很高的频次在海上巡游，以期有更高的概率遇上英美的舰队，从而进行打击。

那此刻最好的办法是什么呢？一定不是分散出行，而应该是集中出行。

举个例子，如果有五个小孩犯了错误，他们分别回到自己家里，那老师去哪家抓人都会有所收获，一定一抓一个准。

但是如果五个人都躲在其中一人家里，那每个人被抓住的概率就只有20%了。

所以，联军统帅紧急修正方案，改分散出行为集中出行，所有的舰队共同驶出港口，一起通过危险区域，集中火力掩护运输队伍，然后各自驶离。

这一举措成功地将被击沉率从25%降至1%。

这门学问在英语里叫作Operational Research，中文叫作运筹学，取的是“运筹帷幄之中，决胜千里之外”的意思。

这时候，数学的力量成为国之兴亡的关键因素。

数学是我们脚下这片土地的未来

在先秦时，有一部叫作《九章算术》的数学著作，其中的负数概念在西方直到16世纪才见诸文字。

公元480年，祖冲之率先用割圆法将圆周率推算至3.1415926与3.1415927之间，这一成就领先了西方1000多年。

到了盛唐时期，我国已经掌握了高次方程的完整解法，而西方直到近代才得窥门径。

那时，现代数学的大门已经向我们敞开。

可是，到了明朝，统治者决定以八股取士，将数学从科举考试中剔除，于是万千学子再也无人将目光投向数学，我国的数学随之衰微，不进反退。

幸而在中华人民共和国成立以后，一批一批的数学巨匠归国报效国家。

他们兴办学校，发展数学，为祖国的现代科学发展打下了基础。

他们是谁？他们中有华罗庚，有陈省身，有苏步青。

今天我们看到国家科技之强盛、技术之进步，正是这些大师所打下的根基。

如今我们最常听到的三大技术是：云计算、大数据和人工智能，而它们都与数学有着密不可分的联系。

信息革命的背后其实是以数学为根基的革命。

所以，何为数学？

数学是通往星辰大海的密钥，是国防科技的护盾，是我们脚下这片土地的未来。

数学是一门伟大的学问

可是，数学这般伟大，若你身边真的有一个人对你说，他热爱数学，要投身于此，你们会以怎样的目光去看他呢？

可能会有人问他：“你学数学，能赚钱吗？能买房吗？买得起车吗？养得了家吗？你想成为华罗庚，天下有几个人做到，而你凭什么？”

你知道吗，当这种话听得多了，人就真的会怀疑，会觉得自己真的不行，会觉得这门学问真的没有用，并因此而错过。

我就是这样的。我曾经立志成为一名数学家，可是后来离开了。听到这样的言论甚至指责，我屈服了，所以数学于我而言成为深深的遗憾，而且随着年龄的增长，这种感觉愈发强烈。

而此时，我之所以在这里跟大家谈数学，是因为我不希望这种遗憾再次发生。

我想说：如果你身边真的有一个人热爱数学，请你不要打击他心中那颗小小的种子，请你让它去发芽、去生长。很多最终改变了这个世界的东西，最初看起来都并不是那么有用、那么能挣钱。

同样，如果你热爱数学，请继续在这条道路上拼搏。我想告诉你，请你坚持下去，若有人再次质疑你，请你理直气壮地告诉他——数学有用，而且它是一门伟大的学问！

感悟手札

美国老师的“胡写”写作训练法

逃妈

美国小学生的期末考试有三项：数学、阅读和写作。和东亚地区的语文考试不同，他们没有错别字、组词、造句之类的练习，只考阅读和写作。这看起来简单粗暴，细想却相当实用，毕竟语文学习最终就是为了阅读和表达。

所以呢，写作对于美国孩子来说是一门从小就得开始“死磕”的技能。它比阅读要高阶，阅读是输入，吸收知识；而写作是输出，某种程度上是一个创造知识的过程。打个比方，阅读就像在餐馆吃饭，别人已准备好菜品，咱们需要做的只是吃好、消化好、吸收好，或者最多在点菜选品上花点儿小心思；而写作像是你要为他人准备、烹饪一道佳肴或一席盛宴。

吃饭和做饭，难度高下显而易见。想让孩子喜欢上写作并不容易，美国整个小学低年级阶段（三年级以下），老师在课堂上对写作的引导基本上都是围绕一个主题、解决一个问题——培养写作兴趣。所以不设难度、减少障碍，只要孩子想写、能写，甚至可以“胡写”。

不管写得对不对，只要写出来

美国孩子的写作，从学前班阶段（kindergarten，5—6岁，相当于国内的幼儿园大班）就会开始。这时的写作分为两部分——画和写，作文本的每一页都是标准的上下结构——上方作画，下方写字。

孩子可以通过画和写两个维度来展示自己想表达的，互为补充，不会写的字，写不出来的话靠图画，或者用其他方式来表达。检查作业的老师也会结合孩子的画和文字来理解其想表达的意思。

刚开始写作时，只要孩子愿意画、愿意写，都会受到鼓励，老师不会纠结于书写版面、单词拼写和句子是否通顺完整。

练习一段时间之后，大概在一年级左右，老师会开始要求书写格式，如句子的首字母是否大写，单词和单词之间有无空格，句末有没有打标点之类的。这时的作文本除了画和写两部分外，往往还会有个作者清单，提醒孩子在写作过程中注意自检，养成好习惯。

到了更熟练的阶段，老师才会开始纠正孩子文章里的单词拼写错误。

不管写得通不通，只要写得久

美国低年级课堂上有一种写作训练方式叫作“Writing Stamina”，专门用于锻炼孩子的写作“耐力”。

具体做法是：老师设定时间，然后给出一个特定话题，打开定时器，让孩子在同一时间开写，孩子在这个规定时间内得就着这个话题不间断地写作，不管写得怎么样，都要一直写。

如果有很极端的情况，比如，实在想不到要写什么了，就把写好部分的最后一个单词或一句话不断地重复写，直到有新的思路或者规定的时间已到。定时器响了之后，老师会多给 30 秒让孩子把写到一半的句子写完整，然后停止。

这个训练的目的在于培养孩子能安静地写上一段时间。因为无论做什么事情，都得有一定的时长和足够的投入，才有可能感受到其中的乐趣。

即使孩子已经想不出要写什么了，不断地重写最后一句话或一个字也能让他继续保持“写作”状态，同时心里有紧迫感，促使自己努力思考关于这个话题的更多内容。

在这个练习中，老师不太关心孩子的作文写得怎么样，但会逐步增加训练难度，并让孩子记录自己每次能坚持连续写作的时长。

不管写得好不好，只要写得快

和“Writing Stamina”写作耐力相对应的另一个练习是“Writing Fluency”，

目的是锻炼孩子写作的流畅度。

同样地，老师指定一个话题，然后设定一个比较短的时间，比如，就只有一分钟，让孩子就这个话题尽可能地多写，时间到了之后，数一数写了多少个单词。班级小组间还可以相互比赛，看谁写得多。

经常做这样的练习，可以帮助孩子增加在单位时间内写出的文字长度，有定时、偶尔还有比赛的训练，更能激发孩子的潜力。这看起来是练速度，实际上是训练写作的流畅度，因为要写得多，思路、语言一定得非常流畅，不能中途卡壳。

以上三个小学低年级的作文练习中，老师都不是特别看重孩子的作文质量，而是希望通过这样的方法，让孩子不用担心写得对不对、写得好不好，把脑海里所有想说的话先“掏”出来，让孩子对写作文产生兴趣。

当然，总的来说，写作文是一件蛮困难的事情，能让每个孩子都爱上写作并不容易，但只要做到不讨厌、不排斥，就很不错了。之后，就是在写作过程中慢慢去体会其中的乐趣和成就感。

所以，孩子愿意写，有东西可写，还有好的耐力能写得长，其实是非常好的现象，应该大加鼓励。至于写得好不好，是下一个阶段要解决的问题，因为要写好一篇作文，初稿出来后还有很多工作要做。不知大家有没有类似的感觉，写文章时如果老追求构思完美什么的，如怎么开头、怎么结尾，怎么写得生动有趣、引人入胜，结果很可能就是迟迟动不了笔。不如试试上面的“Writing Stamina”“Writing Fluency”的方法，不管三七二十一，先把所有想到的、想说的都写出来，有了初稿后所有素材都在，再慢慢修改时心里就不慌了。

这种训练方法很适合“作文困难户”孩子，而爸爸妈妈们在工作中写提案、写报告时，也不妨试试。

感悟手札

公主，是永远成不了女神的

郭佳

所谓女神，就是天生拥有权力，无须他人赋予；天生就被尊重，无须证明自己。

作为一个 12 岁女孩的母亲，我把现实中的女性和女神关联起来，其实是在舆论的包围下，不得已而为之。

我不得不用这样的方式告诉女儿：“你是女神，别人的爱虽然美好，但远不及你对自己的爱珍贵；别人的膜拜能满足虚荣，但一定要让膜拜成为别人的事，你不需要别人把女神的标签贴在你身上。”

有意思的是，“女神节”也出现在女儿的词汇表中。几天前，我和女儿夜谈，女儿问我：“妈妈，你上学时，是校花吗？”

我说：“不是。”

女儿又问：“那你是女神吗？”

我心想，校花和女神有啥区别？被称作“校花”应该是因为美吧，那被称作“女神”就不仅仅是因为美吧。她等着我回答，我沉吟了一会儿，回答：“是，妈妈是女神。”

她听了也不奇怪，倒是我，有那么一瞬间很害羞，赶紧补充一句：“校花是别人评选的；而女神，是不需要别人封的，你觉得自己是，那你就是。”

12 岁的她对我的补充不以为意，但在养育她的过程中，尤其是这几年，我深深地感觉到，每一个不经意的信息都可能被她吸纳，成为她的价值观的一部分，所以我必须谨慎。

什么是女神？网络上的解释语焉不详。

女神即女性神明。许多文化中都有对女神的信仰。最早用来表示女神的埃及象形文字代表的是“权力”。在当代社会，女神常指能极度吸引男性的性感女生，或指让男人有好感的女性。

女神，一部分含义深深隐藏在文明初期的迷雾中，另一部分则包裹在现代两性关系和浓浓的商业气息中。尽管女神的含义如此暧昧不清，但时至今日，我还是想把它引入对女儿的教育。为什么呢？因为我想让强大的女神，对抗乃至驱逐深植人心的“公主观念”。

在很长一段时间里，女儿想要做的是公主，我和家人也尽力给她公主般的待遇。但说实话，若能从头来，我会把公主这一概念从教养方式中剔除，直接把她当女神来养育。

这其实是一个思考的过程，我愿意把其中的曲折分享给大家。

公主，是女孩心智中一个愚蠢的植入吗?

女孩被称为公主，这再正常不过，但公主这个词有“毒”，毒到引起教养方式的偏差，毒到影响女性的自我认知。

我们一起来研究一下这个词。

公主，是皇权体系下的称谓，在中国，没有公主变成女皇；在欧洲，公主成为女王的事情十分普遍，这和女人地位的提升毫无关系，在本质上，都属于“黑天鹅事件”。

而时移世易，今天，为人父母者都不假思索地把女儿当公主对待。假设一个家庭是一个小小的王国，那么女儿就是这个王国的公主。如果一个男性用“我的小公主”提及女儿，那他会被认为是好男人、好父亲。女孩，哪怕是小女孩，也会觉得当公主是一件大大的好事。

我举两个例子，第一个是我女儿的故事。

女儿四岁时，我离婚了。几个月后，她渐渐明白，爸爸不再和她住在同一个屋檐下。全家人都努力地告诉她：“爸妈离婚没有谁是错误的，重要的是，这件事不会影响爸妈对你的爱。”我和她的爸爸也一直保持着良好的关系。但那段时间，有时是临睡前，有时是走在某处，她会重复地问我一些问题：“妈妈，爸爸是咱们家的国王吗？”

“是。他是咱们家的国王。”

“爸爸是国王，那我就是公主。对吗？”

“当然，你当然是公主。”

这个重复的话题让我意识到，四岁的她在心中已经建立起了一个逻辑体系：家与家庭关系合在一起，就是一个权力单位，而爸爸是这个权力单位里的王。如果爸爸不是国王，那么她的公主地位也就没有了，她是在用爸爸来定义自己的地位。

遗憾的是，我那时候还没有意识到“公主”有“毒”。

再讲一个故事。

女儿有一个同学，姑且叫她关关吧。

关关的爷爷是退休的企业老总；爸爸应该是高管；妈妈是专业舞蹈演员，身材好，脸蛋也美，在人群中属于自带聚光灯效果的那种人。关关遗传了妈妈的美丽，也是人群中引人注目的角色。

但让她“出众”的，不只是外表。关关外向、有进攻性、蔑视规则、胆大——这是性格；在班级里，她走路时总是扭来扭去，面孔朝上、翻白眼、撇嘴——这是做派。更“了不起”的是，她是班级事故的制造者，几乎天天打架。

有两个细节值得注意：关关的爸爸特意送女儿去学跆拳道，就是为了让女儿敢于出手、敢于打人；他还教导关关，“记住，你是公主！男孩都很皮，对他们不要客气！”

公主关关，在班里很霸道，不但武功“出众”，还懂得计谋，尤其擅长联合一个人打击另一个人。我女儿也被她打击过，但不知不觉又和她成了朋友，跟着她一起蔑视规则、一起疯，直到关关转学去了国际学校。

我也曾担忧过，但转念又想，让她自己去领略女孩江湖的个中滋味，未必不是好事。

有一天，关关回学校探望大家，在当晚的饭桌上，女儿照例带回了关关的新故事。

关关在新学校遇到一个女孩，想跟她交朋友，但女孩说要考虑考虑，甚至发微信朋友圈说：“希望我没有伤害到你，我就是觉得我们不适合成为朋友。”对此，关关说：“哼，这种女生，家里有钱，天天都穿很暴露的衣服，勾引男生，不和她交朋友也罢！”

我听了以后笑笑，说：“看来，一个公主遇到了另一个公主，她们并不和谐。”一个12岁的女孩竟然会以如此刻薄甚至恶毒的言语，来评判另一个12岁的女孩。饭后，大家悄悄提出两条建议：第一，务必想方设法让我家小公主和关关大公主绝交；第二，认真清理关关对女儿的不良影响。哪些不良影响呢？以挑战规则为乐，过于注重外表，炫富并以财富来评判他人等。

我承认，上述倾向在12岁的女儿身上都有显现，但我并不觉得这些倾向都来自关关。

关关的诸多毛病可以概括为“公主病”。公主当着当着就有了“病”，能怪的，只有家长。反思自己，我也曾努力把自己的孩子培养成一个公主。

我给她看了那么多有关公主的童话。

《睡美人》里，公主睡了100年，就为等待王子的到来。

《海的女儿》里，小美人鱼是海底世界的公主，但到了人间，不过是一棵野草，如果没有王子的爱，她就变成了泡沫。

《白雪公主》里，公主历尽艰险，最终遇到王子，过上了幸福的生活。

最“奇葩”的是豌豆公主，因为能感受到20层床垫子和20床鸭绒被下面的一粒豌豆，被验明正身，有了一个好归宿。

童话没有意外，公主只能遇见王子。

我还有意给女儿看过两部电影：一部是《茜茜公主》，另一部是《罗马假日》。两位女主角比童话里的公主形象饱满丰富，她们能有超一流优雅的举止，也能像市井女孩一样顽皮，甚至偶有粗野的举动，但最终她们都谨守正途，仍然是嫁给了王子。这是公主的命运，也是公主的责任。

什么是公主？有一个拥有王权的父亲，接受过贵族式教育，承担着责任与义务。她貌似拥有全世界，但唯一没有的，就是定义自我、选择生活的自主权。

听着童话长大的女孩，难免会做着相同的公主梦，幻想遇到白马王子。但这些女孩终究会长大，会成为妈妈，继续给自己的女儿讲述公主的故事。专制的王权成为过去，人人生而平等，人们为女性主义、女权主义奋斗多年，但对公主的“迷梦”不但没有消失，反而从王室蔓延至市井。

女孩小的时候被爸爸宠，长大了被男朋友宠，再大一点被丈夫宠——一辈子是小女孩，一辈子靠别人的珍视来宝贝自己，一辈子活在小公主的二次元世界里。无论是“软妹子”，还是“女汉子”，难免都有这样的想象，甚至女孩的父母也会不自觉地以此来筹划女儿的幸福。

再说说我自己：在教育上，我用精心挑选的优质资源培养女儿，用现代版的琴棋书画武装她；在精神上，我时刻规范自己的言行，尊重她，平等地对待她；在物质上，我力所能及地给她最好的，还要刻意制造“延迟满足”的机会，以锻炼她的心智和个性。

但我的内心常常陷入焦虑和恐慌。这种阴影，从远处来讲，是人类群体对未来不确定的恐惧；从近处来讲，就是担心不能跻身某个阶层，不能被那百分之几的人认可的社交恐慌。

说到底，我为社会输出的，是修正了的“中产 + 书香版的公主”。

我惊讶的是，像我这样自诩一直读书、一直思考人生、一直追问教育真谛、一直独立、一直工作的女性，竟然等到今天，才从公主的“迷梦”中醒来。是我愚钝，还是公主这服“迷药”太强大？

当我看破了“公主”，我才明白，公主是永远成不了女神的，因为公主永远在权力的秩序里面，无法逃脱。

理解了这一点，一气之下，我决定从现在开始，把女儿当女神来养。

感悟手札

中国式家长：“逗你玩”与不许爱美

西西

时隔多年，那一刻的局促和难过，我依然记忆犹新。妈妈和她的几个同事坐在沙发上哈哈大笑，而我一个人蹲在地上，低着头，眼泪“吧嗒吧嗒”地掉在砖头铺成的地上，然后迅速渗入不见。

她们在开玩笑，说我不是妈妈亲生的。妈妈也附和着，说得很起劲儿。而小小的我蹲在地上，蜷缩着身体，一边无声地哭，一边用树枝在地上画来画去，头都不敢抬起来。我心里想的是：“我该怎么办？我要到哪里去才能找到我的亲生父母？”而我的拘谨让她们感到更加兴奋和欢乐，她们围观我，大声喊道：“你们看，哭了，哭了！”

虽然我当时年龄很小，但内心十分敏感，隐约知道，既然我不是人家亲生的，那人家就没有爱我的义务。那一屋子坐着的、笑着的，都是和我没有任何关系的陌生人，她们都在嘲笑我、排挤我。可我还这么小，我要怎么办才好？

如今，我已为人母。有一次看到一篇文章，写中国式家长“逗孩子”的方式，就是“我侮辱你，但你不许哭”。我忽然情绪激动起来，问妈妈当时为什么会那样对我。她无辜又无奈地看着我，说：“当时大家都那样啊！”

可我还是觉得很伤心，为当年弱小无助的自己感到心疼，为她们“逗孩子”的出发点感到愤怒。

我看着自己的孩子，心里想：“你有一个敏感的妈妈。这可能会给你带来无数的烦恼和困扰，但这至少有一点好处，就是她会深深记得自己曾经受过的委屈和伤害，会更加在乎和理解你的感受，绝对不会用那样的方式来对待你。”

初中时有一次，我正在对着镜子洗脸，我妈从旁边走过，看着我，语重心长地说：“你可别以为自己很漂亮……”

我当时就气“炸”了，觉得万分委屈：我只是在早晨如往常一样洗一把脸，你怎么就能走进我的内心，看出了我心里压根儿没有过的想法，并且以此评判、教训我？

追求美、展现美，在当时被很多人认为是禁忌，甚至是不道德的。

记得那时学校有一名音乐老师，特别爱美、爱音乐，经常穿着自己设计、裁剪的裙子弹钢琴，试图给我们传达音乐的美。

可那时，包括我在内的孩子都看不惯她，背地里叫她“妖精”，甚至为她比我们高两级的儿子感到羞愧。是的，在那个年代，在那座落后的小县城，她实在是太特立独行了。

就像我们对她的态度一样，我们的父母也在用同样的态度对待我们。打扮是禁忌，想变得更美是思想不健康，挑衣服、戴首饰，那简直是有了早恋的苗头……那时的人当然没法追求美，一方面是受到物质条件的约束；但影响更深的，是那种对爱美天性的否定、打压……所以我到了现在还是不太会打扮。

当我生了一个天生特别爱美、最想过的节就是“裙子节”的小姑娘时，我虽然惊讶于她不知从何而来的天性，也惊慌于跟不上她的审美，但我还是尽量配合她。至少我不会说：“你这样爱美，不对。”

我找到当年那位音乐老师最近的视频，看到已年过六旬的她身材还是保持得非常好，在退休后还积极地组织老年合唱团，在参加比赛的时候给他们当指挥，我心里非常感动。我想，她这一生，过得真明白、真勇敢、真美好。

“Look at you！ You are a star too！（看看你，你也是个明星啊！）”

这句话是一位美国父亲对他女儿说的。前几年我在美国洛杉矶的好莱坞大道恰好听到。女孩六七岁，她一边走着一边感慨：“爸爸，你看那么多明星，她们都好美啊！”在路上，走在她身旁的父亲，就马上用夸张却坚定的语气，用刚才那句话回应了她。

女儿听到父亲不遗余力地赞美她，露出了羞涩却满足的笑容。而我站在旁边，愣愣地看着我先生：“哇，原来他们真是这样夸小孩的……”

在我的记忆里，我的父母很少这么自然而且由衷地夸赞我。特别是我妈，不管我考了多好的成绩，她对我说得最多的一句话，永远都是：“不要骄傲，要谦虚。”哪怕在我还不知道什么叫“骄傲”的时候，一种要缩手缩脚、不要在人前大声讲话的气氛，也已经漫过了我。

最令人无语的是，这种“谦虚”，也成了父母生活的日常。发挥到极致，就会深深地影响到孩子。比如，为了表现自己的谦虚，他们从不在别人面前夸赞我，就算是有人当着他们的面夸赞我，他们也会再说出我更多的缺点，作为“礼貌”“得体”的回应。

好像只有我“犯错”、让他们失望的时候，他们才会说：“我女儿从小到大这么优秀，为什么……”而我一脸茫然：“真的吗？你们真的是这样看待我的吗？”

所以，我每天都会对我的孩子说很多句“我爱你”，并告诉她：“不管发生什么事，爸爸和妈妈都永远爱你、支持你。”而她，总是会心满意足、神情自若地拍拍我，说：“知道啦！”

感悟手札

最好的教育

罗振宇

大学生去偏远乡村当一段时间乡村教师，这叫“支教”。

本来是一件大好事，但是这几年也有人说，大学生支教的时间很短，给当地孩子展示的外面的世界很精彩，结果反而让孩子受到精神刺激，最终事与愿违。

最近我听说的一种支教方式就很好，大学生去偏远乡村，就干一件事——给孩子做职业认知培养。

比如，四川大凉山地区，太封闭落后了，当地孩子只知道三种职业，就是农民、开小卖部的和司机。

支教的大学生通过演小品的方式告诉他们，世界上还有其他职业，比如，警察，告诉他们这个职业是干什么的。你不是跑得快吗？练好身体，将来考警校，就可以当警察。

这种支教方式，非常具体地点燃了孩子的希望。

什么才是最好的教育？不是给人看最好的景色，而是给人可以努力的目标。

教育孩子，不管穷养、富养，都不如教养。

感悟手札

养孩子的焦虑

押沙龙

人到中年，生活里有的可不光是盘串儿、保温杯和油腻，还有很多切实的焦虑。在我看来，这种焦虑是不可避免的。我们似乎生活在一个试探性的年代，对周围的一切都没有把握。同父辈相比，我们似乎感受到了一些新的东西，多了一些想法，但对这些东西我们又不够坚信、不够确定，热情里难免掺杂着怀疑，走几步就不免逡巡着找退路，当然就会焦虑。比如，孩子的教育问题。我周围的同龄人里，似乎很少有不为此犯愁的。这个问题不解决，保温杯里的枸杞水喝着都少了些滋味。

这一代的家长对养育孩子往往有种神圣感。我当初就有这种感觉：一个孩子的生命交托到你的手里，你要负责这个生命的成长，培养他的性格，塑造他的灵魂，这是一种多么神圣的责任啊。但养了几年孩子才慢慢明白，这真是有点自己给自己“加戏”。你没那么大作用。你对孩子的种种希冀，希望他拥有的种种品质，无非是你自己的胡思乱想而已。孩子不是一张白纸，他们带着自己的性格、灵魂来到世间。你无法规划他的成长，也无法塑造他的灵魂，能做的，无非就是观察和引导，尽量让他的性格往好的方向发展而已。比如，天生外向的孩子，要尽量让他外向而能自省；天生内向的孩子，要尽量让他内向而不孤僻。但你无法让他做出根本性的改变。你不可能将他培养成为什么样的人，你最多是帮助他顺利成为他本该成为的那种人。

但如何引导，如何帮助？这也让人焦虑。当初我看过很多育儿书，如《好妈妈胜过好老师》《窗边的小豆豆》《爱与自由》《教养大震撼》等，有了一肚子育儿理念，觉得养孩子如烹小鲜，只要方法对头，并不难啊。

可理论都是平顺的，现实却总是疙疙瘩瘩。一旦理论进入现实，往往显得格格不入。时间长了，我慢慢感觉到，那些书本提供的多是一种价值偏好，不能被当成操作指南。比如，面对不认真写作业的孩子，书上就建议，应该取消他们写作业的权利。“‘学习是件好事，看来你不想学习。’所以，我把作业本卷在手中，口气确定地告诉他，‘我想取消你写作业的权利，以后不许你再写作业了！’”

这样据说能让孩子把写作业和“奖励”联系起来，用“逆向思维”来刺激孩子写作业的热情。

这样做原则上可能是对的，但很多家长还是不太敢做这种尝试。我也不太敢。事情要是不按书上讲的那样发展呢？如果孩子真的实心眼儿，放下作业，欢欢喜喜搬凳子看起电视来，家长该如何收场？难道过半个小时再觍着脸过去宣布，“你看电视看得很认真，值得表扬，所以我决定恢复你写作业的权利”？

而且那些育儿书里的家长，几乎都是神一样的存在。他们从不暴怒，从不咆哮，永远是笑眯眯的，既宽容又坚定。但实际上，我们都是肉身凡胎，总会急躁，总会忍不住扯大了嗓门发脾气，有的甚至在辅导孩子做家庭作业的时候忍不住犯心脏病。养育孩子的过程总是伴随着各种焦虑、各种挫折感、各种自我怀疑，不确定自己这样教育到底对不对。

焦虑是难免的。父母总是患得患失。他们也许希望孩子特立独行，但又不知道孩子的心理能否强大到可以忍受被孤立；他们也许希望孩子别让课堂上的东西教蠢了，但又不知道会不会让孩子过早地产生认知混乱，无所适从。在现实中，父母总是要代替小孩子做出很多决断，光是这样就足够折磨人了。世上有不少朋克青年，但很少有朋克父母，这是因为自己往世界脸上吐口唾沫还容易些，替别人往世界脸上吐唾沫就难多了。更何况我们这些父母大多不是什么朋克，只不过是捧着保温杯的油腻中年人呢。

很多时候，我们不知不觉地变成了以前自己讨厌的人。不知有多少文青家长以“我只要你做你自己”开始，以“别人家的孩子”结束；以“我不希望你出人头地，只希望你有个有趣的灵魂”开始，以周末奔波在各种课外班结束。

我们不是不懂那些道理，只是不能克服那份真实的、沉重的焦虑。我们不是不明白孩子所拥有的是一个独立的灵魂，但是我们的人生经验从来没有教会我们如何真正去理解一个独立而陌生的灵魂。而这个世界也是让人迷惑的，似乎没有什么价值是可以统摄心灵的。我们习惯于对孩子说“我只希望你有快乐的人生”，可什么是快乐的人生？看看《夏洛特烦恼》那样的电影吧，让自己重活一遍，我们都找不到快乐，又如何把它交托到别人的手上？何况，只有快乐没有痛苦的人生，是否值得一过，我们也没有把握。在孩子面前，我们可以装作什么都懂。其实我们并不懂。我们并非不明对错，只是不确定对与错能延伸到哪里，更不明白它值得我们战斗到什么程度。我们只是焦虑。

感悟手札

当你开学时，这世界已经很老了

周轶君

回望拍摄《他乡的童年》第一集日本、第二集芬兰，万千思绪不知从何落笔。桌旁刚好是唐诺的《尽头》，有一页被我狠心折过，是他讲日本墓园里为何满是王维的诗。"日本的美学从根本上是王维的，比起中国人，日本人把王维推崇到极致，使用得更全面（包括他们写十七个音的俳句，微型之诗）……"文末，他引用了英国人切斯特顿写给朋友的诗："我的朋友，当你我年轻的时候，世界已经很老了。"

这句话，几乎概括了我拍摄《他乡的童年》全部六集之后的感受：当我们讨论童年时，这世界已经很老了。我们对教育感到焦虑，常常因为我们只看得见眼前那一条笔直而狭隘的所谓"成功"、所谓"人生"的标准道路。可是，这世界苍茫辽阔，繁华幽深，童年的眼睛本来最能与之相通，并探究其秘密。如果从童年开始，就被送上一条人为的"成功"传送带，一个劲身不由已地往前赶，那岂不是一笔生命的糊涂账。而且，请放心，我接触到的那些看闲书、兴趣不主流的孩子，大部分成绩都不差。他们在阅读世界。

开学季，首先愿你认识自已，认识美。这是日本与芬兰的教育教会我的事。

芬兰是精神上距离日本最近的欧洲国家。早前看过一部电影《海鸥食堂》，讲的就是三个日本人去芬兰开咖啡餐厅的故事，里面详尽讲述了两国之间的“相看两不厌”。拍摄的最后一天，我还去了那家真实存在的“海鸥食堂”，里面坐满了慕名而来的日本游客。芬兰的设计、动画在日本非常受欢迎。

日本家长也面临择校的问题。孩子两岁时开始申请学前班，妈妈们也要拿着攻略四处打听，早早报名。而芬兰，相比之下就没有太多选择，父母向当地政府申请，政府会安排他们的孩子去邻近的学校。因为他们相信每一个学校都一样好。当地人告诉我，父母心里也会有“小九九”，暗暗给学校排名，不过说实话，差距没那么大。

无论在日本还是在芬兰，教学设计首先都要回答“究竟为何而教”这个问题。在日本拍摄的两家幼儿园——莲花和藤幼儿园，虽然风格不同，但都在把孩子教成“社会的人”，希望他们首先做一个强悍的个体，这样才能成就一个更好的集体。而芬兰，更是以“回到生活真实话题，打通学科分类”的现象教育著称。课堂上讨论、解决的是现实生活中的问题，学到的不是“知识点”，而是融会贯通的“知识”、能够反哺生活的认知。

好的个体，第一步要认识自己、感受自我。

在日本莲花幼儿园，孩子们一早起来要花一个多小时晨练，不分寒暑。在我们拍摄期间，有天早上下雨，沙地上（日本幼儿园标配，没有塑胶跑道）积了水，孩子们就玩起了泥巴。他们小手小脚都沾满了黑泥，可是没关系，操场旁就有水龙头，回教室前冲洗干净就好。之后，课间、午餐后还有户外运动。这家幼儿园曾经有60年“赤裸上身”的历史，虽因舆论压力停止，但至今仍鼓励孩子“薄着”，即少穿衣服。园长说，肌肤与空气无碍接触，孩子更能感受自己的身体。从小感知自我极其重要。“薄着”是一种习惯，不用害怕孩子被冻坏。而可能是独生子女等原因，中国家长似乎特别容易“担忧”。莲花幼儿园孩子的球鞋鞋柜里，每天都排列着孩子们的球鞋，上面写着名字。飘雨那天，鞋柜上突然多了一双孤零零的中筒雨靴，上面写着一个中国孩子的名字——从姓氏可以看出。大概其他日本家长都没觉得早上下一阵雨需要什么防护。我丝毫没有嘲笑那位中国家长的意思，反而顿觉亲切——那不就是我自己吗？

藤幼儿园设计师手冢贵晴为鼓励孩子们爬树，在树下安装了安全网。即便如此，我还是会想起女儿爬高时，我的第一反应永远是“下来！危险！”设计师手冢认为，最好的童年是“孩子自己有选择”，就是说，由孩子自己来决定想干什么，能够探索到怎样的边界，而不是任由家长“担忧”，为他们设限。家长只要织好那张安全网就好。

莲花幼儿园的大运动量，在日本并不特殊。日本幼儿园的体能训练受到普遍重视，因为幼时的体育锻炼影响长远。所幸我的童年还没有被“补课”大潮吞没，每天早晨我都跟妈妈跑上至少一公里，终点的幸福是在一家羊肉面馆吃早餐。可能正因为如此，在密集拍摄的旅程中，我有时一天换一座城市，甚至直上直下青藏高原，都挺过来了。

芬兰课堂的幸福秘密，也在于作业少，户外活动时间长。他们每天有长短不一的课间休息，最长的一次是 45 分钟。他们认为孩子每日专注学习 6 小时，注意力就会达到饱和，继续“塞进去”就是无效的。在芬兰那样天寒地冻的北境，孩子们不论多厚的雪都会跑出去活动。

虽然好的教育都是因地制宜，由当地历史、文化塑造，但自小通过身体认知自我，不也是朴素的道理吗？

芬兰课堂里的自我认知，我接触到的是现象教育。九岁的孩子们要通过做手工、绘画、学习钟表等了解“时间，我，在其他人中间”这样宏大的主题。

通过用手掌丈量脸部，了解眼睛、耳朵的位置和比例，想一想什么样脸庞的动物可以在漫长的冬季生存下去；在钟表刻度中学习数学，以诗句记录当下。高潮部分则是在敬老院与老人们互相临摹脸庞，听他们讲儿时的故事。自然地，孩子们会在老人脸上看见皱纹——记录“时间”的纹理。当我在课后问孩子们在“时间，我，在其他人中间”这个主题之中学会了什么（以一个中国家长典型的“成果”导向思维），他们竟告诉我“说不上来有什么，但老人们讲起的童年故事非常有意思”。老师的回答更惊人：“不论怎么教，升到九年级的时候，他们都不会记得我教过的数学课，或者讲过的课本内容，但他们很难忘记今天与老人们的交谈。人只有在与他人的接触中、与他人面对面的交谈中，才能找到自己。没有与他人的关系，你什么也不是。”

好的教育，要从根本上理解“人”，进而理解“人与人”。无论莲花幼儿园，还是藤幼儿园，都强调孩子之间的互动，把每一件事情做到尽善尽美，尽量少给其他人添麻烦。永远要想到，你的举动对其他人会产生什么影响。个体之间的回声与共振，才能造就集体。藤幼儿园园长“关门”的那个例子解释了日本人的“完美主义”从何而来：一根用来拉门的橡胶条被故意做松了，以孩子的力气，门不能一次关严。然而门关不严的时候，坐在靠门位置的孩子会觉得冷，那么关门的孩子必须再去关一次，保证门严丝合缝——一个人做事是否完美，会对他人产生影响。如果每一个个体都能为他人着想，还需要“集体主义”教育吗？

芬兰人的害羞程度世界第一，并且不善社交。一所小学里，还专门设置了一块名为“交朋友”的大石头。你如果想找朋友一起玩，却羞于表达，可以坐在石头上，这样自然就会有其他孩子过来找你。这些学校可谓是费尽心思帮孩子们建立人际关系（不是功利意义上的人际关系）。

这种“人”生来就在“人与人”之中的观念，我最近也深有体会。2019 年 7 月底的旅途中，我接到外公去世的噩耗。我第二天推掉所有工作，回去参加葬礼。虽然外公卧床已久，这一天的到来并不意外，但我还是忽然感到了“时间是有尽头的”。因为你对时间的感受，正是来自你跟周围人的相对位置。当你熟悉的人、珍视的人都在，你会觉得一切静好，仿佛永恒。而当由这种关系构建的世界突然塌陷一角，生命的速度感就变了。

从日本到芬兰，我一路在体验他们对“人与人”的思考和身体力行。周围的人，不管你喜欢还是厌恶——他们存在的目的，不是为了达成你的目标，他们的存在构成了你的“时间观”，那个相对静止的小世界。

然后是美。美育，在芬兰与日本都是头等大事。

我第一天进入莲花幼儿园考察的时候，就被黑板上《论语》中的句子、松尾芭蕉的俳句、课桌上的《汉诗集》吸引。不需要孩子背诵，而是通过老师带领诵读，把诗的韵律带给孩子。老师快速翻动的字卡，重复美的品格：沉静、节制、真理，还有日语中意思更加广阔的“爱情”。藤幼儿园则是以“真实”来栽培美感：带着泥土的洋葱、迎风垂挂的茄子，还有两匹小马做伴。孩子们在接近于“禅”的氛围中自由跑动，感受阳光和空气。

“真实”也在芬兰小学的森林课中，它不但要孩子们寻找美妙的气味，也要他们主动触碰“恶心”的东西。没有什么是需要过滤的。芬兰的城市中，无处不在的美术馆、博物馆、图书馆都有让孩子玩耍的区域，艺术在生活中触手可及。孩子们从小被“美”款待，长大后才会将“美”回馈给社会。美育的目的，并不是要比较谁画画得更好，谁能在比赛中拿奖。芬兰人尤其排斥排名，排斥功利性的比较。

日本与芬兰的社会，在我们看来，并不是完美的，或许都过于安静有序，无处安放我们的“热闹”。可是万千世界，如果我们能取其精华而用，一切都值得去看、去想。因为“世界已经很老了”，每一道皱褶都蕴藏智慧。开学了的你，不要着急，不要只顾埋头赶路。

感悟手札

孩子不是我们的作品

洛里·哥特利布

每个人都知道，时尚能干、出任学校家长教师联合会主席、每天孩子回家都奉上牛奶与亲手烘焙饼干的妈妈，会培养出完全不同的孩子。

作为一名妈妈，我很想做对。但是，什么才是“对”的呢？带着这个问题，我走进书店。过去所有的研究——从约翰·鲍尔比的“依恋理论”到哈里·哈尔洛的猴子实验——都表明：如果你不能精确解读你的孩子，误解了他们的信号，或者给予他们的爱太少，几十年后，他们就很可能会走进心理治疗诊所。

后来，我作为心理治疗医生，主要工作就是重新当一回这些来问诊的孩子的父母，提供一种“矫正性情感经验”，让他们在无意中将早期被伤害的感觉移情到我身上，然后我再给出不同的回应。

完美父母

我头几个病人，几乎是教科书上的范本。当他们诉说不幸童年时，我毫不费力地就能将他们的伤心与成长经历联系起来。

但是，很快，我遇到了一个例外。这个姑娘 20 多岁，美丽聪慧，姑且称她为丽齐。丽齐说她感到极度空虚。令人沮丧的是，她找不出自己到底是对什么不满。她说她有一对“棒极了”的父母、两个出色的手足、支持她的朋友、极佳的教育履历、体面的工作、健康的身体、漂亮的房子。她的家族史上，没有患抑郁症或焦虑症的病人。

那为什么她老是失眠呢？为什么她总是犹疑不定、怕犯错误、无法坚持自己的选择呢？为什么她认为自己不像父母一直评价的那样“惊人”，觉得“心中总有一个空洞”呢？为什么她感觉自己“飘忽不定”呢？

我被难住了。这个案例里没有漠不关心的父亲、求全责备的母亲和其他放任自流、爱贬低人、杂乱无章的照料者，那么问题出在哪里？

当我试图弄明白这个问题时，令人惊奇的事情发生了：类似的病人越来越多。我的沙发上坐满了二三十岁的成年人，自述患上抑郁症和焦虑症，很难选择或专注于某个令人满足的职业走向，不能维持良好的“亲密”关系，有种空虚感或缺乏目标感——但他们的父母无可指摘。

一句话，这些父母很“体贴”，投入地引导我的病人顺利通过童年的种种考验和磨难。

作为一个力不从心的妈妈，我常会在听病人陈述时，暗自奇怪这些伟大的父母是怎么做到这一切的。

直到有一天，另一个问题浮现在我脑海：这些父母是否做得太多了？

为了给孩子提供正确的养育，我们拼尽全力、精疲力竭，而他们长大之后，却坐在心理医生的办公室里，诉说他们感觉空虚、迷惑、焦虑。

过度保护剥夺幸福感

在美国，育儿一直是个有争议的话题，各派学说纷呈，难有定论。不同门派之间，一直剑拔弩张：亲密育儿派与严格教导派，儿童中心派与家长中心派，社会风向“三十年河东，三十年河西”。

不过，所有育儿法的根本目的是一致的：希望孩子未来成为充满幸福感的成年人。

“我幸福，”格雷琴·鲁宾在畅销书《幸福工程》中写道，“但我还应该更幸福。”这种追寻已经风靡全美，变成一场举国运动。到底应该幸福到什么程度？鲁宾也不确定。听上去，她和我一些病人的情况完全一样：拥有绝佳的父母，高大、黝黑、英俊并富有的丈夫，两个健康可爱的孩子，一大帮朋友，在上东区买了豪宅，耶鲁大学法学学位和成功的自由撰稿事业……尽管如此，鲁宾仍不满意，“似乎缺了点什么”。

为了消解“忧郁、不安、低落和四散的内疚”，她开始了一段“幸福旅程”：列出行动清单，每周一买三本新杂志，不断收拾衣橱……

在付出整整一年努力之后，鲁宾承认她仍在挣扎。她写道：“从某种意义上说，我让自己更不幸福了。”

接着，她揭示了所谓“成年的奥秘”之一：“幸福并不总让你感到幸福。”现代社会学研究支持了她的说法。“幸福作为生活的副产品，是一个很棒的东西，”斯沃斯莫尔学院社会学教授巴里·施瓦兹说，“但把幸福作为目标来追求，只会导致灾难。”

而现代很多父母正是孜孜不倦地追求着这个目标，于是适得其反。

我和同事由此开始怀疑：会不会是父母在孩子小时过于保护他们，才剥夺了他们成年后的幸福感呢？

加州大学洛杉矶分校的精神病医生保罗·波恩表示，答案是肯定的。在临床实践中，波恩发现：很多父母会尽一切可能，避免孩子体验到哪怕一丁点儿的不适、焦虑或者失望。当孩子长大，面对正常的挫折时，就以为事情严重出错了。

他说：“学步儿在公园里被石头绊倒，刚刚倒地，还没来得及哭，一些父母就会飞扑过来，抱起孩子，开始安慰。事实上这剥夺了孩子的安全感——不仅在游乐场，也在生活中。”

如果你不让孩子体验那刹那间的困惑，给他一点时间，让他明白发生了什么（噢，我跌倒了），让他先适应跌倒的挫折感，并且试图自己爬起来，他就不会知道难受是什么感觉，以后在生活中遇到麻烦时也会不知道该如何应对。

这些孩子上大学时，会因为很小的麻烦发短信向父母求救，而不会自己找办法解决问题。

这让我回忆起儿子四岁时，我一个朋友死于癌症，当时我的第一想法是：不能告诉他。我读过的所有育儿书都说，得知亲友的死讯对孩子来说太可怕了。

但最终，我还是把真相告诉了儿子。他问了我很多问题，但并未因为震惊而昏倒。总之，用波恩的话说就是，我对儿子的信任，让他更加信任我，并最终让他更有安全感。

通过告知他这件事，我传达了一个信息：我相信他可以忍受悲伤和焦虑，而我会在一旁帮助他渡过难关。

如果不告诉他，则传达了另外一种信息：我觉得他处理不了难受这种情绪。而这正是很多成人每天以隐秘的方式向孩子传达的信息。

心理免疫力

哈佛大学讲师、儿童心理学家丹·肯德隆表示，如果孩子不曾体验痛苦的感觉，就无法发展“心理上的免疫力”。“这就像身体免疫系统发育的过程，”他解释说，“你得让孩子接触病原体，不然身体不知如何应对进攻。孩子也需要接触挫折、失败和挣扎。”

我认识这样的父母：一旦孩子没有入选棒球队或者在全校演出里获得角色，他们就给学校打电话抱怨。

还有一个孩子，说他不喜欢跟他一起乘车上学的另外一个孩子，而父母没有让孩子学会如何容忍他人，却干脆亲自开车送孩子上学。

这些孩子直到青春期都没有体验过任何困苦。所谓文明，就是学会适应不够完美的情况，但父母常常遇到不快就即刻出手，忙着为孩子铺平道路。

洛杉矶临床心理师温迪·莫格尔，10 年前出版了《放下孩子》一书后，成为美国多所学校的顾问。

她告诉我，过去几年间，大学招生部主任们都说，现在“茶杯”式新生越来越多——他们是如此脆弱，稍稍碰壁，就有可能碎掉。

“父母出于好意，在孩子的整个童年期替他们消化掉了所有的忧虑，”莫格尔评论说，“结果他们长大后不知如何面对挫折。”这也许就是丽齐那样的病人最终会出现在心理医生面前的原因。

“即便拥有世界上最优秀的父母，你还是会经历不那么开心的时光，”洛杉矶家庭心理师杰夫·布卢姆说，“一个孩子应该体验正常的焦虑，才会有适应性。如果我们希望孩子长大后更加独立，就应该每天为他们将来的离开做好准备。”

布卢姆认为，很多父母根本舍不得让孩子离开，因为他们依赖孩子来填补自己生活中的感情空洞。不错，我们在孩子身上付出了无数时间、精力和财富，但那是为了谁？

“我们把自己的需要和孩子的需要混淆了，并认为这是最佳育儿之道。”布卢姆说着叹了一口气。

我问他为什么叹气，他解释道：“目睹这种现象令人伤感。我曾无数次告诉家长，不要因为自身的心理问题而在孩子的身上投入过多的关注。”

近几年，有很多文章探讨为什么那么多二十几岁的年轻人拒绝长大，但问题往往不在于孩子拒绝分离和个体化，而在于父母阻挠他们这样做。

也许是当今父母繁忙的工作加剧了这种现象。

“如果你每天只能跟孩子相处 20 分钟，”哈佛大学的肯德隆问，“你是想因为他没收拾好房间而跟他拌嘴、让他生气，还是一起玩游戏？”

“我们不再给孩子立规矩了，因为我们想让孩子时刻喜欢我们。”

肯德隆还观察到，由于我们比祖辈生的孩子更少，每个孩子都变得更加珍贵。与此同时，我们从孩子身上索求的也更多——更多陪伴，更多成就，更多幸福，在此过程中，无私（让孩子幸福）与自私（让我们自己高兴）的界限越来越模糊。

我回忆起和一名夏令营营长的对话。她当时在对我介绍我儿子那个年龄组的活动，当说到篮球、垒球、足球等时，她飞快地说：“当然都是非竞赛性的，我们不鼓励竞赛。”我忍不住笑起来，竞赛原来是洪水猛兽啊，孩子们唯恐避之不及。

我们采纳的其实是“鱼和熊掌兼得”的态度：既渴望孩子取得高成就，又不要他们付出取得那种成就所必需的牺牲和努力。

选择与安全感

讽刺的是，在很大程度上，自信与一个人将来是否开心关系不大，特别是当自信心来自不停的宽容和表扬，而不是来自真正的成就时。

研究表明，能预示一个人将来是否充实和成功的是坚定性、适应性和接受现实检验的能力，具备了这些品性，人们才能顺利过日子。

但是现在，很多孩子没有机会学习这些品性。幼儿园老师简对此深有感受，她举例说：“一位母亲送孩子来上学，她忙着签到时，孩子跑到一边玩，跟另一个孩子发生了冲突。她的孩子先拿到了卡车，但另一个孩子把它抢走了。

“二人争吵了一会儿，那个孩子拿了一辆旧卡车扔给她的孩子。她的孩子看到取胜无望，也接受了这种安排。

“但妈妈不干了，跑过去讲道理，说‘这不公平’，要求那个孩子把卡车还回来。你看，孩子本来没事了，她的孩子很有适应性，但她破坏了这一切。”

另一位从教 17 年的幼儿园老师则说，这些年来，父母逐渐越来越多地干涉孩子的成长之路。

“每年都有家长找到我，问：‘为什么孩子不听我的话？为什么她不能接受拒绝？’我会说：‘孩子之所以不能接受拒绝，是因为你们从来不拒绝。’”

斯沃斯莫尔学院社会学教授巴里·施瓦兹认为，那些充满爱意的父母每天给孩子很多选择，结果却出乎意料。“我们这个时代的理念是，有选择是好的，选择越多越好，”他说，“但这不是事实。”

研究显示，专注于某项工作会给人更大的满足感，那些总是面对很多选择的人常常落在后面。施瓦兹告诉我：“我的意思不是说别让孩子尝试各种兴趣或者活动，而是应该理性地给予他们选择。很多父母告诉孩子，你可以做任何想做的事，可以随时退出，如果不是百分之百感兴趣，可以去尝试其他。那么，当他们长大后以同样的方式生活，有什么好奇怪的呢？”

他在斯沃斯莫尔学院毕业班的学生身上看到了同样的现象。“他们不能忍受这样的想法：选择一种兴趣或者机会就要放弃其他，所以他们花费多年，希望能找到完美答案。他们没弄明白，他们应该寻找‘过得去的答案，而不是完美答案’。”

而我们给孩子提供无数选择的同时，就向他们传达了这样的信息：他们有资格过完美生活。恰如哈佛儿童心理学家丹·肯德隆所言：“当他们感觉不爽，就会有另外一种选择摆在面前。”

父母的焦虑之下潜藏着一种信仰，那就是：如果我们做对了，孩子不仅会成长为快乐的大人，而且会成为让我们快乐的成年人。这是一种误会，养育虽然重要，却无法胜过天性，而且不同的养育方式适用于不同的孩子。

我们可以让孩子接触艺术，但不能教给他们创意；我们可以保护他们免受下流同窗、糟糕成绩等各种因素的伤害，但在人生中他们总会遇到不快。事实上，在我们不遗余力为他们提供完美童年的时候，我们让孩子的成长变得更加艰难。

就像温迪·莫吉尔说的：“孩子不是我们的作品。”

感悟手札

生活的美就在于从容不迫

蒋勋

童年的时候，父亲母亲与我的关系很深，尤其是母亲。记得小时候，有一次父亲问我考了第几名，我说第二名，父亲就严厉地问：“为什么没有考第一名？”我正发抖时，母亲一把把我抱走，说：“别理你爸爸。”我好感谢那样的拥抱，仿佛把一切我无法承担的压力都纾解了。

我常感觉母亲有一双魔术师般的手：我小时候盖的被子，是母亲亲手缝制的；人家送母亲十几种毛线，她就织成毛衣，每年过年再把旧毛衣拆了，用旧毛线织出新花样，便又是一件新衣了。

记得我很小的时候，就跟在母亲身旁，看她买菜、包水饺。不论买什么菜，她总是会用食指跟人拇指的指甲，把老的地方掐掉，把普通的食材变成我们嘴里最好吃的菜。

我很同情现在的小孩。我的学生不知道什么叫择菜，你给他们四季豆，他们不知道要怎么处理。因为在他们长大的过程中，没有人带着他们择菜洗菜。他们也很少吃到真正好吃的东西。如今，再富有的人家，小孩子也难免会吃到很糟糕的东西。

美的感受，是需要时间的。我们那个年代的父母，在生活上花了很多的时间。

譬如我盖的那床被子，现在看来是多么奢侈，因为是母亲亲手做出来的，而且她每个星期都会拆洗一次。

那个年代没有洗衣机，她要到河边去洗，拿木棒槌敲打。被单洗完以后，她还要用淘米水浆过，等到阳光好的时候搭在竹竿上晒。我盖被子的时候，被单上就有阳光和米浆的味道。我想现在全世界能买到的最贵的名牌被子，大概都没有那种奢侈。这几年我到日本，发现日本到现在还有人用这种方法洗被子、浆被子。这是一种生活情调，美的情调。

我觉得现在的人其实很穷，我们很难为慢节奏的生活花钱。但其实，慢节奏中才有生活的质量。今天的有些富豪，盖着乱七八糟的被单，清洗的时候就丢进洗衣机，用的还可能是含有不健康成分的洗衣粉。所以忽然觉得，我成长的过程其实是相当富有的，所有手工的物品，都有一种买不到的精致。

人类的手，是一切美的起点。人类五种感官的活动，构成了美学。所谓美的感受，也源自你对一个人的情感，对一个地方的情感，对一个事物的情感。我的第一堂美学课，其实是母亲给我上的。我们过去经常会走到院子里去看一朵花、一片叶子，做很多没有目的的举动，她不像其他大人，看到小孩没事做的时候会慌张。

我尽量学习母亲的这种不慌张。在大学教书的时候，每年四月，羊蹄甲红成一片，上课的时候我都可以感觉到，十八九岁正在恋爱的年轻人，根本就没有心思听课。这时，我会停止上课，带学生去花下坐一个钟头，聊天，或什么都不做。

我们需要有这样的课堂。不是每天都要如此，而是教育者要偶尔带孩子出去看看花，听听海浪的声音，让他们脱掉鞋子去踩沙滩。教育不要那么功利，要让年轻人重新找回他们身体里的很多渴望。

生活的美，需要人们舍得付出时间去创造。而在当今的职业状态下，做父母的很难做到。

我有一个朋友，他爸爸已经九十多岁，这几年身体不好，坐在轮椅上。他请了三个护工照顾爸爸。有一天他跟我说他快累死了，爸爸却总是抱怨。我就说，老兄，讲老实话，你爸爸不需要护工，你爸爸需要你。

我们可能完全忘记了亲子关系是什么。我告诉朋友，你父亲需要的不是医师，也不是看护，在他心灵最荒凉的时刻，他需要的是你握握他的手、搂搂他的肩膀，跟他撒娇。对上一辈如此，对下一辈亦然。

我给一个公司的员工上课。这些人多从名校毕业，平均年龄三十几岁。他们进入这家公司以后就有股份。他们每天看着股票涨跌，但如果十年内离职，股票就全部收归公司。所以没有一个人敢离职，人就相当于卖给这家公司了。

这是他们认为最好的管理。这家公司的业绩到现在依旧很好，可是同时他们也要付出代价。他们的主管很自豪地告诉我，这里没有人在晚上十一点以前回家，其中有一个，八年都没有休假。

有一天我讲完课，有人向我提问，他说："我女儿现在五岁了，您认为她应该去学小提琴还是钢琴？"

"你是那位八年没有休假、晚上十一点都不回家的爸爸吗？"我问道，他点点头。然后我给出了我的建议："你可不可以先不要关心女儿要学小提琴还是钢琴，赶紧回家抱抱她吧。"

我知道他不能理解我的这个建议，但我真的希望一个五岁的孩子能够记住父亲的体温，这样无论将来她走到天涯海角，也能拥有很大的安慰和鼓励。这是人最本质的、最根本的渴望，即便我带进课堂的是艺术，但我所要表达的，却不只是艺术，还有艺术旨在传达的生活哲学。

因此，我感谢我母亲的陪伴，感谢我们一起做过的看似无聊的事情。德国浪漫主义时代的文学是歌德的《少年维特之烦恼》，是贝多芬的音乐，是海涅的诗，是尼采的超人哲学。他们共同的人生梦想是"狂飙"，"狂飙"是生命飞扬的追求。感谢母亲记住了她青春时的热情、爱与狂飙的梦想，并告诉我，她曾有过的生命之爱。

感悟手札

终身学习，是对自己最好的投资

胡杨

时下有句特别流行的话：世界正在奖励终身学习的人。

我有一个“警花”好友，业余时间她一直在学习古典文学课、心理学课，还多次给我推荐好的课程。好友 T 报了一个网课叫“光的研习”，几个月下来，她不但照片拍得每每让人叫好，自己也深得摄影艺术之精髓——发现美、表达美。

我们从小就知道高尔基的那句话：“我扑在书上，就像饥饿的人扑在面包上。”这句话我在上学的那些年，不曾有所感觉，倒是工作以后，尤其是这些年来，常常感同身受，深有体悟。于是感叹：原来中年之后，才是学习的巅峰时刻。

就我个人而言，从小学到大学，学过的东西现在看来都不过是皮毛、枝杈，只是为了一纸文凭和基本生存需要。而更多、更深入的学习，是在工作之后，尤其是在当下。如果学生时代是——学海无涯苦作舟；那么中年之后当是——学海无涯乐作桨。

有句话说：“有的人 30 岁就死了，80 岁才埋。”我想那指的是日复一日不断重复昨天的人，是不学习、不提升自己的人。而那些善于学习、提升自己的人，则是“苟日新，日日新，又日新”。

在这个飞速发展的时代，拿着在高中或大学学到的知识和文凭去适应社会，显然会被淘汰。就算没有高科技、人工智能，你也会被那些不断努力、不断学习的人所替代。由此可见，终身学习才是我们立于不败之地的法宝。

可喜的是，我发现身边越来越多的中年人，重新拥有了一个共同的身份——学生。他们大多是四五十岁的人了，有的甚至更年长，但无一例外，都在以各种各样的方式，利用互联网时代的便捷，善用碎片时间，学习方方面面的知识。有的是为了事业精进；有的是为了转型，告别不喜欢的职业；还有很多只是爱好、乐趣，为了结交更多志同道合的朋友。总之，都是为了让自己的人生更精彩。

所以，“上课”正成为时髦的事情，课堂也不再是一个有限的空间，而知识付费的热潮方兴未艾。许多课程都是碎片化知识的梳理，也许会对我们某个时期产生一些助益，但是要想彻底改变，让自己的生命脱胎换骨，我们还要从思维方式入手，从增长智慧着眼。

学习就是给自己的最好投资。我反对附庸风雅、急功近利式的学习，希望每个人都能从学习中找到乐趣，增长智慧。

如果人生分上半场、下半场，上半场注重生存技能的学习，下半场就要关注生活艺术的修养。有时不是我们不够努力，而是努力的方向错了。方向比努力更重要，尤其是人到中年，更要注重生活美学及智慧修炼的学习。

有人说，学习是碎片化时代的自我救赎；有人说，学习能缓解焦虑，增进竞争力。无可置疑的是，学习力已经成为一个当代人的硬本领、真功夫。

而中年的确是回炉再造的大好机会，锻造的是智慧和修养。如果你想寻找能够带来丰厚回报的成长机会，眼下即是一个最好的时代。

其实，无论世事如何变化，你是被奖励还是被淘汰，结局最终都握在自己手里。

感悟手札

为何“乖孩子”长大后最让人操心

弦歌缓缓

谁喜欢我，我就喜欢谁

我目前任教于高中，在我所接触的学生中，有这样一类孩子——他们会习惯性地揣摩。最常见的是揣摩老师，当然也会揣摩同学。

他们看起来不言不语，十分乖巧，但实际上，普遍欠缺自我意识和独立思考的能力。

这类孩子在课堂上会揣摩老师喜欢哪些形式的反馈，答题时会揣摩老师喜欢什么内容的回答，写作中会揣摩阅卷老师会更偏爱哪类风格的文章……

一个女生，上数学课时总是朝着老师频频点头，上物理课时总是一手握笔，一手扶额，眉头紧锁做思索状……但考试时，她这两门课的成绩总是不理想。数学老师和物理老师都很诧异，课上她听得最认真，这样的孩子怎么会成绩不好呢？

有一次，我特意在同一天分别听了我们班的数学课和物理课，然后把这个女生叫来，就当天课堂所讲的知识点向她提问，她答不出。

我又继续问："那你可不可以告诉我，今天的两节课主要讲了什么，你哪里还没听懂？"她愣了片刻，摇摇头。

深入地聊下去，我确定了问题所在：她是根据老师们最受用的形式在给予老师反馈。

因为她认识往届的一个学姐，那个学姐在一次闲聊中无意间告诉过她，这个数学老师喜欢什么样的听课反应，这个物理老师喜欢什么样的听课反应。

她照此去做，时刻绷紧神经，生怕错过每一个给老师反馈的点，比如，老师停顿或者问"明白了没有"的时候。她还要随时观察自己做出反应后老师的细微表情……注意力都集中在这些上，老师具体讲了什么，其实她根本没听进去。

这样的孩子，我在近10年的工作中，见过不止一个。在与同学的相处中，他们也大多是"谁和我做朋友，我就和谁做朋友"。甚至未来对待爱情时，他们也可能是"谁喜欢我，我就喜欢谁"。

他们的自我意识相对淡薄，几乎不会去想：我的真实想法是什么？我到底最想写什么？怎样听课能让我自己的效率达到最高？我选择朋友的标准是什么？我喜欢什么样的人？不喜欢什么样的人？真正的我自己，真实的我自己，到底是怎样的？

这样的孩子，大多有一对比较严厉的父母。他们自幼就在家庭中学会了如何察言观色、适应甚至取悦他人，所以这种习惯伴随着他们学习生活的方方面面，如果不加以引导，甚至有可能伴随他们的一生。

这样的孩子，给别人的印象必然是：乖巧、话不多、好脾气……

他们心里全是别人的感受、别人的心情，他们总是小心翼翼，永远不敢表达真实的自我，甚至习惯了之后，根本意识不到还有一个"自我"的存在。

长此以往，他们心里积压的东西愈来愈多，哪怕自己意识不到，但这些东西还是会不知不觉地影响他们，慢慢产生一系列心理问题。

因此，过分乖巧懂事，对一个孩子而言，其实不是一件好事。

让孩子想哭就哭，想笑就笑

所以，为人父母，衡量自己给孩子的爱是否足够和适合，要看你的孩子是不是想哭就哭、想笑就笑，不刻意取悦和讨好别人，自信且敢于表达自我。

当然，这和“熊孩子”不是一回事，任何事情都不能放在两个对立的极端去看。童言无忌，活得真实、自信且快乐，跟缺乏教养，是两回事。

自信、敢于表达、有自我意识和独立思想，但不唯我独尊的孩子，他们得到的爱，绝大多数情况下，是足够的、适合的，且无条件的。

想起我曾经的一个学生，她的学习成绩一般，也没什么特长，但她在班里非常受欢迎。

她很真诚，从不掩藏自我，同时她又非常乐观，对人对事的评价都很正面且积极，我甚至没有见过比她心态更好的孩子。

他们的数学老师是一位水平极高且相当认真负责的老教师，颇为严厉。有一次，数学老师把她和另一个孩子一起叫到办公室谈话，大约是因为恨铁不成钢，其中有的话对女孩子而言稍重了些。

和她一起去的孩子，当场就哭了。而这个孩子完全没表现出任何负面情绪，甚至回班后还成功安慰了和她同去的同学，让同学破涕为笑。

当天下午，她给数学老师的办公桌上放了一封信。这封信是这样写的：

“老师，其实今天上午在您的办公室，我特别感动，不对，是特别激动……我也不知道该怎么形容了。我的成绩不好，还不够努力，学不懂后就总是偷懒不想学了，还以为您早就放弃我了，但没想到您没放弃我。

“除了我爸我妈，没人对我这么上心过，我特别惊喜，谢谢老师。但是老师，我觉得您有一句话说得太重了，我们听了都觉得很难过。我知道您是为我们着急，着急也是一种爱和关切。但我妈妈说，表达爱和关切的时候，是不能用伤害别人的语言的。希望老师还愿意说我，但希望下一次老师说我的时候，不要再用这么重的话了，谢谢老师。祝老师健康开心。”

据说数学老师是第一次收到学生这样的信，非常感动。办公室的老师们也纷纷对这封信拍照留念，大家都很感动。

一个十几岁的孩子，既能看到老师的用心，又敢于真诚地表达自己的想法和感受，非常难得。后来，这封信也从一定程度上改变了数学老师与学生的交流方式。

和这个学生的父母接触后，我发现他们也是这样的人——非常坦诚且真实，同时，温柔而充满善意。他们对女儿从不吝惜鼓励和赞美，而且那些鼓励和赞美不是敷衍，不流于形式。他们会坦诚地和女儿交心，非常在意女儿说出的每一句话，尤其是女儿的心声和感受。

作为父母，我们给予孩子什么，孩子就会效仿什么，进而同样对待我们和别人。

学会发现孩子的闪光点

我曾经在一次家长和学生共同参与的班会上，说过这样一段话：

“我相信，大多数的父母都是爱孩子的。但是，我们爱一个人，首先得让这个人明确地知道我们爱他。其次，我们的爱，要让我们所爱的人感到舒适和快乐。

“爱里面包含着欣赏，我们爱他，就要欣赏他，并且要让他知道我们欣赏他，要把那些他自己看不到的好，告诉他。”

如果连父母都不能做到发自内心地欣赏和赞美孩子，孩子该多么无助呢?

孩子第一次笑出声，第一次抬起头，第一次坐好，第一次爬行，第一次站立，第一次睡整觉，第一次叫爸爸妈妈，第一次自己用勺子吃饭，第一次自己捧着水杯喝水……这时，家长们可能都会在旁边不停地说：“宝贝好棒啊！你怎么这么厉害！”这样的夸奖，相信每一位家长都曾经说过。

那种赞美都是发自内心的，是真心地觉得“我的宝贝好厉害啊”。可为什么孩子长大之后，家长就不再夸他了呢?

同时，爱里面还包含着重视，重视他的所有想法、所有感觉。就像他刚刚出生的时候，每一次大哭，爸爸妈妈都会第一时间紧张：他是饿了、渴了？还是想要抱抱？为什么孩子长大了，我们反而常常觉得他的眼泪是“矫情”和“娇气”了呢?

在孩子刚出生的那个阶段，我们小心翼翼地爱着他，呵护着他，恨不得把全世界都给他。

是从什么时候开始，这份爱和呵护开始有条件了呢?

作为家长，要学会发现孩子的闪光点，同时，也要帮助孩子“把目标细小化”。应该把每一个大目标切分成一个又一个的小目标，每当孩子完成一个小目标，我们就要明确地，甚至可以是稍稍夸张地给予他们赞美和鼓励。

我们更要珍惜还愿意向我们倾诉及表达感受的孩子。东野圭吾在《解忧杂货铺》中说过：“人的心声是不能无视的。”

为什么孩子不敢表达？为什么孩子习惯忍耐？因为说出来也没用，甚至还可能会因此挨骂。他们用过度的乖巧和懂事去换取父母的爱。这不是孩子的悲哀，而是父母的悲哀。

世间最珍贵的爱，是无须费力就能换取的。你无须达到任何标准就可以毫无保留地拥有这份爱，拥有认可和保护。

不论你如何，不论你是什么模样，我都一样地深爱着你——拥有这样的爱，是一个人一生的财富。而拥有了这样的爱，无论他成功与否，境遇如何，他都会永远热爱这个世界，不会轻易陷入绝望。

如果我有孩子，我希望我是这样的母亲。我也盼望，我的孩子长大后，能遇到这样的朋友，这样的爱人。我更希望我未来的孩子，也能成为这样的朋友，这样的爱人，这样的父母，然后把这份爱，反馈给每一个他所珍视也同样珍视着他的人。

感悟手札

人生而不同，你有何不同

安知灰鱼

在很早的时候，我就听过这样一句话：人生而不同。

我记得，当时语文老师用“世界上没有一模一样的两片叶子”来为这句话做补充比喻。

一直以来，我对这句话的认识只停留在“知道每个人都不一样”的层面上，直到五年前，我私自给它加了后半句：既然人生而不同，那你有何不同？

人总是要经历点什么才能有所成长，而到目前为止，我遭遇的对我人生影响最大的变故，是五年前的那场病。

大一的暑假我回到家，妈妈见到我的第一句话就是：“怎么瘦成这样了？”

我也不知道自己具体瘦成了什么样，只记得我的历史最低体重只有36公斤。妈妈以为我只是在学校没吃好，努力给我做了很多好吃的，但是我怎么吃都胖不起来。

老师曾经跟我们说过这样一句话：“能吃又不胖，小心有甲亢。”

我的病不是甲亢，是肺结核。

临近开学，我的体重还是没有增加，并且开始出现后背疼痛的症状，半夜疼醒后的我无法再次入睡，只能听着隔壁传来的呼噜声，趴在床上等天亮。

我想着等开学了再去看病，于是就这样忍了三四天。可开学前一天晚上突然疼痛加剧，我实在忍不住了才告诉父母。父母陪我去县医院检查，医生建议我去市医院检查；去了市医院后，市医院的大夫又建议我去更大的医院。

于是我和爸爸坐着动车去了更大的肺科医院，门诊医生看了一眼我的肺部CT片，马上联系住院部，给我腾出一个床位，说第二天就安排我做支气管镜。

我后来才知道自己的检查结果：肺结核、支气管结核还有肺不张，当时我的右肺被压缩到正常体积的1/3。

第二天我做了支气管镜，就是用一根特殊的管子，从鼻腔伸到肺内的气管，然后直接打药进去，再取一点组织出来，让堵塞的地方疏通——前后一共做了五次。

对我来说，那段时间最难熬的不是这样的手术治疗，也不是每天要吃的一大把的药，而是深夜里的孤独。

我住的病房是五人间，除了我都是当地人，晚上都各自回家。我心疼水土不服的爸爸，把他也赶回家了，只是到了要做支气管镜的前一天，需要他过来签字。

晚上夜深人静的时候，这间传说是全院最大的病房里只剩下我一个人，孤独感被无限放大。我全无困意，但是想到医生说熬夜对病情不好，我便逼着自己入睡。可越是如此，越是失眠，陷入恶性循环。

病友换了一批又一批，唯独我在55号床上“坚守”了两个月，为新来的病友介绍开水间在哪里，食堂在哪里，哪一家外卖好吃……

住院期间，我仍关注着班级的动向，得知有一次小测验要计入期末成绩，我从行李箱里面拿出书本，看了几天就上了考场。结果看到试卷的时候，我蒙了，因为我连题目都看不懂。

那一个小时，我像犯了错后不敢出声、不敢乱动的孩子，人生中第一次交了白卷，连名字都不敢写上去，最后和几个同学匆匆道别后便逃回了医院。

我知道，这个时候继续上学已经晚了，辅导员也建议我休学一年。

出院的时候，护士姐姐再三叮嘱我，要乖乖吃药，因为我已经耐多药了（就是几种很有效的药对我没有作用了）。她总是吓唬我，说我要是再发病，就无药可救了。

这一年的经历改变了我的很多人生观念，说让我脱胎换骨也不为过。

忘了是在怎样的机缘巧合下，我开始接触网络文学。其实我上初中时曾经和同桌一起在本子上写过小说，后来不知道怎么就不了了之了。

怀着紧张和希冀，我写了第一本网络小说。毫无意外，没有读者，没有点击量，没有签约，没有稿费，自己默默写了十几万字就完结了。

幸运的是第二本成功签约，我拿到了第一笔稿费，虽然文笔和情节稚嫩到自己都不忍回头看。

最重要的不是稿费，而是网络文学给我打开了另一扇门，让我知道，原来还有这么一条路是我可以走的。

妈妈终于如愿让我的体重增加了 10 公斤，导致我一年后回到学校被朋友问："你的下巴去哪了？"

如果曾经的同学、舍友还在学校，估计还会有更多的调侃。他们在大三时各奔东西，到各个单位见习，全都离开了学校，而我要和大二的学生一起上课。曾经的学弟学妹成了我的同学。

新的班级，新的同学，新的舍友，但在他们的眼里，我不是一个新人，而是比他们老的"老人"。

所以他们总喜欢叫我学姐。

每次听到这个称呼我都倍感压力，既然被喊学姐，成绩总不能太差，偏偏大一稀里糊涂地拿了奖学金，让他们对我的期望值变高。

也不知道是哪里来的自信，我一直认为自己的学习能力不差。

大一刚入学那会儿，一位学长说平时上课不听没关系，期末老师都会总结重点，背了重点都能过，60分万岁，多一分浪费。

有了学长的“教诲”，此后但凡听不懂的课，我就趴在课桌上睡觉，心里想着学长说了，期末有重点。

这点倒是不假。临近期末，学习委员不知道从哪搞来的资料，大家背下来应付期末考试完全没问题。像我这样本来基础就稍微好一点的，还能拿奖学金。

这对大一时的我来说相当满足，如果没有之后那一年的沉淀，大二时的我肯定也还是这个样子。

返校后新学期的第一节课，看着邻桌熟睡的同学，我突然意识到似乎有什么东西在发生变化。

那是我第一次思考自己的未来——难道我的大学就是一次又一次地应付期末考试吗？毕业后这些成绩能带给我什么呢？

在此需要交代一下我的专业——临床医学，一个专业性非常强的专业。

医科学生从入门到真正独立走上临床，需要耗费相当多的精力和时间，那时的我还没有想到这么远，只是单纯为了实习的时候不被老师骂得太惨，所以决定要认真学习。

教室、食堂、宿舍、图书馆，四点一线，我把各个等级的奖学金拿了个遍。虽然每次临近期末还是会有一本本的“重点”传到我的手上，但我把它们收好，一页也没有翻过，连名字都没有写。

我想对大一新生说，高一级的学长或学姐并没有多“高大上”，他们只不过比你早一年来到这所学校。第二年你也会成为别人眼中的学长或学姐，那时候，我希望你能谨言慎行，不要再对学弟学妹说出那种“平时不用读书，期末可以背重点”的话。

想当年我上大一的第一节课，老师问我们上大学后有什么目标，我第一个举手，理直气壮地对她说：“我就是来玩的。”

因为在此之前所有老师、朋友、长辈都是这样告诉我的：“大学就是去玩、去放松的。”

他们总说没有挂过科的大学是不完整的，但是我的自尊心不允许我挂科，尤其是在这样的专业。

我有一颗想当医生的心，同时也有一个不太适合当医生的身体，一天三次、一次八片的药我吃了730天。最后一次复查时，医生交代我尽量不要熬夜，不要太劳累，以免复发。

偏偏医生就是一个要经常熬夜值班、特别劳累的职业，这在我第一次实习值夜班时就感受到了。本就睡眠浅而且入睡困难的我好不容易在值班室里合上眼皮，急诊病人来得比周公更快，一阵忙活后，我再次努力睡觉……那一刻我想起了肺科医院的55号床。如此几个循环后，我抬起头望向窗外，天已经微亮……

那是我第一次对当医生这件事产生迟疑。别人嘲笑我太矮，说我够不到手术台的时候我没有屈服；别人说我读了五年本科（实际上是六年）混得还不如一个专科生的时候我也没有屈服。但是第一次值夜班后，我害怕了，不管成绩多优秀，不管救死扶伤的愿望有多迫切，但我更想活着，这很现实。

因为，我和别人不一样。

我的身体经不起过度消耗，我必须过自律、健康的生活。这样的身体注定我去不了大医院，这不是没有抱负，而是我清楚地认识到自己真正想要的是什么，不是去多大的城市、多好的医院、评多高的职称、赚多少钱，而是简单平静地生活。

我和别人是不一样的。

我热爱文学，喜欢写小说，我可以赚稿费，这是一条我随时都可以走的路。当然，这只是一条备选的山间小路，至少目前我仍然坚持走在医学的道路上。如果有一天我的身体承受不了了，这就是我的后路。

马克·吐温说："人的一生最重要的两个日子，一个是你出生的那天，一个是你明白自己为何出生的那天。"

我不敢说自己已经明白了，但是我已经开始思考并且得到了初步的答案，那么你呢，朋友？你是否也开始思考，既然人生而不同，那你和别人相比，究竟有何不同呢？

关于这个问题，每个人的答案都不一样，而同一个人在不同时期也可能会有不同的答案。无论你是否找到答案，都请你记住，你和别人不一样！

感悟手札

如何学会表达你的不喜欢

崔挚妍

小时候我去亲戚家做客，姨妈做了一道她的拿手菜——陈皮鸭，可我既不喜欢甜食，也不爱吃任何家禽的皮。但当姨妈问我喜不喜欢的时候，我还是非常懂事地回答：“喜欢。”

于是，从那以后，只要我去姨妈家，她一准儿给我做那道菜，我也只能硬着头皮尽量多吃。

现在回过头想想，有些事情，假如你不喜欢，可以在一开始就明确表达出来，只要注意方式即可。如果我在姨妈一开始给我做这道菜的时候，就告诉她：“您的手艺非常好，连我这种既不喜欢甜食，也不吃鸭皮的人都能吃。”她听了既不会伤心，也不会以后每次都给我做这道菜，这样岂不是更好？

但是，为什么当时我不肯表达自己的不喜欢呢？是因为我不想伤害别人。于是，我宁愿说谎，也不肯说出自己的不喜欢或不满意。其实，不喜欢与不满意，不是不能说，关键在于你怎么说。

我们在表达不喜欢时需要把握一点：控制你的情绪。找出自己不喜欢、不满意的真正原因，尽量客观地表达出来。

为什么我们要控制情绪呢？因为“不喜欢”原本就是一种负面情绪，伴随它而来的，还有生气、委屈、抱怨等情绪。因此，当我们面对自己不喜欢的人和事时，要提醒自己，你要做的是传达信息而不是发泄情绪。这个时候，我通常会告诉自己：“虽然我不喜欢，但他已经尽力了。现在我要做的，是告诉他下一次怎样才能让我满意。”然后是找出你真正感到不喜欢的地方。

比如，舍友乱丢脏袜子，你特别生气，于是冲他大喊：“你这人怎么这么没教养？脏死了！”你是真的认为他没教养吗？未必，可是你讲出来的话听起来，你就是这样认为的，而且极有可能引发一场争吵。

现在让我们换一种调侃的说法：“你的袜子这样乱丢，是为了代替蚊香熏蚊子吗？”你可以想象一下效果，肯定不会让他生气。

接下来，是“尽量客观地表达”，这一点看起来很简单，其实很难，因为“喜欢”与“满意”，跟“正确”与“合理”不一样，它们原本就是主观的判断标准。但是，主观的喜好，也可以用客观的方式表达。

比如，“你买的这件衬衣颜色太难看了”就不够客观，客观的说法是“每个人都有自己的喜好，我不喜欢这个颜色”。

现在，我们可以试着运用上面讲的方法来解决实际遇到的问题了。比如，参加学生会活动时，你对会长当众分配的工作不满意，但当着大家的面你还是答应了，现在你要去找他谈谈自己的不满，希望能够重新调整安排。

这时候，你可以在确认心情和情绪都很平静以后敲开门，然后这样说：“会长，我想跟您谈谈刚才的任务分配。希望您多提意见，这样能帮助我成长和提高，我会非常感激。”

我相信你这样讲出来，一定比心中暗自郁闷、委屈要好得多。

感悟手札

教会孩子体面地“输”

清清茶

孩子输不起，大多缘于家长输不起

年初，我家隔壁搬来了一家三口，夫妻俩热情好客，却太过强势，凡事都喜欢争第一。即便是孩子间的游戏，他们也不允许自己的孩子输。

我印象最深的一次，是几个年龄相当的孩子比赛骑自行车，他家孩子因为开小差，起步比其他孩子晚了点，落在了后面。孩子们都不以为意，女邻居却一脸的不高兴。

几天后，孩子们约着再战。这一次，他家孩子每一轮都铆足了劲儿往前冲，轮轮夺魁，随之而来的是邻居夫妇笑逐颜开的赞赏。

后来，他家孩子渐渐被孤立了，没有孩子再愿意跟他一起玩了。对此，孩子们说：“他每次都要赢，从不愿意当‘坏人’……”

就如作家刘震云所说，生活本没有输赢，一旦你有了胜负心，那便是输家。父母的胜负心理，实则藏着孩子对待输赢的态度：输不起的孩子，往往缘于输不起的家长。

小时候输不起的孩子，长大后也赢不起

武志红在《为何家会伤人》中分享过一个故事：他在北大读大二的一天夜里，从梦中惊醒，发现窗外有一个全身赤裸的男生，边跑边喊“我是北大的，我是北大的”。

原来，这个男生是数学系的，在上大学前一直都是学校里成绩最好的，但上了北大后，发现自己只能考中等成绩，他就变得越来越自卑。而在最近的一次考试中，因为有一门课成绩没及格，他就彻底崩溃了。

在北大就读，这是多少人一生都无法企及的高度，而他仅仅因为自己成绩中等，就自卑、抑郁、变疯，真是令人唏嘘。

还记得那个刷爆微信朋友圈的“杀了第一名，我就是第一名”的惨案吗？山

东淄博某校的初三男生秦某，只因马同学一直考第一，而自己屈居第二，就在马同学家小区的楼道口伏击他，将其残忍杀害。渴望好成绩本是学生的正当心理，秦某却因自己不是第一名，而做出如此极端的行为，这难道不是输不起导致的恶果吗?

想让孩子学会输，家长要先学会输

经济学家蒂姆·哈福德说过，任何事情都不可能一蹴而就，人类的发展就像生物进化一样，是在不断适应、试错的过程中缓慢前进的。

无论是家长还是孩子，输的本质其实就是一个不断试错的过程。要想让孩子学会输，作为家长要先学会输。

吴尊曾发微博说，女儿一心想赢得亚洲芭蕾舞比赛，结果却输了。于是女儿伤心地哭了。随后，吴尊为了让女儿开心起来，不仅带她去游泳，还跟她分享了自己在篮球比赛中以26∶128输了的故事。很快，女儿就从失败的情绪中走了出来，愉快地吃了晚饭。

在孩子面对失败时，父母的共情与接纳显得尤为重要：与孩子一起伤心，既认可了他的努力，也体恤了他的情绪；与孩子分享自己失败的经历，不仅能够有效地减少孩子的负疚感，还能言传身教让孩子明白输不可怕，不站起来才可怕。

没有比较就没有伤害，没有比较也就无所谓输赢。不拿孩子与他人做比较，也不拿自己与他人做比较，这样才能以最漂亮的姿态面对输赢。教会孩子坦然地接受输，和教他去赢一样有意义。

陈默老师说，孩子一心求赢的表现，很可能都是家长教育出来的。比如，在孩子还上幼儿园时，妈妈与孩子的对话就是这样的：“宝宝，你今天得了几个五角星？”“一个。”“那班上的小明得了几个？”“两个。”“那宝宝你明天就要得三个，超过他。”

类似的场景是何等熟悉。自孩子一出生，我们便倾其所有为孩子创造可以赢的环境，生怕一不小心他就会被时代所抛弃。遗憾的是，输赢乃人生常态，一如战场上没有常胜将军，人生路漫漫，我们不可能永远都是赢家。

告诉孩子，凡事尽最大的努力，无论输赢，他只需要去努力。无论成败，爸妈对他的爱，都不会少。

感悟手札

打倒一切反问句

双南

同样一个意思，让两个人去表达，往往会有两种效果。有些人能把话说得春风扑面，有些人一张口就让人心生厌烦。我仔细观察了身边的人，发现反问句式是最强大的对话杀器。

这大概源于我们上学时收获的"优良传统"。我们的班主任，无论来自天南海北，无论男女老少，竟然共享着一套惊人相似的话语体系。

"你上课不带书，和士兵打仗不带枪有什么区别？"

"这么简单的题，你都不会做？"

"如果大家都像你这样，学校还怎么上课？"

班主任的余威，被我们从学校带到了社会上。有些"消化不良"的朋友，就直接把这套话语体系变成自己的了。

这种传承是下意识的，不易觉察。有一次，我去一个朋友家里，朋友正在整理文献。熬了一夜晕乎乎的他，正抱怨找不到有关某个概念的材料。我脱口而出："那你怎么不去 ×× 百科搜啊？"朋友大概因为休息不足，心情很糟糕，也脱口而出："因为我傻。"

我当时心里一颤，虽然朋友马上清醒过来，连忙解释打圆场，但我深刻地意识到：反问句是很难让人心平气和地接下去的。

就在写这篇文章的时候，我收到了一条工作微信："里总，合同里怎么没加××内容？"我的第一反应是什么呢？"我爱加不加！你爱签不签！"当然，作为一个行事得体的人，我只能把这句话深埋在心底，然后假惺惺地说："那我让律师看看能不能调整一下。"虽然没有产生冲突，但我的好心情已经被破坏了。而我估计发微信的那个人，还不知道这平静的湖面之下已经出现了一次暗涌。

反问句是为了终止对话而诞生的。上学挨惯了骂的我们，很清楚这个生存法则：在班主任用到反问句的时候，最聪明的应对方式就是低头和沉默，否则后果只会更严重。

例如，"你上课不带书，和士兵打仗不带枪有什么区别？""有以下区别：第一，后果的严重程度不同；第二，补救措施的可用性不同……"

噼里啪啦，咚咚……

班主任常用反问句，是因为他们潜意识里，就想让你低头沉默。管理几十个调皮捣蛋的少男少女，最省事的模式，就是建立一个只有老师说话的一言堂。但在我们的日常沟通中，大部分情形是希望有来有往的。即使在上级与下级的沟通中，那种上级君临天下、发号施令，下级战战兢兢、唯命是从的情形也已经渐趋落伍。

沟通是为了办事，带着情绪，事情肯定不容易办好。所以不论是甲方对乙方、上级对下级，还是同事对同事，乃至《王者荣耀》里对着陌生的队友，把反问句的刺拔掉，换成平缓的祈使句或者真诚的疑问句，沟通效果就会变得不一样。

"亚瑟，你打什么野？怎么不去下路守塔？"和"亚瑟，别打野，先去下路守塔"，这两句话说出来的效果肯定不一样。

反问句不只在事务性沟通中让人难接，在"说好话"时也很难接。"日出江花红胜火，春来江水绿如蓝。能不忆江南？"这两句诗隔着纸念没问题，但如果作者白居易（时任杭州刺史）在你面前这么说，你也是蛮尴尬的。

"是啊，刺史大人，真是不能不忆。"你不管怎么接，听起来都会显得有些"狗腿"。如果白居易只是平淡地说："我很怀念江南，你呢？"你就可以选择很多不卑不亢的答复方式。"刺史大人，我对江南的感情也是很深的，那一年……"这就聊下去了。

当然，凡事无绝对，还是有适合用反问句的场景的。比如，假如你本意就想让对方难受，这时反问句是很好的匕首，短促而有力：“你咋不上天呢？”

感悟手札

择校如择偶

另维

美国的大学录取通知书大概是从高四那年的 12 月开始，陆陆续续寄给各位同学的，第二年的 2 月便几乎都到齐了。

读了这么多年高中，陈空最忙碌的时光竟是大学录取通知书到手后的三个月。

和填报志愿一样，美国大学需要学生主动申请，步骤复杂，但好处是数额没有上限。因此，大多数毕业生都手握多份录取通知书。比如，陈空就拿了七份，所以在抓耳挠腮、痛苦地七选一。

各所大学也在绞尽脑汁地攻打生源争夺战，他们比赛般诱惑陈空，邀请他去学校免费体验。高中的最后半年，陈空的班里有大片空桌，只因同学们都在全国各地的大学里体验课程。每一段大学校园体验之旅都需要请假三到五天，每一名普通高中生在做出最终决定之前，都会经历三四次这样的免费旅行。

在西方人眼里，选择一所大学和结婚一样，除了讲究客观的排名和条件，更是在选择未来的生活方式。这一切都需要有切身的体会才能真正了解。

我越观察越能感觉到，美国社会引导青少年探索自我的意识值得我们学习。

陈空的校园体验之旅在四月左右结束，高四还剩下两个月，他还有作业未完成。在我所在的大学里，学年快结束的时候，我上课的许多课堂上，会突然多出一些小孩。他们会在课间走上讲台，大大方方地介绍自己是附近某某高中的学生，来做作业，感谢大家配合。他们的作业是自行联络一位大学教授，获得他的许可，去听一节课，然后采访教授和大学生，通过切身的考察和交流，进一步了解自己未来想学的专业，再写一份调查报告。

我至今仍记得我第一次在教室里见到这些学生的情景。在成本会计课上，一个 17 岁的金发男孩在讲台上大声说，他计划读会计专业，将来做一名会计学教授，专攻成本会计。

西方人认为，找到自己的热情所在比高考重要，也比高考难，因此，这需要更多的时间和帮助，比如，全社会的共同配合。

当然，我不是在说这一系列的高中升学传统完美无缺，适用于所有人。我的室友凯特琳当年参观了大学三天，爱上了帅帅的导游学长，然后选择了这所学校。

青春太令人迷茫了，再先进的理念，在正值青春的人身上，都能被玩出五花八门的效果；再好的引导，也不是所有人的解药。因此，“探索自我”这门功课并不会随着高中毕业而结束。在大学里，换专业、修双学位、转学、休学都是开放的。有人统计过，美国的本科生平均每人换 36 个专业。好多人把学分修完了，想法就变了，再去修别的。

青春就是用来拨开迷茫的雾，遇见真实的自己的。人生的弯路谁也不能替你走，探索自我本就是贯穿一生的话题。

感悟手札

一节没上的钢琴课

乔凯凯

从八岁开始，每个周末我都会去贝西默老师家里上一节钢琴课。我很喜欢弹钢琴，我也很喜欢贝西默老师。

贝西默老师很温柔，每次上课之前，她都会给我喝一杯果汁。我不确定它是由哪种水果榨成的，当然这不重要，它并不妨碍果汁香甜的味道。我很喜欢听贝西默老师讲课，她能举出很多例子，让原本枯燥的理论知识变得有趣好玩。贝西默老师还会亲自给我示范弹奏乐曲，她弹得流畅、优美，毫无瑕疵，简直堪称完美。我羡慕极了！

一个周末，我骑着脚踏车去贝西默老师家上课。在路上，我遇到了我的好朋友艾伦。艾伦告诉我，他要去罗纳湖钓鱼。他说，现在是去罗纳湖钓鱼最好的时期，很多人甚至专门开车从很远的地方赶来呢。

“我们一起去吧！”艾伦对我发出了邀请。我犹豫了几秒钟，答应了艾伦。

其实，几乎在艾伦发出邀请的瞬间，我就已经决定和他一起去钓鱼了。我犹豫的是，要不要让艾伦等我十分钟，让我去向贝西默老师请假。不过几秒后，我就打消了这个念头——艾伦也许不会等我，他很兴奋，已经迫不及待了。而且，如果我不去，贝西默老师刚好可以休息一天。那天，我们钓到很多鱼，直到很晚才回来，我和艾伦玩得都很开心。

周末，我照例去贝西默老师家里上课。见到贝西默老师时，我才意识到，我的手表坏了，我早到了一个多小时。贝西默老师笑着说：“我6点就起床开始准备了，你再等一会儿，我们就开始上课。”

接下来，贝西默老师仔细打扫了琴房，调试了钢琴，然后坐在琴凳上反复弹奏一首曲目，我听出来了，那是我那天即将学习的内容。做完这一切后，贝西默老师从冰箱里拿出一些杧果、香蕉、木瓜和草莓，把它们切成块，然后放在榨汁机里，一杯香甜的果汁就榨好了。

“榨好这一杯果汁后，你就该来了。”贝西默老师看着我说。

接过贝西默老师递来的果汁，我突然想起一个问题："如果我最后没有来呢？就像上个周末。"

"我还是会做这些工作，只是你没有来，这些准备就变得毫无意义了。"贝西默老师平静地说。她的语气里没有一丝怒气和责怪。

从那天之后，我再也没有缺过任何一节钢琴课。只有一次，因为生病无法上课，我在前一天晚上就请求我的母亲去跟贝西默老师请了假。我想说的是，如果你和别人有约定，最好不要失约。如果真的无法赴约，一定要提前告诉对方。因为你不知道，在等待你的时间里，别人为此做了多少准备。

感悟手札

世间万物皆为师

谢祺相

人的一生就是不断学习与积累的一生。俗话说，"活到老学到老"，我们从呱呱坠地的婴儿开始，学习微笑、学习说话、学习吃饭、学习走路，那时父母亲是我们的老师。稍大一些，我们走进校园，跟着老师学习各种知识。等到踏进社会，走上工作岗位，我们还会参加实践、培训等学习课程，以提高自己的技能，这既为了更好地融入社会，也为了更大限度地回报社会，创造价值。

子曰，"三人行，必有我师焉"，从字面上讲，说的是三个人当中，必定有一个人有我可以学习的地方。推而广之，世间万物，不管是有生命的还是无生命的，不管是动物还是植物，不管是高贵还是谦卑，都有值得学习的地方。一个人需要学习的不止是知识，还有修养、气质，以及为人处世的方式，而世间万物都有其独特之处，正是值得我们学习的地方。

草木庄稼众多，从卑微小草到高大树木，从艳丽花朵到饱满果实，都值得我们学习。我们向草木学习生长和适应能力，植物再卑微，都会在春天返青，在盛夏生长，在秋天结出果实籽粒。我们人类拥有比草木更高的智慧，却缺少它们无怨无悔的倔强精神。只要有一点泥土和水分，草木就会发芽生长，而有些人在面对困难时，往往会怨天尤人，甚至失去活下去的勇气。再看树木，不管是名贵的珍稀物种，还是遍布山野乡村的寻常树木，都会直直地向上生长，以无限的热情去展示自己，去接近天空。而人类多的是抱怨，是懈怠，如果能够学习到植物的谦虚和顽强，从体质到精神我们都会焕然一新。

人们对动物最熟悉不过，在家有家禽、家畜、宠物，出外有小鸟、蝴蝶、蜜蜂，电视里还有总也放不完的《动物世界》。动物不仅是我们最好的伙伴，更是我们的老师。例如，狗的忠诚，牛的任劳任怨，马的长途奔波，都是值得我们虚心学习的优良品格。鸟儿在蓝天翱翔，我们应该学习它们向往自由的精神。昆虫仅仅存活几天，仍然活得精彩，我们应该学习它们珍惜生命的可贵。蜜蜂采蜜，蚂蚁搬家，它们都是昆虫界的劳动模范，让我们在学习中勤劳起来。甚至人们不太喜欢的动物，如老鼠、蚊子，它们面临很多强大的敌人，仍然可以很好地存活和繁衍，我们应该学习它们面对危机时的沉着和解决危机的能力，这样才能坦然面对各种自然灾害，才能更好地创造美好家园。

即使很多没有生命的物体，如大海，我们要学习其博大的胸怀；如高山，我们要学习其远大的目标；如白云，我们要学习其从容和淡然……向世间万物学习，才能不断提高自己，拜世间万物为师，才能谦虚、谨慎、循序渐进。我们在学习中会更加强大，也更能体会到生命的本真。

感悟手札

没错，我曾是个留级生

佚名

当一件真正能影响你的事出现在你的生命里时，它的存在会让你刻骨铭心，甚至能指引着你走更长更远的路。

一

我是从小学二年级转来小镇的，因为家族原因，爸妈在老家隔壁的小镇买了地，借钱盖了房子。从七岁开始，我的记忆多数与小镇有关。小镇不大，转悠个一大圈就能把它逛完。

上小学时，我少不更事，以为小镇就是我生活的全部，或者说小镇就是我世界的中心，在一个中心里，我过着普通到不能再普通的生活。

我没有想过自己能有什么未来，甚至在大人们一次次发问，长大后要成为怎样的人时，脑海里从未有过一个具体的答案。

我不确定自己到底喜不喜欢读书，但我知道，比起读书，我更喜欢和同学在放学后，蹲在门口玩石子，或者在课间跳皮筋。

我童年里四分之三的记忆，多与玩趣有关，与刻苦读书不曾搭边。

二

小学六年级时，我过得更加放纵。哪怕是面临着小升初的小压力，依旧还是和班上的男生们无忧无虑地玩耍。

班上有几个痞痞的男生，总喜欢逗我，惹我生气。而我一生气，就会随手抄起扫把，从前门追到后门。一路追，一路打，直到扫把的杆子被打得稀巴烂，男生开始喊疼，我才解气停止。

那时候的我，还不知道什么是泼妇，虽然当时的我行为很像个泼妇。

因为太过贪玩，爸妈的注意力又都在姐姐和弟弟身上，所以我就像个放养的野孩子，一度在自我的世界里沉沦。

而我第一次尝到跌进低谷的滋味，是在小升初的考试成绩出来后。

成绩很差，CFFC（小升初的考试，用A、B、C、D、E、F来划分成绩等级）。

一切都在我的预料之中，所以我不觉得有什么好难过。倒是我爸，得知我的成绩后，大惊失色。他不相信他的女儿会考得那么差。

现实就像无情的警告灯，让我爸第一次觉得若不去做些努力，我的未来就会变得岌岌可危。

可能我会像我邻居家的小姐姐一样，随便上个初中，然后转个中专，最后出来打工，打工之后就嫁人，然后再相夫教子，过着一眼望到头的人生。

好在，我爸是个开明的人，又很重视教育，哪怕面对劣迹斑斑的我，他也未曾有过放弃的念头。

于是，不久后，我爸做了一件令我至今难忘的事情：他去求我小学的班主任，让我留级一年，再给我一次机会。

三

因为我在学校的学风不好，成绩又差，老师觉得再给我一次机会，也是烂泥扶不上墙。更何况在那个只讲究升学率的年代，谁也不愿轻易拿机会去考验升学率。

所以老师本想劝我爸，说要不让她上完初中得了，不必去大费周章地努力些什么。毕竟，这个小镇上的许多女孩，就如同我前面所描述得那样——混日子、混生活，到了该嫁的年纪，就把自己嫁了。

但我爸很固执，坚持认为我没有大家想象中那么差，只要班主任再给我一次机会，就会看到不一样的我。

不知道后来我爸是怎么让小学班主任再次收下我的，我只知道当我爸通知我，夏天一过，就得重新上一遍六年级时，神情失落。而我，却一点感觉都没有。

小镇的夏天，很快地在第五声蝉鸣声里过去了，我又背上了旧时的书包。去学校报到前，我爸语重心长地对我说了一句："你要好好学习，这是你最后的机会了。"

12岁的我，还读不出父亲话语里的隐含之意。但当我去学校找班主任报到时，他前一秒还高高兴兴地送走上一位前来报名的同学，下一秒就面无表情地接过我的学生手册，头也不抬，直接就让我填了一下名字，然后让我离开。

那一刻，我才意识到，我爸为了我可能做了许多他从未做过的事情，比如，低声下气地求班主任，再给我一次机会。

四

我生性敏感，又很倔强，一身傲骨。所以当我把事情的来龙去脉了解了之后，一时间心情变得很糟糕。我第一次感受到，被别人“鄙视”的滋味，有多么差劲，被我爸倾注相信的目光，心里又有多么沉重。

如所有励志鸡汤故事的主人公一样，我开始疯狂地学习，晚上睡得比我爸妈晚，早上醒得比他们早。

成为留级生的那一年，我的生活里只剩下学习和生活。起床的第一件事是复习昨天的数学题，烧柴做饭时，会拿着语文摘抄本一遍一遍地看。

我不知道这样的生活什么时候是个头，但每当我快坚持不下去的时候，我就会默默地抽泣，然后想起报到时老师对别人给予的笑脸，和给予我的冷漠背影，那一刻我就知道自己不能放弃。

在那一年里，我的性格也变得有些孤僻，不喜言谈，哪怕是家人，也很少看到我笑。

我唯一的乐趣就是用家里的DVD播放碟片音乐，那时候S.H.E刚走红没多久，碟片里有许多她们的歌，几乎每一首我都会唱。她们陪伴我走过孤独的时光，但只有一首会让我听了之后潸然泪下——《天灰》。虽然它描述的是学生时代的爱情故事，但遗憾与失去是整首歌的主题。

我第一次听到这首歌时，眼泪不停地往下掉。可能，仅是因为我和故事里的主人公一样，都曾失去过。他失去了爱情，而我失去的是时间，还有成为优秀的自己的机会。

好在一切都没有太晚，及时回头，就算不能止住眼泪，也能让心里好受些。

我就像一只沉默的蜗牛，将这一年的路重新走过。好在那时候的我足够单纯与坚定。迎来第二次小升初的考试时，我觉得我仿佛看到了希望，我渴望着去证明自己，即使从头来过，也可以很好。

五

第一场考试是语文，出考场的那一刻，我的自我感觉没有那么差，也就什么也没多想，准备回家边做饭，边复习。

回到家没多久，我听到远处有摩托车的声音传来，当听到摩托车声在我家门口停止时，我忐忑地放下手中的复习题，向门口走去。

打开门的那一刻，我看到了陌生又熟悉的一张脸。班主任正想停车，但看到我闻声走了出来，直接从口袋里掏出一张纸，递给了我，淡淡地说了一句："准考证要收好，加油。"

然后，还未等我说声谢谢，他就在摩托车的轰隆声里离去了。

我说不出接到准考证的那一刻是什么心情，可能比起去埋怨自己的丢三落四，我更多的是被那个曾对我冷眼相待的人此刻的暖心举动所触动。

毕竟，在参加小升初考试前，我的成绩几乎也从CF等级提高到了B级以上，大概他也吃惊于我的转变吧。那个曾让他觉得像烂泥扶不上墙的坏女孩，有一天也成了他在课堂上的励志故事，虽然只是轻描淡写，但至少他看到了我的努力，至少这个故事可以说服其他同学，一切皆有可能。

小升初的考试，在夏天第六声蝉鸣的扯嗓里，慢慢地画上了句点。

那时候，还不知道什么是聚会，分别的仪式也只有以班级为单位，集体站在校门口拍一张毕业照，然后就此告别。

成绩出来的那个夜晚，全家人好像都很随意，可能是因为他们觉得我这段时间以来的确努力了许多，只要成绩比过往好，都值得高兴。只有我一个人在等待成绩出来的那一刻，用自己惯有的沉默掩盖了所有紧张。

成绩是我姐帮我查的：BAAA。

得知成绩的那一刻，全家人都在为我高兴，只有我情不自禁地流下眼泪。压抑了这一年的所有心酸与艰辛，在这一刻全都像决了堤的洪水，喷涌而出……

六

除了你自己，没有人真正明白你这一年以来，所付出的努力到底是什么。

好在，我真的做到了，没有让我爸失望，也让那个曾不太敢收我的老师刮目相看。

后来，我去了侨中。再后来，靠着努力加运气，我上了一中。后来的后来，我考上了一所普通的大学。如今，大学即将毕业。

前一段时间，回家时去了一趟小学，经过小时候经常玩耍的大榕树时，我想起了这个不长不短的故事。

很奇怪，明明已经过去了很多年，但故事的情节依旧让我记忆犹新。

可能，当一件真正能影响你的事出现在你的生命里时，它的存在会让你刻骨铭心，甚至能指引着你走更长、更远的路。

这一路上，我很感激我爸，如果不是他的坚持，就没有现在普通却快乐的我。我也很感激我六年级时的班主任，谢谢他没有执意放弃我。

最后，我最应该感谢的是自己：倔强的你，努力的你，谢谢你不曾放弃。

其实，小时候我很反感自己曾是一名留级生，也曾害怕别人知道我是留级生后，投来异样的目光。

大抵是真的长大了，许多事就算郑重其事地提起，都变得没那么重要，不再像曾经一样害怕躲闪。而当别人问起与之相关的事情时，我会落落大方地告诉他：没错，我曾是一个留级生。

没错，我曾是个留级的末等生，可我相信，有一天我终会成为“一等兵”！

感悟手札

读书就是要“过河拆桥”

冯友兰

我从七岁上学起就读书，一直读了八十年，其间基本没有间断。我所读的书，大都是文史哲方面的，特别是哲学。我的经验总结起来有四点：精其选，解其言，知其意，明其理。下面所说的书是指值得精读的书。

我所说的解其言，就是要攻破这一道语言文字关。当然，要攻这道关的时候，要先做许多准备，用许多工具，如字典和词典等工具书之类。

中国有句老话“书不尽言，言不尽意”，意思是说，一部书上所写的总要比写那部书的人话少，他所说的话总比他的意思少。因为语言总离不了概念，概念对于具体事物来说，总不会完全合适，不过是一个大概轮廓而已。

所以在读书的时候，即使书中的字都认得了，话全懂了，还未必能知道作者的意思。从前有人说，读书要注意字里行间，又说读书要得其“弦外音，味外味”，这都是说要在文字以外体会它的精神实质。这就是知其意。

司马迁说过：“好学深思之士，心知其意。”意是离不开语言文字的，但有些意是语言文字不能完全表达出来的。语言文字是帮助了解书的意思的拐棍。既然知道了那个意思，最好扔了拐棍。这就是古人所说的“得意忘言”。在人与人的关系中，过河拆桥是不道德的事。但是，在读书中，就是要“过河拆桥”。

上面说的“书不尽言，言不尽意”之下，还可再加一句“意不尽理”。

人总是人，不是全知全能的。他主观上的反映、体会和判断，和客观的道理总要有一定的差距，有或大或小的错误。所以读书仅得其意还不行，还要明其理，才不至于为前人的意所误。如果明其理了，我就有我自己的意。我的意当然也是主观的，也可能不完全合乎客观的理。但我可以把我的意和前人的意互相比较，互相补充，互相纠正。这就可能有一个比较正确的意。这个意是我的，我就可以用它处理事务，解决问题。

读书到这个程度就算是能活学活用，把书读活了。会读书的人能把死书读活，不会读书的人能把活书读死。把死书读活，就能把书为我所用；把活书读死，就是把我为书所用。能够用书而不为书所用，读书就算读到家了。

感悟手札

往后余生，请多学习

梅莉

朋友说她的儿子去海外上大学一年，放假回来后，像被调包换了个人似的。以前放假在家没事就唱“嘿嘿哈哈”的幼稚男生，现在带给她太多的惊喜。

比如，她下班回家就有做好的中西合璧晚餐等候，房间也不再像从前那样乱成“狗窝”。有一次，她说要去美发店剪头发，儿子竟然拿出一套理发工具，说他可以在家帮妈妈剪个流行的发型，把朋友吓了一大跳。原来学校里的男生为了省点钱，都自学理发技术，相互帮忙洗剪吹，久而久之，人人都成了理发师。

按理说，朋友家是做生意的，孩子应该没有经济上的压迫感。但出门在外，也能体谅到父母挣钱不易，为节约支出，孩子学会了很多生存技能，这是更大的收获吧。

年轻人求学欲强，状态如日中天，他们一旦学习起来自然士别三日，刮目相看。中年人也不示弱，学习起来更猛。前些天我看到一篇有趣的文章——《别得罪中年人，他们狠起来什么都学》，作者说她30多岁，为了孩子开始啃国学、学奥数、研究机器人编程……全方位挖掘自身潜力，并不费吹灰之力就成了斜杠中年，看得我目瞪口呆，也佩服到五体投地。

现实生活中，勤学励志的斜杠中年比比皆是，活跃在朋友圈里，丽华就是其中之一。三年前她开始学瑜伽，从最基本的招式学起，一直练到高难度的鹤禅式。多少练瑜伽的人已中途放弃，包括我，她却一直坚持着。去年年底她说自己已荣升为瑜伽馆的兼职教练，开始带学员，以后退休可以考虑开瑜伽馆，不怕没事做了。真是眼看她起高楼、眼看她宴宾客。现在，丽华又每天在朋友圈打卡学英语，我觉得她坚持几年的话，出国自由行我就可以跟在她后面走了。别人学什么我并不看好，但我看好丽华，因为她是那类一旦开了头就刹不住车、直奔目标绝尘而去的人。

说起来，现在好学的人太多了，感觉周围个个是学霸，我都不好意思偷懒。也许是都市生活压力大，技多傍身才有安全感吧。青年人学什么都上手快，不费劲，中年人学起来也像不要命。中青年皆努力，老年人是不是可以坐享清福、颐养天年了？还真不是。同事说他奶奶已是耄耋之年，一人独住，不去养老院，生活基本能自理。老人经常在家学做各种创新菜式，有次竟然做了油炸蝎子，喊他去吃。我们都艳羡不已，有这样的神奇奶奶是几辈子攒来的福气。

年龄不是问题，心态才是。前天出门，碰到九楼的吴阿姨，她像祥林嫂一样跟我抱怨，这已是第N次了，邻居也全都听过数遍，见着都要躲她。她说先生中风躺在护理医院两年了，这两年里她没吃过一顿可口的饭菜，人也瘦了十几斤，因为不会做饭。以前的饭菜全是她先生做的，做得特别好吃。我建议她去附近的食堂吃，她说那家食堂已经吃腻了。我说那就自己学着做吧，她尖锐而高声地回应我："我今年都70岁了，还学什么呀！"本来我想说同事奶奶90岁都还自己变着花样学做菜，你才70岁，还是个"年轻"老人呢！但看她一脸嫌弃我不懂事的样子，终没说出口。一个人活到老，忽然没了依靠，再不学点生存技能，怎么会活得开心？生活就是这么残酷，它才不管谁的死活，撒娇也只有爱你的人才懂。

生命有长短，即便是在同事高龄的奶奶眼里，觉得往事历历在目，也不过是一眨眼的工夫，她就活到90岁了。世界如露水般短暂，许多美好转瞬即逝，终究是要散场的。眼泪无用，叹息无用，回忆无用，然而，学习是有用的，它是一种生活的热情，是生之希望。

学无止境，学习提升了我们应对未来变化的底气和能力，也让我们活得更丰富和有趣。

往后余生，请多学习。

感悟手札

别把挫折教育荒唐化

连岳

昨天听说了一件荒唐的事情：一位爸爸欺骗不到三岁的儿子“爷爷被警察抓走了”，说是为了挫折教育。有这样的爸爸，这个孩子一生的挫折将会很多，可怜。

瑞士心理学家皮亚杰曾用实验证明，儿童的思维方式与成人的完全不同。这也说明，用成年人的想法去折腾他们，给他们硬造所谓的挫折，孩子们可能完全理解不了，不过是白白受到伤害。

皮亚杰发现，2—7 岁的孩子理解不了守恒概念。向这些孩子展示两个盛有等量液体的宽玻璃杯，然后把其中一杯液体倒进一个细长玻璃杯，这些孩子一致认为：细长杯的液体变多了。不知道皮亚杰这个实验的父母，或者说不知道儿童的思维方式异于成年人的人，见到此类情形，可能就会惊恐地认为，自己的孩子太笨了，以后要被社会淘汰；可能还要强迫孩子增加学习量，这对于大人和孩子来说，都是自寻烦恼。

皮亚杰还证明，儿童只会以自我为中心来看待世界，他们还无法从别人的角度想事情，还没学会“穿别的鞋子思考”这种高级方法。

说这些的意思是，真要搞儿童教育，至少得有点常识，那个骗三岁儿子“爷爷被警察抓走了”的爸爸，就是吃饱了撑的。从成年人的角度看，你只是开了个疯狂的玩笑；从三岁孩子的角度看，他真实地经历了巨大的痛苦。

如果父母的知识水平有限，理解力又不高明，我建议教育孩子还是不要乱赶时髦，朴实一点好。饿了给他吃，困了让他睡，多亲、多抱、多陪伴即可。

所谓的挫折教育，有些演化成了对新一代幸福孩子的嫉妒。不少家长表示，现在的孩子不愁吃、不愁穿，担心他们的成长无压力，没有为幸福生活奋斗的动力。

不愁吃、不愁穿，孩子物质不匮乏，不才是正常的世界吗？现在中年人小时候经历过的物质匮乏是不正常的。在不正常的世界中长大的人，比较容易不正常，在正常世界长大的孩子更正常，这才是合乎逻辑与现实的结论。

现在中国的中年人，与欧美发达国家的同龄人比，童年时代物质匮乏得多。别人家汽车、电视机、洗衣机，物质过剩，我们家父母都得像防贼一样藏一点可怜的零食。中国的中年人成长中所经历的挫折多得多，是不是比别人更有出息？

不一定嘛。

同样是中国的中年人，在儿童时代，农村孩子比起城市孩子吃过更多的苦，受到的挫折也可能多出几倍，是不是更有出息，更可敬、可爱？

也不一定嘛。

这么明显的事实摆在那里，为什么还是认定给孩子硬造出挫折与匮乏对他有利？那是因为这些人局限在自己的经验里，凡是符合自己经验的，才是好的：我小时候吃了很多苦，所以现在的小孩不吃苦是不对的。

人愁吃愁穿，确实是挫折，也会本能地焕发出挣扎求生的动力。但是这种动力太低端了，如果仅仅只有这种奋斗记忆，并且指望孩子也来一次，那就意味着家长没有高端一点的奋斗经验可以传授，他们的人生太简陋了。

一个人物质不匮乏，生活幸福之后，他的追求将更远大，他的动力会更高端。精力从找吃找喝这种低端需求中释放出来，就会转移到追求创造与成就上去，渴望获得尊重与荣誉。许多企业家、发明家、投资者，工作了一辈子，不愿退休，他们什么也不缺，从低端的角度看，没有任何动力了；但从高端的角度看，他们找到了终极动力：智慧的乐趣。

挫折教育不是故意给孩子制造挫折，故意为难他们。不然，领导给你穿小鞋，出门办事被刁难，骗子骗你，流氓打你，都属于给你的挫折教育，你都得感谢。

人生最不缺的就是挫折，人们在每一天、每一件事上展开竞争，其中的失败者就得面对挫折。对于好胜的孩子来说，考了第二名都是挫折。

挫折教育，是指你要在孩子遇到挫折时（这会经常性出现），学会如何倾听他的委屈与诉求，如何鼓励他重整旗鼓，如何给他们提供足够的心理支持，慢慢增加其韧性、抗击打能力，并明白竞争精神。

挫折教育，重要的是给教育，不是给挫折。

感悟手札

第五辑 永不停息 对理想的追求

岁月悠悠，飘逸的白云牵走童稚的歌谣，汹涌的江水载走纯真的幻想，理想的天空又多了些许灿烂的云霞，引领着无数追梦人为之奔跑。理想就如同一座山峰，也许人们穷尽一生都无法达到顶峰，但只要顽强地接近，就是一种幸运。

由班房到文坛

沈东子

和许多大作家一样，欧·亨利小时候就喜欢看小说，被《一千零一夜》迷得神魂颠倒，小小年纪就开始摹写。欧·亨利的父亲一直反对儿子写小说，认为与其写那些没用的东西，还不如学几门谋生的手艺，以免老来穷困潦倒。

欧·亨利是笔名，他原名威廉·波特，三岁丧母，父亲老波特是位医生。在老波特的安排下，小波特选修了药剂学，后来进药房当了个小伙计。在家里人看来，这是份有保障的工作，收入也不错。可是小波特有鸿鹄之志，他根本不想做小伙计，他要当大作家。20 多岁时，他随父亲迁居得克萨斯州州府奥斯汀，在一家银行担任出纳，娶得州女子阿瑟为妻。

几年后，他离开银行，携妻女迁居休斯敦。但就在离开银行不久，银行发现他经手的款项少了 854.08 美元，警方立刻传讯他，并准备开庭审理。钱是分三次丢失的，其中一次还是在他离开后才发生的，他如果请律师打官司，不一定会输。可是这个文学青年怂了，就在开庭前一天，他撇下一家人不顾，先是逃到邻近的新奥尔良，而后又逃往洪都拉斯——彼时洪都拉斯与美国没有引渡条约。

突如其来的变化让阿瑟六神无主，她本来就患有结核病，一下子就病倒了，病情迅速恶化。小波特闻讯，只好赶回来见妻子最后一面，同时向当局自首。他被判处五年监禁——理由很简单，如果没贪污，为什么要逃走？这个囚号 30664 的犯人，被关进俄亥俄州立监狱。他入狱后沉默寡言，从不为自己分辩，只是深感人情炎凉、世事无常。后来有证据表明，钱款遗失完全是银行自身疏于管理造成的，常有客户未签凭证，就将钱款提走。

他与阿瑟有两个孩子，一个因病夭折，幸存的女儿由外公、外婆照管。妈妈去世后，女儿问爸爸在哪里，老人不好直说，就对她说爸爸出远差了，要去好几年才回来。

由于小波特有一技之长，他被分配去管理监狱医院的药房，并分到了一个单间。他每天都把自己关在房间里，旁人纳闷他在里面干什么，其实他是在读书、写作。他把在监狱听到的各种离奇故事写成精练的短篇小说，托监狱外的朋友拿去发表。当然不能用威廉·波特这个名字了，于是他取了个笔名叫欧·亨利。这个笔名究竟是什么意思，至今仍有争议，有人说是他随手拣报头字母组合而成，有人说是一个法国知名药剂师的名字缩写，还有人说是取自他服刑的那家俄亥俄州立监狱，名字中的欧（O）即指俄亥俄（Ohio）。

他在牢里写的短篇小说陆续发表，欧·亨利这个名字引起了文学界的注意。最终，他从监狱走进了文坛。

感悟手札

小时候，我在山洞里读经典

冯仑

我经常碰到一些人，他们岁数不大，却让人感觉很老态，因为他们讲出来的词大多是20年前的。一个人讲话的时候所使用的词，反映了他的思想。不经常读书的人，他的语言会枯竭，思想会停滞。经常读书，且读紧跟时代的书的人，你跟他聊天，会觉得他很年轻。

我小时候读书，没有明亮的灯光，也没有其他干扰因素，就只有放在手头的书。这样的环境对我读书很有帮助，相当于在山洞里读经典，多安静！

《诸葛亮集》和《三国志》对我影响很大。我记得自己当年看《三国志》时特别感动，眼泪直流。我很惋惜，诸葛亮怎么54岁就去世了？当然，现在想想，那个年代活54岁算是挺大岁数了。此外，诸葛亮的故事有几点让我感触特别深。

一是他说“鞠躬尽瘁，死而后已”，我由此记住一件事：做事得鞠躬尽瘁。二是他认为娶媳妇是娶德，美丑不重要。他的媳妇是黄石公的闺女，虽然很丑，但德行特别好。三是诸葛亮死后家里没什么财产。他官至丞相，放到现在，好歹也相当于部级干部，可家里竟然没有积蓄。所以，我现在一直说人要追求理想，顺便赚钱。

那时候，有的年轻人经常往山洞里跑，在那里彻夜读书。可是现在，读书跟以前很不一样，就像是在夜总会里读经典，一会儿上啤酒，一会儿放音乐，很多因素会干扰你，怎么能看得进去呢?

也有一些人确实在读书，但是看的书很功利，比如，《如何嫁一个千万富翁》《如何成为百万富翁》，我觉得看这种书没有什么益处，因为人一旦眼中只有功利，就会变得很焦虑，更没法静下心来读书了。

常有年轻人问我，应该读什么样的书？我认为有三种书可以读。

第一种是古今中外的经典，像老子的《道德经》等。凡是能流传下来的，都是历经了时间考验的好书，都是作者伟大灵魂的寄托。读这类书，就是直接跟伟大人物进行面对面的交流。

第二种是对你现在最有用的书。在“最有用”这方面，我的理解可能跟大家不太一样。比如，对于创业者来说，我不主张他们看太多关于管理的书。书里说的管理理论跟现实中的情况完全是相悖的，以致现在满街都是管理人才，却到处都有破产企业。就像到处都在卖婚恋教程，我们听到的却都是不幸的婚姻。所以，我个人认为，这类书不解决问题。

举个例子，你的老板是你的哥们儿，他做事的时候拿回扣，你怎么把握？你合作伙伴的亲戚干了坏事，你的合作伙伴来求你，你怎么处理？如果你只看那些教授写的管理教程，等面临这种困境的时候，肯定一筹莫展，因为你在里面根本找不到答案。

我倒觉得，创业者最好看那种特别惨烈、对人性有挑战的故事，因为这些故事能够展现人内心的东西。比如，《教父》《古惑仔》，还有讲述上海滩 20 世纪二三十年代故事的小说，甚至民国丑闻，还有谍战题材等。创业主要就是与人性打交道，所以了解人性、读懂人心，对创业者帮助很大，能让创业者在遇到挫折、困难的时候给自己力量。

王石讲过一个故事。他的发小犯罪跑了出来，找他要钱。这个时候给还是不给？给吧，违法；不给吧，情理上说过不去。最后王石是怎么处理的呢？他给了发小一些钱，但是告诉他，这是自首路上用的钱。

后来，这个人被抓住了，警察问他身上的钱是从哪里来的，他说，这个钱是大哥让他自首路上用的。王石这么处理，既顾及了法律，又坚持了原则，合法且合理。

第三种是可以活跃大脑、拓展思维空间的书。就我个人来说，我好奇心重，越看不懂什么，就越找这方面的书看。

这类书可以是科幻书，也可以是小报或者杂志上非常规的信息，甚至可以是娱乐八卦。我有一个特别的习惯，看报纸从八卦看起，然后看社会新闻，再看财经、房地产，最后看时政。这样看报纸，那些非正规渠道的信息会刺激你思考，让你的思维空间特别开阔，还能扩展知识面。

比如，社会新闻中关于案件的讲述，会涉及很多刑侦知识，在跟人打官司的时候，你就能马上知道如何取证。

此外，像马桶的历史、门的历史、吃醋的历史等这些书，是有实际用处的好书，我觉得都很有意思。比如，吃醋的历史，反映了人的社会心理变迁，这对把握办公室恋情有帮助，可以起到触类旁通、举一反三的作用。

人的一辈子，从自然年龄上来说都是有限的，那么如何延长自己的精神年龄呢？我觉得，就是读书。你把书当成营养，当成空气，然后去读，书里的东西会逐步被你吸收，融入你的血液，这在无形中就会延长你的生命。所以，爱读书的人永远不会老。

感悟手札

和命运死磕

小马哥

有那么几年，曾经的同学或工友来北京出差、旅游，我所工作的中央人民广播电台都是他们必到的地方，仿佛这也成了一个旅游景点。他们在参观完我的工作环境，尤其是看完传说中的直播室后，总会说一句："原来，你真的在做播音员，而不是修车啊。"

我哑然失笑。在故乡做汽修工十年，修车是我赖以生存的技能。在他们的眼中，我即使离开了那个汽修厂，要养活自己，也还得靠这项技能。而且，在他们的意识中，能进中央人民广播电台工作，尤其是做播音员，没有背景，没有耀人眼目的学历，是不可能的。

他们和我是同学，知道我的起点：父母早亡，中学未毕业就开始修车，和他们一样在戈壁大漠度过自己的青春年华。即使在我工作的汽修厂的广播站，我也没能当上播音员，怎么我离开故乡三年多，就进了中央台工作？所以每一次，他们问起这个话题，我都不知怎么回答，只能说"只是走运而已"。

只有我知道，人生，哪有那么多的好运气。

是的，我起点低，初三只上了不到一学期就辍学了，至今也没有一张中学毕业证。在故乡，我只能做最辛苦的工作。而广播站的播音员，不但普遍家境较好，而且都是相关专业的人才，这些与我都是毫不相干的。

幸好，在故乡修车的十年中，我遇到了广播和书籍。它们打开了我看向外面世界的窗口，也支撑着我脱下沾满油污的工作服，走出那片曾令我流汗、流泪的土地。

寻梦的路是崎岖的，初来北京没几天，我就感到了诸多不适应。先是住宿问题，一个同乡帮我联系了学校管理宿舍的老师。当时还算幸运，恰巧是暑假，宿舍空余的床位较多，我便很顺利地住进了学校。

那间宿舍里有四个同学，尽管已经放假，但他们都没有回家，整天在宿舍里打牌、聊天，逍遥自由得不得了。而我这样一个外人突然闯进来，打破了他们的平衡，他们很不习惯，于是通宵玩闹、喝酒，试图用这种方式撵我走。

后来某个晚上，我实在受不了他们的吵闹，又不好意思开口请他们安静下来，就在操场待了整整一夜。那年我 26 岁，他们都比我小，又都是富家子弟，在他们看来，我这个贫寒的大龄青年和他们根本就不是一路人。

如果在以前，我可能会跟他们理论几句，但是当时我身上的钱很有限，外面的招待所绝对是住不起的，也只有这收费低的学校宿舍能住得起。所以，我必须让他们接纳我。

于是从那天起，起床后，我主动收拾宿舍，打好开水。午饭时，他们若还没有起床，我就帮他们打好饭。晚上他们玩他们的，我睡我的，居然也能顺利入睡了。几天下来，我们熟悉了，他们也就不好意思再这样对我了。

不过，这还只是一个小插曲，生活逐渐向我展示了它残酷的一面。从家乡新疆出来，我身上只有三万多块钱，付完学费，还有一些生活费，钱越来越少。课余时间，为了赚钱贴补生活，我会做点配音和解说的工作。

有一个冬夜，中央电视台的一档节目叫我去试音，要求晚上八点前到。七点半，我就到了约好的录音机房。当时，我口袋里只剩下 10 元钱，之前一档节目的配音费用大概还有一个星期才能拿到。我想，如果晚上试音顺利通过的话，我就恳求节目组的老师，看能不能预支 100 块钱，这样我就能熬过这个星期。

没想到，那天录音很不顺利，机房一直到晚上 11 点才轮到我。五分钟的片子，我反反复复录了将近半小时才完成。从皂君庙的机房到传媒大学的公交车，末班车是晚上 12 点。如果 12 点前告诉我是否通过，即使不给我提前支付工资，能让我赶上末班车也行，10 元钱足够我回学校了。

可时间一点点过去，我焦急地等待着结果，一个多小时后，他们才告诉我没有通过，那时已经是深夜一点半。摸着口袋里那张孤独的 10 元钱，我嗫嚅着恳求节目组的那位老师，让我在门口的沙发上挨一晚，因为我实在没有钱打车回学校了。那个年轻的老师看了看我，勉强答应下来，叮嘱我天一亮就赶紧离开。

那一夜，失落和怀疑让我无法入睡。

播音是我一直以来喜欢的事情，为了它，我远离亲人、朋友，背井离乡，千里迢迢来到北京学习。可是，我居然连一个节目组的配音要求都达不到，那将来，我还能依靠这个生活吗？

那个冬夜，我蜷缩在录音机房的沙发上，孤独落寞，直到天色渐明。

很多年之后，每当我路过北京皂君庙的那家机房，总会想起当年的那一幕。我真想走到那个在暗夜里伤怀疲惫的年轻人身边，陪他坐下来，告诉他这点小挫折不算什么，谁的娴熟技能不是从失败中一点点积累起来的呢？在错误中总结经验，然后经过千百次的锤炼，你肯定会越来越精进，越来越成熟。没关系，坚持走下去，你总会迎来明媚的阳光。

也就是 26 岁那一年，我通过了成人高考，先后进入中华女子学院、中国传媒大学学习。

这些年，每当我失去斗志，我都会回到我在女子学院读书时住过的那个地下室看看。

那是北京北四环小营的一个叫世纪村的小区，我曾住在这个听上去很气派的小区一个由防空洞改装而成的地下出租屋里。顺着楼梯往下走，楼梯很狭窄，下面却别有洞天。

第一次进去，那条一眼望不到头的长走廊深深地震撼了我——恐怖片也不过如此吧。走廊两边是密密麻麻的木门，木门上边便是一个巴掌大的排气口，每个门上边都有一个号码。走廊尽头的那间房，就是当时我和同学一起租住的地方。房间很小，大概只能放下三张单人床和一张小桌子，唯一让我觉得给房间增加了几分色彩的，是桌子角落里堆得高高的一摞书。

那里房间与房间之间的墙就是很薄的一块板，没有丝毫隔音的效果。半夜人走过大声吵闹的声音，不远处公共卫生间冲水的声音，舍友们熟睡中打鼾的声音都清晰入耳。然而，当生活将隐藏的伤口赤裸裸地撕裂给我们看时，除了接受，我们还能做什么？

生活可以廉价，但梦想不可以。正是在这样的环境里，我越发懂得，梦想，唯有努力争取，才会有曙光乍现；只有坚持不懈，才会向你露出笑脸。

其实，这世界上哪有什么顺风顺水，生活里哪有什么一步登天的快捷方式！远方的目的地都是一步一个脚印踩过去的。其中，你会走过泥泞，面对困难，经历磨难，每一件事情都有可能打败你，让你投降放弃。但只有跨过去，战胜它们，你才会成长。

人生就是在这样不断地轮回，也只有死磕到底，你最终才能获得想要的东西。

感悟手札

高考路上，每个人都自带粮草与地图

李阿宅

在学业的选择上，我曾经怨恨了父母很多年。

中考那年，我所在的乡镇中学被划分到了市里，按照划分标准，只要成绩达标我就可以直接升入对口的市重点高中。这对于很多人来说是一个千载难逢的机会，可是我偏偏发挥失常，与录取分数线相差两分。

听完成绩，父亲背着手在庭院外面沉默了很久，面对市重点高中高昂的择校费，他做出了让我去县一中读书的决定。那是一所全市排名末尾的学校，老师是被市重点高中挑剩下的，生源也都是如我一般从乡镇统招上来的。班里同学大多基础薄弱，很多人在上课时睡觉、看小说，早早地就放弃了对本科学校的奢望。我理解父亲的决定，可是当我在宿舍像个孤独的异类趴在床上默默背单词时，或者看到曾经与我成绩不分伯仲的好友 Z 在市重点高中与外教进行口语训练的动态时，心里还是会有无尽的委屈。

原本我也应该是市重点高中的一员。

那时候，我刚刚站到人生这场马拉松的起点，满心的愤懑想要发泄，没有漂亮的跑鞋与过人的天赋，那我就做一只努力的乌龟。我竭尽全力去做了，高一我始终让自己的名次保持在班级第一的位置上，但全市排名仍然是四位数。

高二学校文理分科，我明明文科成绩更优秀，可是父母却固执地坚持高考时理科有更多选择的思想，让我选择了理科。

知识结构难度增大，学习的内容和方法与初中时的差别，以及思维方式的转变，都让我在理科班变得无所适从。物理课，同桌轻而易举就能理解，而我总是处于慢半拍的状态。自信心的丧失，让我的成绩一下子掉到了中游。

我开始怀疑是不是所有的努力都毫无意义，是不是我的人生注定就要一直接受失败。没有人能够给我准确的答案。而这两次选择，变成了一条鸿沟，高中三年一直横亘在我和父母之间，以至于每次考完试面对惨不忍睹的物理和化学分数，我都在想如果当时的自己坚定一点，会不会学得更轻松一点呢？可是我们都没有预知未来的能力，谁也不知道下一个路口等待着的是鲜花拥簇还是荆棘密布。

高二第二学期期末考试，是全市统一的模拟考试，150 分的数学我只考了 80 多分，而在市重点的 Z 考了 140 多分，我的总分更是和他差了 200 分。按照当年的模拟分数线，我连专科学校都上不了。

北方的夏天燥热无比，我抱着从墙上撕下来的成绩单，坐在篮球场上一直哭到晚自习结束。那是一种在深渊溺水，无论怎么挣扎都爬不上来的绝望。

在回寝室的路上，我遇见了我们年级的第一，她抱着厚厚的一摞复习资料刚刚从教室里走出来。我红着一双眼睛并肩走在她身旁，两个人谁也没有说话。到她寝室门口的时候，她突然顿住脚，犹豫了一下说："不要害怕失去什么，我们本来就是一无所有。"直到现在，我都不清楚这句话到底是她说给自己听的，还是鼓励我的，但在当时它还是让不知所措的我充满了力量。

大概我天生倔强，我告诉自己这一次绝对不能输。于是，我摒弃所有的杂念不停地刷题，课间在刷，晚自习在刷，晚上宿舍熄了灯靠着手电筒还在刷。所有考纲里不会的知识点被我一一标出来，然后从高考题里找相应的题目做，前前后后总共做上三遍，无非就是几百道题。我在心里不停地给自己打气：这么简单的事情都做不到，还谈什么理想呢？

一个狂风大作的雨夜，我躲在被窝里拿着手电筒一边做有机化学推断，一边被"例假"折磨得死去活来。我听着外面雨滴落地的声音，特别想冲进雨里咆哮一番。可是那个瞬间，我连爬起来的力气都没有。最崩溃的时候，我想冲到班主任的办公室告诉她，我不要学理科了，我想转文科。

可是我不甘心啊，凭什么别人能做到的事情我做不到！我付出了那么多努力，是为了披荆斩棘、逆流而上，而不是为了对命运俯首称臣！

于是我咬着牙硬着头皮往前冲。

那真是一段艰难又黯淡的日子。那段日子就像一艘船，我把自己的梦想和期盼全都抛在了上面。我怀着满腔孤勇，赌上一切，拼命握着船舵，不管会不会遇见暴风骤雨。因为我知道，经过暗无天日的跋涉后，终究会到达一个遥远且更辽阔、美丽的地方。

当我决心要沿着理科这条路继续厮杀下去的那晚，我给自己的大脑放了一个假，放下了所有的书本。我戴着耳机一边听喜欢的音乐，一边思考我做不好这件事的原因。

我想或许是我过于想证明自己，于是“病急乱投医”，没有找到适合自己的方法，才导致所有的努力都变成徒劳。我开始要求自己每晚一点以前睡觉。当我发现精力越充沛，写作业和复习的效率越高时，我的心态也发生了翻天覆地的变化，身上的焦躁不安也逐渐减少。盲目刷题的习惯被我摒弃，哪些地方不懂，我就去把复习资料上的那一章吃透，再去找历年真题做一遍，不把时间浪费在已经理解了的知识上面。

一点点，一点点，在距离高考100天的时候，我的成绩重新回到了班级前列。

高考那几天，食堂特意为考生开辟了一个新的窗口，菜品异常丰盛，连一直不喜欢我的班主任都会每天偷偷塞给我两包牛奶。天空在下雨，考场里光线很差，我昏昏欲睡，手却不受控制地在答题纸上奋笔疾书。虽然虎口僵硬得快要抽筋，可是那一刻，我觉得自己距离未来好近。

考完最后一场，外面密密麻麻站满了被雨水淋透了的家长，两侧则是执勤的警察。我的父母和从外地赶回来的姐姐站在人群里，脸上同样布满了焦急。看到我走出来，姐姐轻轻抱了我一下说：“辛苦了。”具体的场景虽已经在记忆中模糊到无法辨认，我却永远记得，那天是我第一次因为高考这件事情感动。

后来，我考上了理想的学校，然后考研出国，在绕了那么多弯之后，生活开始变得顺遂起来。就像作家黄佟佟在专栏里写的：“来到这个世界上，每个人都自带粮草与地图，你根本不用担心，基本上每个人都有活下去的办法。”

而在我写下这些文字的时候，我正坐在福冈开往鹿儿岛的新干线上，窗外是日本6月的风景，远处山间升腾起来的雾气美得让人窒息。

如果有人问高考对我最大的意义是什么，我会毫不犹豫地告诉他：“它是我的地图，把我带到了我想要抵达的远方。”我幼儿园、小学、初中、高中上的都不是太好的学校，没有高考的话可能真的什么都实现不了。10年前那个偷偷跑到乡镇网吧追看宫崎骏动画的少女，一定不会想到有一天自己会在宫崎骏的故乡求学、生活。

感悟手札

工作到凌晨的99岁老人

范春叶

张效房是我国眼内异物研究的奠基人和眼外伤专业的学术带头人，1955年以来，他在眼内异物定位和摘出方面做出了38项发明和改进，被认为是我国对国际眼科学事业的两大贡献之一，至今获国家和省部级科技成果奖13项，国家专利17项，参编其他重要著作22部。

虽然有着赫赫名望，但如今这位走过近一个世纪的老人，依然每天忘我工作，甚至于有时候伏案改稿子，改到凌晨5点！原来，应中华医学会邀请，张效房正倾注心血编写《张效房眼外伤学》。此外，他还要为研究生批改英文病例，修改来自全国各地的眼科论文，身体允许时还要坐诊……

这样的工作状态，即便年轻人也吃不消，何况是年近百岁的老人？老先生的家人更是心疼，劝他身体要紧，告诉他觉睡少了最起码要少活两年。老先生揉揉疲惫的双眼，开怀大笑："我已经活了 99 年，还在乎少活两年吗？只要把这本书编出来，交出一个合格的稿子，我少活多少年都没关系！"

多么浩然大气！然而人毕竟不是铁打的机器。张效房曾先后做过肾脏摘除、脑血管支架、胸部肿瘤等多次重大手术。按说，与死神擦肩而过应该更懂得珍惜生命才对，为何张效房还要夜以继日呕心沥血伏案至凌晨？

"愿做春蚕，吐丝不已，至死方休；甘当蜡烛，奉献光明，耗尽自身。"这是张效房的座右铭。他以此作为警戒、提醒，一生都在用医术造福百姓！

中华人民共和国成立前后，农村沙眼发病率极高，许多病患因为治疗不当而致盲。年轻的张效房觉得农民到城里不容易，就主动和同事利用休息日，带上干粮到农村为百姓义诊。即便如今年将百岁，张效房仍坚持在临床一线坐诊，慕名而来的患者常常挤满他的诊室。老先生像年轻医生一样加班加点，连水都顾不上喝，他说："有的病人是从很远的地方赶来的，甚至还要等我好几天，给人家解决不好对不起病人！"

从事眼科教学、医疗和科研工作 70 多年，张效房早已是中国眼科医学界的泰山北斗，桃李满天下。作为国内眼科学的创始人之一，他见证了中国眼科事业从起步到飞跃发展。有人夸他德高望重，他呵呵一笑："什么德高望重，无非就是年龄大一点，糟蹋粮食多一点……"

然而不论是谁，生命终将走向终点，张老说："我想趁我还有精力的时候，把我的所学、所有的经验教训传授给大家。我的时间不多了，所以我必须抓紧时间，一刻不停地工作，一刻不停地来帮助培育下一代。只要我还有一点能力，能工作一天，我就要工作一天。"

人生意义正在于此：知道自己该做什么并且坚持不懈地努力。把眼光放得高远，生命就会散发出更迷人的光彩。

感悟手札

少年时热爱过的，你现在还会跟人提起吗

张佳玮

2015 年春天某个周六，我陪一位老师沿着圣日耳曼大道散步。走到但丁路，转弯，看见巴黎圣母院的侧影，那些被建筑学家反复念叨的、瘦骨嶙峋的飞扶垛时，那位老师激动起来："啊！圣母院！"

走到双桥边时，左转，走出十来步，我指向布舍列街 37 号，一间逼仄小巧的店。还没说话呢，那位老师先嚷了："莎士比亚书店！"

因为是周六，门口游客多，有人排队。负责看门的姑娘说的是英语，跟她说法语，她不太会——这真的还是个美国味道的书店。书店里一大片讲英语来朝圣的人，那位老师排开众人，到柜台问："您这里有《流动的盛宴》卖吗？"

"有，就在中间。"

书店挺窄，正中靠左廊一排按例搁经典书，《艾玛》《包法利夫人》《堂吉诃德》《老人与海》之类，中间夹着两本《流动的盛宴》。其中一个版本，封面是海明威当年在莎士比亚书店门口拍的照片。那位老师买了，去柜台，柜台小哥问要不要刻章？当然要啦。

我跟那位老师在旁边的咖啡馆坐下来，他老人家抱着《流动的盛宴》，神采飞扬。

我跟他说，刚才沿但丁路走过来，路边就是索邦大学，所以当年……不等我说完，那位老师大声说："当年海明威就是在这里遇到的马尔克斯？"

我们说的，是 1981 年马尔克斯写过的往事：他在 1957 年 28 岁时，在巴黎与海明威相遇。

类似的细节，外人可能听着觉得云里雾里，但对写字的人而言，就像是彼此认亲的密码。

十几年前我在上海，与一些写东西的朋友通宵达旦，一边打实况足球，一边谈论品钦、马拉默德、卡尔维诺、索尔·贝娄、克洛德·西蒙、海明威、马尔克斯，争论译本、译者、结构、语言。

某个朋友在 QQ 群里留下一句“陕西南路某书店，某社的马尔克斯集子，只有一本了”，会引得几个相熟的朋友同时出发去抢。

大家各自写练习文本，在旧版书中找到一些珍贵的冷门文本，然后手打上网，给朋友们分享。“哎，我找到一篇卡佛的。”“哎，我看到一篇科塔萨尔的。”

后来呢？

那些写字的朋友们，有的还在继续写字。但大部分人，或是做了编辑，或是做了编剧，或是去写歌词，也有的做了广告文案。多年后再见面，说起自己写的东西来，大家都有些羞涩。

一方面是年少轻狂之后，觉今是而昨非。另一方面是，到了一定年纪后，大家都有些不好意思：不好意思谈论最近读的书、写的东西；让熟人读自己写的东西时，有种近于羞赧又惴惴不安的心情，因为知道朋友能读得出自己的某些用心、技巧与渊源，仿佛自己变戏法哄人时，恰好被熟人目睹了。

不，这并不是一个“当时我们年轻有梦想，后来就背弃了”的故事。有些爱好只是藏起来了，但并不因此而减却热情。

前两年春节前夕，一个朋友跟我联系上了，他兴高采烈地给我看他最新写的几个并不拿来出版的短文。

我看了一段，“这段是恶搞赫拉巴尔的某篇小说吧？”他拍手大笑，乐得跟小孩子似的：“对对！”

这代人傻起来，就像学生似的。

这就好像我一个负责篮球和足球的编辑，在前两天罗本退了时，默默在朋友圈放了一个 CM03（一款网游产品名）的截图。

就好像听说中国女足要开始世界杯时，我一位长辈给我看他珍藏的一个刘爱玲的签名。

就像我去年跟一群朋友聊天时偶尔说起“小时候海南摄影美术出版社出过《圣斗士》的漫画”时，一位同龄人静静地说：“九卷 45 本，我收了的。”

就像几个人，忽然心有灵犀地哼起了《宇宙骑士》的第二首片头曲。

说回开始这位老师，他在国内是做出版的，做的都是挺地道的畅销书。但私下里，他给我看过他的手机备忘录：一篇很严谨、扎实的学院派小说，篇幅不长。

我问：“怎么不长呢？”

他笑笑："我现在等车的时候，就写小说。工作归工作，私下里，自己想写的是什么，自己知道，抓紧碎片时间写，自己也高兴。"

许多文艺青年们老了，转行了，不像少年热血时那般将一些宏大的名字挂在嘴上吹嘘了，但举手投足、言谈举止，还是会很容易漏些风出来。

这大概就是人长大的方式。真爱的东西，越来越少宣之于口，只是默默秘藏，无时或忘，最后成为一种奇怪的密码。也许没有年轻时那么热爱得溢于言表了，但还是压在心里的。

下面这个故事，以前说过——

我在巴黎认识一位长辈，与她先生一起做贸易的。我初次到她家吃饭，看到她家的书架，着实吓了一跳。

"这都是您读的书？"

"我先生的。"

"啊？叔叔是专业搞创作的吗？还是做老师的？"

"哪有啊，跟我一样做贸易的！"

我简直不敢相信，因为那书架上虽然书不多且旧，但品位非凡、主题划一、极为专业，看得出是内行读书的脉络。于是我问那位长辈："叔叔以前应该是文艺青年吧？"

"我不觉得他怎么文艺啊！"

过了段时间，再跟那位长辈聚餐，她说自己后来也问了先生，说她先生出国前，的确拍过电影，只是以前，他自己并不多提。

"你不提，我不问，他都不跟我说！"

我回去查了下。那位长辈的先生，早在我出生那几年，就跟某位后来以拍电视剧著名的导演拍过一部很先锋的电影：其中若干个镜头，是向《四百击》与《姿三四郎》致敬的。

一个三十年前的先锋范儿电影摄影师，在巴黎大隐隐于市，连自己太太都没怎么注意到。但书架里放的、平日读的书，到底将他的过去流露出来了。

少年时热爱的东西，有些变成了后来会刻意隐藏，但午夜梦回时，偶尔也会念叨"等这些都过去了，一定要捡起来"的玩意儿；也有些就这样，融化在了日常的举手投足、眉梢眼角之间。

不一定显露，但真心爱过的，就一定还在那里。

感悟手札

用嘴画画的画家

魏巧华

对于画家来说，有一双灵巧的手和一个创意十足的大脑同等重要，但不是所有的画都是靠两只手画出来的。美国丹佛市有个38岁的画家叫亚历克斯，他不是用手画画而是用嘴画画的。

亚历克斯的身体原本是健全的，但他20岁时有天突然感觉双手麻木僵硬，去医院就诊，被医院确诊为慢性炎症性脱髓鞘性多发神经病。这种病症以周围神经近端慢性脱髓鞘为主要病变，是一种自身免疫运动感觉性周围神经病。突如其来的变故使亚历克斯痛不欲生，但这厄运并未结束，随着病情的恶化，亚历克斯的双臂最终陷于瘫痪状态。

失去双手的亚历克斯，同时也失去了生活信心，他非常绝望，多次有自杀的念头。哀莫大于心死，想当初健康的时候，他骑着枣红色的摩托车到处取景作画，从十岁开始就画笔不离手。他梦想有一天成为达·芬奇那样的大画家，可现在双臂不能动弹，只能混吃等死。

有一天他太无聊了，叫家人打开电视，一则新闻吸引了他——一个用嘴作画的画家正在举办画展。亚历克斯把这则新闻保存下来后，反复地看了好多遍，突然大声吼道，我要当画家，我要当画家，我一定能成功。

于是亚历克斯再次拿起画笔，每天至少练习 12 个小时。刚开始练习的时候，他没有老师指导，全凭自己学习揣摩。有一次他用力过猛，把门牙给磕掉一颗，母亲看他满脸是血吓坏了，赶紧叫了救护车。他的嘴常常被磨起水泡，有时嘴皮肿得甚至连吃饭都困难，只能靠吃流食维持生命，但他嘴一好马上又开始训练。通过十多年的艰辛作画，他终于得到了人们的认可，如今已进入美国大画家的行列。他甚至还画了一幅高难度的画——《拿破仑在战场上指挥的场景》。亚历克斯成功举办了多次个人画展，他的画成为许多人珍贵的收藏。

生活的磨难击垮不了有意志的人，肉体的痛苦无法给精神造成伤害。要生存不要毁灭，要积极不要消极。亚历克斯曾说：现在生活中任何灾难都无法再打败他。

“心若在，梦就在”，唱出了亚历克斯的绚丽人生。

感悟手札

1978 年，命运没有让我成为一个大学生

秋雁

1978 年，我刚满 15 岁，已经上了一年高中。

春季开学一个月后，父亲以“社会考生”的名义，给我在当地教育组报了名，让我在毫无准备的情况下参加了当年的高考。作为一个有见地的知识型农民，当年的父亲一度非常振奋——拨乱反正、百废待兴，知识与科技将会推动整个社会

的生产力向前发展——他把对未来的赌注全部押到了我的身上。

很快，我就拿到了高考准考证：折叠着的两页硬纸片，“准考证”三个字占整个封面的三分之一。那年湖南省的高考日期是7月12日，考场在教育组附近的注南（村）小学，考场纪律很严，除主考官外，前后各有一名陪考。

没几天，父亲就带回来了高考结果：大队上只有教我们初中物理的梁云老师考上了师范，而我语文考了86分，数学只有39分，总分离录取线还差17分。父亲还是很高兴——我高中刚读了一年，就能考出这样的成绩，明年可谓十拿九稳。

我知道父亲对我读书这件事，投入了太多的期望。父亲在家里排行老幺，年幼时祖父一直在尽力供他读书，父亲读完初中，在我们当地小学当了老师，在当时算是相当有文化的了。

父亲四处打听，得知我们高中当年没有一个考上大学的学生后，便决定让我转学。他费尽周折，硬是找关系把我送进了祖母家附近的华容四中。当时，之前的高中不肯放人，为此还折腾了好一阵子。

报到后的第三天，我的新班主任周老师就把我叫到他的宿舍里，拿出一份表格叫我填。他是历史老师，当时快50岁了，人瘦高，皮肤黑而粗糙，戴着有很多圆圈的眼镜，看什么都是一副很认真的样子。他问我：“你参加过高考？听说考得还不错，就差十多分上分数线？”

“是的，是作为社会考生报的名，连我之前的老师同学都不知道，考场上就我最小，有人岁数都跟我父亲差不多了。”

“哦！那你加油吧。今天刘副校长从县教育局开会回来，还为你的事召开了专门会议，校方已经接纳你了，顶了很大压力。你之前的学校不想放你，想靠你实现高考零的突破，争议好大呢！”

从此，我正式成为华容四中的一名通宿生，不住校，一日三餐在伯父家吃，早晚自习一节都不落。

我不敢懈怠，几乎整天泡在书海题山之中。每天早上起床后，我不管什么季节，都会先用冷水洗把脸，然后跑步入校，开始一天的早自习。有一天去得早，学校电闸都还没通电，我便只能用教室角落的煤油灯看书。

陆陆续续的段考、中考、小考、期终考的成绩出来了，我总是名列前茅，特别是语文，单科长期驻在榜首，引得同学们惊讶、羡慕。

那时各行各业对文化知识的需求犹如久旱盼雨，学校也想方设法地想把教学质量抓上去。没过多久，校党委决定重新调整分班，毕业班分出了文理科，进而又分出了重点班和普通班。我们班作为文科重点班，人数压缩到了 39 人。

我去看过普通班的学习状况：人数比两个重点班还多，上课时，学生在讲台下面打闹，像在集市上卖菜，老师在台上讲到喉干舌苦也没人理。

重点班每天的课程则排得满满的，班里还订有报纸杂志。同学们的学习热情都十分高涨，对知识无比渴望。后来，我们班的同学分别考入了北京大学、湘潭大学、湖南师大、岳阳师大等知名学府——那时候大学的升学率只有百分之几。

一个学期接近尾声，迎接高考的紧张气氛也越来越浓了。有时候，我也会住在学校寝室里，就在我生疔的头一天晚上，我还跟一位同学（他后来当届考上北京大学哲学系，成了我们当地的美谈）临时挤在一个铺位上。那晚，我们畅谈着各自的理想，规划着未来，几乎一夜未眠。

等到第二天的数学课上，我忽然感觉离太阳穴不远的地方似乎长了一个又肿又麻又木的东西。伴着持续的低烧，我整个人的状态十分萎靡，整堂课都趴在课桌上，老师布置的作业也无心去写。

下午放学后，我回到伯父家，什么东西都不想吃，伯父用瘦肉作码子给我下了一碗面条，叫我无论如何都要吃一点，然后又从他那些瓶瓶罐罐里倒出一些粉末，帮我涂在患处。

那一夜我几乎完全没有睡着，总是口干舌燥，起床喝了无数次茶，行走都有些不稳了，不是踢着凳子，就是摔了碟子、茶杯，全身也持续发烫。

到第三天下午，堂兄回了家，觉得我的情况十分不妙，赶紧与伯父商量，又跑到粮食管理总站拨通了我家那边粮管站的电话。就在 1978 年农历十一月二十四日下午，我母亲接到粮管站的人送来的口信：你们是不是有个儿子在四中读书？刚刚那边来了电话，你的儿子脸上长了一个疔，蛮危险，叫你们赶快去！

母亲当时吓得说不出话来，一路小跑赶来，路上还不忘看看路旁的人家谁有黑鸡婆拉的屎和菜园是否有长着油绿叶片的芋头——她听老人说过，这两种东西"背毒"很管用。

后来她跟我说，那年正月初二她做了一个奇怪的梦：一个穿白衬衫的中年人在我家窗前问她要不要白房子，她就随这个男人走到旁边大堤上，男人指着扎得很漂亮的灵屋子对她说：“这个可以住十几岁的人。”母亲说，梦里她看见我正好在那里，围着灵屋子转了几圈，没有跨进去，转身走了。

这个不祥的梦母亲一直存在心里，将近一年的疑惑与担心，竟在这个时候，以这样一种残酷的方式显现了。

父亲也骑着自行车赶过来，母亲脚疲手软搭不上车，只叫父亲快点往伯父家赶。

父亲后来对我说，他赶到伯父家时，远远就看到了禾堂里用睡衣做的担架。我整个头肿得毛线衣都脱不下来了，鼻孔里喷着阳尘灰，七窍都流血了，两只眼睛肿得似灯笼，左额的疔伤口还有少许的血脓水排出，喉咙都肿大了。

父母赶快把我送到医院。医生会诊后说，这是疔毒引起的败血症，院方设备与医疗水平有限，建议马上转院。

母亲抓着主治医生的衣角就跪了下来，声泪俱下。医生护士们都很为难——当时我生命垂危，如果转县医院的话，根本没有救护车。“家属要有充分的思想准备！只能这样了，马上抢救！”

那些天真是难熬，整个白天，我的点滴就没有断过，姑妈坐在床头，把我肿得不像人形的头搂在怀里，让我保持着呼吸比较通畅的角度。我粗重的呼气里，开始几天还能看到呼出来的阳尘灰，小便也是血色。

母亲用调羹把水一点点滴在我干燥的嘴唇上。夜深时，她就一个人站在外面，躲在僻静处，向着旷野绝望地哭泣，弄得第二天早上来送开水的食堂师傅都埋怨道：“一晚上在窗外哭得人鬼不得安生，我们又要早起，谁受得了。”

学校领导、班主任周老师都来医院看望我，周老师看着眼前的一切，连声摇头：“太可惜了，太可惜了！”仿佛一件心爱之物在左右交替之际失手打碎。

每每医院附近的机帆船一鸣喇叭，不要多久，就有很多左邻右舍涌入病房看我。

一个礼拜之后，漫天雪花在清晨出其不意地落了下来。我问母亲：“这是在哪里？我想回家。”我在床上挣扎，可是我的右手、右脚却瘫痪了，一点都不听使唤。从医生口中得知，半身不遂是持续高烧不退的后遗症。

我勉强睁开肿得如桃子般的双眼，眼中的世界却像不同的版面般重影。医生跟我说：“这在医学上讲，是一种复视。要想身体状况完全恢复，你还有很长的路要走。”

1978年农历十二月二十六日，除夕在即，我必须出院了。

我的身体状况差到了极点，跟着机帆船在隆庆河的波涛上起起伏伏。风凛冽地在耳边晃过来晃过去，甲板上有些冷，两岸的村庄在眼前绵延着。

一切都毁了，一切都不可逆转地改变了。我满心想着的是自己为什么还要如此苟延残喘，拖累亲人们?

所有的梦想都破灭了，我甚至怨恨起父母、亲人来：为什么要救我，不顾一切，负债累累，而以后的康复之路更加沉重、艰辛。最重要的是，我这半边残躯只能在遥遥无期的盼望中，等待命运的垂怜。

“孩子，外面风太大，进去吧。”母亲温暖的手握住了我冻红的手。我看到她直直地注视着我，眼里的光仿佛有一种刻骨铭心的东西，瞬间瓦解了我轻生的决心。我还能勉强行走，我还要继续坚强、乐观地活下去。

接下来的日子里，父母要继续忙外面的事，我则每天在田边路基下挖点鱼腥草，洗净煮沸做茶喝。

无论多忙，母亲都要回家把从远房亲戚周郎中那里开来的中草药，一天一服煎好，定时盛一大土碗，让我喝掉。父亲也会去大大小小的医院找“加兰他敏”和“新斯的明”，药价二三十元不等，时常要向公社打报告才能批下来。

我一般早晨六点半钟左右起床，进行简单的跑步训练。湖区的田野自然而舒适，时不时会有小青蛙惊恐地从我脚边跳到沟渠里、荷叶缝里、高笋茎上。那些夹杂着农作物清香的味道不停地撞击着我的嗅觉——任何生命都有它值得珍重与珍惜的理由，季节的解冻已是势不可当，春天以雷霆之势蓄势待发。

再往后，我也可以自己一个人搭机帆船到地区医院做理疗了，跟医生们混得也愈发熟稔。有个与我父母年龄差不多的周医生，曾以“文红年青大有作为”作为前缀字，让我吟诗一首。我随即胡诌一首，他拿着写在处方单上的答案面露惊讶之色，之后逢人便讲我会作诗的事情。

为缓解家里的经济压力，父母还转手买了一台二手压面机，每天起早贪黑，发面粉，和面粉，压粗坯，压细坯，出面条，再用木架将面条晾晒在操坪里。热辣辣的阳光反复舔在软软的面条上，不要多久，面条变硬、变脆，便切割包装上秤，一个接一个的客户就在一旁候着、等着。

很快，我家面条的名声传遍了十里八乡，“个体户”这个新名词也出现了。

1978 年是我人生的分水岭，那一年，我的同班同学几乎全部进入大学深造，后来在不同领域、不同岗位做出了傲人成绩。

而我，只能抱着“自己命运的咽喉岂能被扼住”的决心，四处求医问药、坚持锻炼，甚至在手摇压面机把手前流着黑汗。

右手不灵便，我就开始练习左手书写。开始时无数次都想放弃，但我还是躲在角落里，写下了不少诗歌、散文和小说，然后去找字迹工整的伙伴们帮忙誊抄，再去投稿。直到很多年后，我左手书写的字，也获得了市级书法家协会的奖项。

到 20 世纪 80 年代末期，我终于考入湖南江南工学院（后更名为江南兵器工业职工大学）学习机械制图。

此刻，我终于不再抱怨命运所赐的痛苦和灾难了，仿佛流浪的水手重回恋人温柔的怀抱。我将歌唱——用拙劣、嘶哑的歌喉纵声唱出注满海水的歌谣，像遥远的灯塔用光束找回迷航的船只，我也将努力找回那个迷失人间的自己。

我终于可以对 1978 年说一声：再见，我的人生从此不再虚度。

感悟手札

“中二”少女成长史

郝景芳

我先讲一段前尘往事吧。在我得了雨果奖之后，好多人问我是从什么时候开始建立文学梦想的。我有时候会讲起我小学四年级开始看《红楼梦》，从那之后，陆续看了一些文学名著。

如果只讲这些，那么很多父母可能会想：果然，培养孩子看名著是有好处的，一定要给孩子多买名著，潜心培养孩子看名著，早点灌输。

但是真相不是这样的。

我为什么会开始看《红楼梦》呢?

小学三年级的某一天，我偶然发现一本旧日历，是以金陵十二钗为主题的。我当时惊呆了：什么？这个世界上居然有这么漂亮的女孩子！我惊为天人，爱不释手，开始照着日历一页一页地临摹。我喜欢她们的古装，喜欢袖口和裙裾；喜欢她们头上的装饰和发型，喜欢凤钗和高高盘起的云鬓。画到最后，我连每一个女孩子的外貌细节和服饰纹样都记清楚了，这才想起来问：她们是谁呀？于是我知道了《红楼梦》，赶紧拿起来读，一下子就沉醉了。

我对《红楼梦》的印象，就是关于好多美女的故事。一个美女，又一个美女，还有一个美女，再来一个美女。我把美女们的判词都背了下来，还学她们念诗。

读了《红楼梦》之后我就入了文学之门吗？不是的。我确实在看完《红楼梦》之后看了不少书，世界名著也有，侦探和武侠小说也有，但我没有一丝一毫想要成为作家的意愿，我爱的仍然是图画。

我入了漫画之门，开始光顾街上的租书店，把我能租到的所有可看的漫画全租了一遍。暑假期间，我一天看 5 本，第二天再换 5 本。

我看所有的少女漫画，也看一点《幽游白书》之类的少年漫画。我喜欢齐藤千穗的“美型”人物，也喜欢《天是红河岸》里宏大的故事背景。

我的历史启蒙源于漫画。我最早是看《凡尔赛玫瑰》喜欢上了玛丽·安托瓦内特，然后对路易十六和法国大革命产生了兴趣。我到现在都还记得在漫画里初识玛丽和罗伯斯庇尔的画面。

我的艺术启蒙源于漫画。我爱极了《花冠安琪儿》，从这部漫画里我了解到文艺复兴三杰，了解到当时亚平宁半岛的权力结构，了解到教皇的地位和私生子西泽尔传奇跌宕的一生。这是我对那个才华与刀剑齐飞的文艺复兴时代的最初感知。同样地，我从《蝶梦芭蕾》中学习《天鹅湖》里的黑天鹅大旋转，从《花音》中学习小提琴知识，从《芭蕾娃娃》中了解到戏剧表演的舞台学问。

我的体育启蒙源于漫画。《溜冰娃娃》讲述溜冰知识，《棒球英豪》讲述棒球知识，当然，还有我一直钟爱的《灌篮高手》所讲述的篮球知识。

现在回想起来，我还能记起那些夏日，吃着红豆冰棍，趴在床上看漫画的时光。

说到这里，我想谈谈兴趣对人的推动力量。

我小时候学过弹琴，基本上是硬着头皮练琴，能弹一些曲子，但从来没喜欢过。练了两年多放弃了，毫无遗憾，只是长出一口气。

可画画不一样。画画对我来说是自愿的事情，早也画，晚也画，上课偷偷画，放学一回到家继续画。最初基本上都是临摹，后来开始尝试创作新的人物形象。一想到放弃画画我就会痛苦。

孩子所做的事情，主动和被迫是完全不一样的。在没人督促的情况下，我会画出几十张脸、几十只手，再给自己评出优、良、中、差的等级。评完数一数，发现自己得了 10 个优，只有 2 个差，就感觉自己棒棒的。

从小到大，我学习语数外都没有这么认真过。

然后呢？为什么我没有一直坚持追求画画的道路呢？

有点可惜的是，我在小学五六年级时，因为在数学竞赛中脱颖而出，考入了全区奥数竞赛班，便从此踏入每周培训奥数、直到考入全市理科实验班的理科学习之路，离画画越来越远。最终我考入清华大学学了物理，就这样彻底远离了漫画家生涯。

我可能是身体里潜藏了一个画漫画的、学物理的经济学家。

我暗下决心，如果以后我的孩子爱画画，可不能让他学奥数。

我的这篇文章想说什么呢？想劝父母都让孩子成为漫画家吗？

不，不是的。

我想说的是：孩子就是孩子，会被玩具、游戏、动漫吸引是天性。被这些事物挑起兴趣，然后慢慢地在成长的过程中投入严肃学习，其实是一条良性发展的路径。

很多父母抱着功利心看待知识学习，希望孩子所有的时间都被课本知识占满，到哪个年级开了哪门课就补习哪门课。但如果是这样，我几乎可以肯定地说，孩子对自己所学的课程很难发自内心地感兴趣和喜爱，只可能是出于责任感而学习。

到目前为止，我见过的对学习有兴趣的人，大都是通过课外有趣的事物或途径产生了兴趣，再转向校内严肃认真地学习。我见过因为评书而爱上历史的人，也见过因为科普杂志而爱上物理的人。但谁会因为历史课本和物理课本而对这两门课产生兴趣呢？如果孩子对一门课的第一印象来自课本，那就不太可能喜欢学这门课了。他们都是出于兴趣先爱上一门课，然后才能用记忆中的趣味克服课本的枯燥。

有趣，是产生兴趣的前提。

如今，青少年文化已经自成体系，“二次元”也好，“B 站”也罢，《王者荣耀》和其他手游、网游，一起组成了年轻人文化体系的半边天。除了追“爱豆”的“饭圈”，年轻人聚集最多的可能就是动漫圈和游戏圈了。

为何会如此呢?

最主要的原因是，有趣且好看的视觉内容，会引发人的天然兴趣。视觉内容比纯文字和公式容易理解、吸引力大，而动漫和游戏又超脱现实，可以营造出与现实世界截然不同的理想世界——无限美丽、无限宽广、无限自由、无限刺激，现实世界枯燥、狭小的一切都能被超越。

很多教育专家正襟危坐，讨论着学生痴迷动漫和游戏的行为是逃避现实的心理疾病所导致的。但真实情况是，现实太残酷了，少年在虚拟世界外，常常找不到理想中美好的所在。

因为向往美好，所以才会逃避现实。

优秀的动漫和游戏产品，其实是对知识学习的极好启蒙。

如果不是我小时候碰巧看过《凡尔赛玫瑰》和《花冠安琪儿》，我就不会对法国大革命和文艺复兴如此感兴趣；而如果我不是对这两段历史非常感兴趣，我在成年之后就不会阅读有关法国大革命和文艺复兴的大量历史和社会学的研究专著；而如果不是我阅读了大量东西方比较的历史社会研究专著，我就不会转读经济学博士，希望从事经济史梳理研究。

一丝涟漪就这样穿越了时空。念念不忘，必有回响。

感悟手札

当我们成熟时，就得为理想而活

连岳

人生总有黑暗期，把世界想得特别坏，也算是认知的一个阶段。与一般人想的相反，它往往发生在青春时期。

正如一位18岁青年的留言，其中有这样的语句："我若想去追求绝对的理想主义，我的道路只有一条，走向毁灭。""我觉得真正的理想主义，绝对的理想主义应该是容不得现实中那么多的丑恶吧？"

这位少年的父母看了可能会很慌张，可能就要反省自己哪里做得不足，以至于让孩子有什么心理创伤。我觉得没必要，我们都经历过18岁，也曾对世界放过这些狠话。在那个时间段，世界对我们是最好的，生活有人供养，每天也就读读书，或许还开始了恋爱，而对世界的这些黑暗想法，感觉完全是恩将仇报。

这其实是对独立的害怕。人生每进入一个新的阶段，要离开之前的舒适区，总是会害怕的。就像小朋友第一次去幼儿园，哭得天昏地暗，仿佛生离死别。

18岁的孩子进入真实的世界，不好意思哭，只好放狠话，视角特别黑暗，诬告这个世界要吃了他。有人过了这个阶段，就会很懊恼，"哎呀，我原来怎么这么幼稚，又爱拗造型，想想都脸红"。其实这经历让人知道自己更曲折的表达方式：一个人处于恐惧、无能与无力的状态下，往往就要找个替罪羊，将情绪发泄在他身上。8岁是哭诉父母，18岁时是谴责世界的黑暗，28岁开始有伴侣可怨，38岁就得责怪8岁的孩子不争气。

人必然要经历幼稚，只要走出幼稚的时间短点就行，否则，黑暗情绪就会一直延续，毁掉自己的一生。

我们年轻时，可以为理想去死。而当我们成熟，就得为理想而活。早点成熟吧，最好在30岁以前。

值得庆幸的是，生命的本能让年轻人终究还是得保命，不会轻易去死。对于人来说，命是最重要的，如果理想一定要让人放弃生命，它就是在剥夺人最宝贵的东西，就成了最大的毁灭者。这在逻辑上也不通：如果伟大的理想是让理想主义者都死掉，这不是让对手不战而胜吗？

当然，都听逻辑的，人就不是人了。少年的黑暗时光，多少都要经历，你如果正处于这个阶段，我建议你实行罗素先生的投降法：多么黑暗的力量，都撑不久，我们比它活得久就好了，不如先投降吧。所以，如果你认为世界很黑暗，现实很凄凉，那好，先不硬干，忍耐一下，看谁命长。罗素先生的话当然是开玩笑，但方法论极其正确，你要活着，才有其他一切可能。他还严肃地表达过同样的意思：我不会为理想牺牲，万一，这理想错了呢？罗素活了 98 岁，可能和他这种好心态有关系吧。

一个 18 岁的青年，认为世界一片黑暗时，我建议你谈谈恋爱，如果还在接受父母的赞助，那就完成他们的要求，比如，把书读好。契约精神都没有，怎么好意思批判？随着年龄的增长，找份工作，认真赚点钱，有钱了，就享受一下生活。那时候，你会忽然觉得，花花世界，美不胜收，自己也为这个美好的世界尽了一点力，挺好的。

理想主义者，最大的忌讳就是苦哈哈、惨兮兮，那样一点没有说服力。理想主义者，应该力争快乐、健康、富足，这样才能当理想的代言人。

感悟手札

那个我提着行囊准备远行的早晨

佚名

一

我永远记得这样一个夏天，没有一丁点儿风，太阳无情地炙烤着大地。我弯着腰在被太阳烤熟了的水田里割稻子，汗水与泥水将我全身浸湿。

中考刚刚结束，我打算出去打工。因为家里穷得揭不开锅，供不起我们兄弟俩念书。

当时，我不愿意想未来，只是想拼了命地帮爹娘多干点儿活，把自己累到筋疲力尽，就没闲心想那些烦心事儿了。可每当我看到那些被太阳晒焦了的禾把，内心又不由得难受起来。难道我一生就该像它们一样，只能与泥水为伍吗？

我很难过，长时间被想读书的念头折磨得黯然神伤。母亲知道我的心思，小声安慰道："我和你爸会想办法，就算砸锅卖铁，也要供你读书。"

我知道母亲是宽我的心，也听得出来她说话的底气有些不足，可我还是会笑着对母亲说："妈，我不读了。我已经联系好了，干完农活，我就去打工。"

说完这句话，我看到母亲眼睛里蓄满了泪水，那眼神用悲伤形容也不够。

二

午后，阳光灼眼，父亲拼了命地踩着打谷机。一只蚂蟥叮在我小腿上，我尖叫着跑上田埂。一摊鲜血顺着裤子流下来，吓得我嗷嗷大哭。

这时，弟弟来送水，身后还跟着一个陌生人。我瞄了那人一眼，他朝我笑了笑说："你是胡识吧，我是一中的老师，来给你送录取通知书。"

我狐疑地看着他，父亲也从田里上来，不耐烦地对他说："你走吧，我家没钱，他读不起书。"

那人涨红了脸，说："我知道你家的情况，但是我觉得你儿子成绩挺好，不读书怪可惜的。"

母亲也过来插嘴："我们也没办法，你还是走吧。"

那人也不急，他把录取通知书塞进我手里，诚恳地对我说："上面有我的手机号码，我会帮你的。"

我迅速地接过，然后小心翼翼地把它放在贴身的口袋里。

晚上，全家人都在屋子里休息，那张录取通知书就这样静静地躺在电视机上。

"你去读吧，等割完稻子，我们去学校看看。"父亲从口袋里摸出一根香烟，划了好几根火柴才把烟点着。

"我不去，我都准备好去打工了，听说工资不错。"我幽幽地说，心里却一阵酸楚。

劣质的香烟让父亲剧烈地咳嗽起来。母亲走过来，抢过烟，扔在地上踩灭，说："你去读，我和你爸商量了，只要你攒劲儿读，再穷我们也供你。"

"不读了。"我低下头，咬着嘴唇，眼泪忍不住掉了下来。

三

夏天还没结束，但我的求学梦好像就要提前结束了。临走前的那个晚上，我把自己关在房间里痛哭了一场，然后把贴在墙上的奖状一张张撕下来。我是多么渴望能上学啊，可现在我只能摇摇头。

我又看见了那张录取通知书，它依然安静地躺在电视机上，没有说话。

那晚的伙食特别丰盛。吃饭时，母亲一个劲地给我夹菜，惹得弟弟嘟着小嘴儿，半天不高兴。

第二天，天刚蒙蒙亮，我便起床，母亲已经在灶前烧火，她看了看我说："你莫急，我给你煮几个鸡蛋，路上吃。"

我一边应着，一边提着包走出来，却看见老师正站在我家院子里。我小声说："我今天去打工了，谢谢老师。"

他有点儿诧异，说："是吗？"

我没作声。母亲端来煮好的鸡蛋，老师朝母亲打招呼，有些拘谨道："嫂子，让他读书吧，我跟学校领导说了，学费我先垫付，以后赚到了钱还我就成。"

我急忙问："高中三年我都可以不用交学费吗？"

他点头，说："我说过会帮你，你很不错，加油。"

我用征询的眼光看着母亲，母亲连声对老师说谢谢。

我赶忙跑去叫醒父亲，甚至把睡得正香的弟弟也摇醒，和他们一起分享这个惊喜。

那时候，我从没想过，那个人和那张录取通知书竟让我的人生拐了一个大弯，让我在泥泞的路上看到了美丽的风景。

四

后来，在老师的帮助下，我顺利度过了高中三年的学习生涯，并以理想的成绩考进了一所医学院校。

在我坚持读书和写作的这些年，时常会收到一些读者的来信，他们总会问我类似的问题：我现在读不下书，很迷茫，该怎么办?

坦白地讲，我说不出什么大道理，只会跟他们讲一些自己的成长故事。虽然，很多故事并不励志，反而还有点儿伤感，但都足以让我坚信马蒂尔德在《项链》中说过的一段话："命运是多奇怪的一件事啊。"

那个早晨，那个我提着行囊准备远行的早晨，竟成了我青春之河的转折点，让我从礁石丛生的险滩驶进了风平浪静的港湾。

人生中，也许你会历经很多沧桑，但那些沧桑的经历不是要让你变得手足无措、麻木不仁，而是要时刻提醒你，该怎么过好接下来的生活。

既然你还想过得更好，那就快乐点。总有一天，命运会千里迢迢地赶来眷顾你。

感悟手札

高三，不相信传说

蒋方舟

我也高三过。上高三之前，我对高三所有美好的传说都不信任。

我对高三没寄予任何幻想，甚至对大学将要给予我什么，也没过多的期待。高三是个竞技场，你是个运动员，一切的借口，一切的伤痛，一切的眼泪，一切的软弱都无人喝彩。不要说什么过程最重要，只有大学录取通知书才是王道。

如果你没有退路，不能退到国外的大学、父母的摊点、复读的学校……那么，来到这条起跑线上，就尽快打消幻想吧。人生没有奇迹，所有的奇迹都是一步一步发生的，只是最后那一步会引起世人关注而已。

做题的辛苦，在高考中终于得到了回应。

高三的老师说过很多好话，但我只相信三句：一是排名比分数重要；二是要补弱科；三是不喜欢做题的学生，不是爱学习的学生。

上高三后，学校组织了第一次摸底考试，我考出了一个超级好的分数，数学高达142分，总分超过620分。老师说，这是为了让我们“提高自信心”的一次考试。我不关心自信心，不关心分数，只关心排名。我在班上排名第四，在全校文科生中排名第21。这就是我高三的第一个起点名次。而高一的时候，因为文理不分，我被糟糕透了的理科拖累了总成绩，以致排名总在全校一千名之外。分数只会让我迷惑，名次才能给我自信，让我平静，让我知道下一步该怎么走下去。

成绩排名现在正被人性化地抨击，但我以“运动员”的思维，认为成绩排名是天经地义的。空口鼓励没有用，数据才是硬道理。这样，你才知道自己身前身后有多少人，你才知道自己的目标定位，才不会在自己蜗行龟步的时候，妄想着拿世界长跑冠军。

考了几次之后，我逐渐知道了自己的成绩区间，570—590分之间。我的名次也从没有跌落到班里第七名之外。不过要超过前面的人，也不容易，唯一的办法，就是在我的弱科上着手。

我的弱科，也是大部分文科生的弱科，那就是数学和地理。我积攒的一点体能和毅力，几乎都给了数学，我的方法是做题、做题、再做题；我积攒的优势，给了语文和英语，我的方法是只参加考试，不交这两科的作业；我积攒的智慧，给了历史和政治，我的方法是做笔记、画表格、理框架，找得分窍门。但地理，我一直没有找到方法，只是在混乱的调整中跟紧别人的步伐。

我所做的题，几乎都不是老师布置的——老师绝不会布置这么多题。我的题，全都来自教辅书市场。每个星期，我都会去补充和更新试题。我知道市场上几乎所有能找到的教辅书的名称、优劣、出版周期。我不会傻到做所有的题，但是我需要大量的信息，只有这样才能筛选出对我有效的那一部分。

做题的辛苦，终于在高考中得到了回应。我的数学，是所有科目中考分最高的。我的最弱科目，成了我最强势的一科。

从暑假开始，我就在为自主招生做准备了。我的自述材料，足足准备了三个多月，前后装订出了一个册子。这期间，我个人、我父母、我的高中母校，还有清华大学和其他大学，都在规则范围内做了大量努力。最终，在有先例可循的情况下，在规则最宽容和最谨慎的60分优惠条件下，我进入了清华大学新闻传播学院。我的高考分数加上自主招生的优惠分，排名全省第21名。我从没有放弃希望，也没有错过机会。

后来，有很多人向我咨询自主招生方面的事，我并非这方面的专家，自己也不具备示范效应，但我看到很多家长，常常是在最后一刻，才寄出孩子的资料。那些资料大多是慌慌张张凑出来的，他们连打印纸都临时借，获奖证书也不知塞到了哪里。对于面试，他们说："哎呀，无所谓，只当是锻炼锻炼吧，说不定就过了呢。"

奇迹也许会从天而降吧，但是我不相信。

不要抱着"锻炼锻炼"的想法，那只会暴露出你的漫不经心和缺乏诚意。

怎样过一个快乐的高三？我没有太多幻想。高三的学生，没有谁还能保持所谓的心理健康。如果你焦虑、烦躁、嫉妒别人比自己好、担忧未来、抱怨父母、痛哭发泄、暴食减压、患得患失，这都没有什么可怕的，这就是竞技心理，每天都缠绕着高三学生的病态心理。

在高三的那个漫长冬天，我每天都陷入负面情绪：看不到未来，没有一个好消息，觉得苦海无边，孤独、变丑，任何一点点小挫折，都让人崩溃非常。我的唯一方法，是给自己写小纸条，给自己做心理按摩，自我暗示。这些纸条，如今已攒了一抽屉，现在翻出来看，甚是好笑，都是“冬天来了，春天还会远吗”“宝剑锋出磨砺出，梅花香自苦寒来”之类的大俗话。

开春之后，我的情绪随着成绩的稳定也渐渐稳定了，因为该来的总会来的，我已经做好了心理准备。

我的高三，是在理性中度过的，告别时也非常平静。我不会涕泗交流，不会撕书泄愤，不会跳楼自杀，也不会彻夜狂欢。我不会过于怀念高三，也不会全盘否定高三。

那是一段短暂的“运动员生涯”，用汗水去追逐光荣与梦想，也感受怅然与失落。如此而已。

感悟手札

你偷过的懒正成为扇你的巴掌

潘云贵

上初中后，从小就喜欢模仿动物发声的我，对英语非常感兴趣。我央求老爸买来复读机和 DVD，一个人躲在房间里听英文磁带，看英语电影，矫情地模仿里面的咬字发音，现在我一回想起那些场景就一身鸡皮疙瘩。但效果还是有的，两周过后，我们进行单元检测，我竟然考了全班英语最高分。可好景不长，我为这点成绩沾沾自喜，开始轻视英语，复读机跟 DVD 机都覆上了一层灰。第二回单元考，我的成绩只在中游。老爸很生气，后果很严重。

我那时很幼稚，把这一切归罪于英语，跟它怄气，不想碰它。后来英语就一直是我的软肋。

记得电影《无间道》中倪坤时常挂在嘴边的一句话是“出来混，迟早是要还的”。儿子倪永孝并不懂这话的宿命意味，直到故事结尾，经历了人世种种才理解了父亲倪坤的这句话。同样，我们偷过的懒迟早都是要还回来的。还不回来的，就会变成耳光，一记记打在你脸上，分外响亮。

2015 年 3 月底，我收到湖南卫视《天天向上》节目组的邀请，他们打算在 4 月初录制一期关于“世界读书日”主题的节目。那时我正在对岸交换学习，在东吴大学的操场上看到这条信息，兴奋地跑了几圈，然后躺在草地上，想着自己是不是就要红了。随后我联系负责交换生日常事务的吴老师，她告诉我，因为交换生的签证比较特殊，如果返回的话，就不能直接再来东吴大学学习了。我问她有没有处理的办法？她说，有是有，但很麻烦，需要再走一遍之前的程序。我想起从最初报名、填报材料、面试到研究生处备案等一系列手续，觉得太累了，突然间整个人杵在吴老师的办公室里，心里打起了退堂鼓。

我失落地回到宿舍，给导演发了无法录制的回复，导演表示遗憾。我同龄的一些作家朋友知道消息后，纷纷让我把导演的联系方式给他们，试图填补我的空位。我的责编跟我说：“你知道有多少人挤破脑袋想去吗？你还这样拱手让人，这种机会一旦错过就永远不会再有了。”20 天后，那期关于“世界读书日”的节目出来了，我没有去看。只是后来责编跟我说，有个与我同龄的 90 后男作家因此火了，他的书一夜间销售数万册。我默默听着，没有回应一句话。

读书的时候偷懒，等到考试时看到周围人奋笔疾书的样子，你只能对着还是一片白茫茫的卷子干着急；健身的时候偷懒，等发现曾经瘦弱的同学都练出倒三角身材、八块腹肌、人鱼线的时候，你只能对着镜子里自己的水桶腰苦笑；找工作的时候偷懒，觉得太累了，等见着不如自己的同学经过努力投递简历而最终应聘到名企职位时，你只能埋怨自己运气差。

在一次高校教师培训会上，我见到了来自荷兰罗斯福精英学院的 Rene 教授，已过花甲之年的他，穿着白衬衫，依旧神采奕奕。我用蹩脚的英语询问他关于拖延、懒惰的成因。他微笑地跟我说：“是来自你的逃避，对繁忙生活的逃避，对未知世界的逃避。”

要制作关于部门未来企划的 PPT，你无从下手，索性就冲杯咖啡，喝着又觉得少了点味道，你又打开电脑，说看一会儿综艺节目或网剧，结果盯着显示屏就盯了许久，这一放松半天时间就过去了，PPT 上仍旧空白。你又熬夜制作，随便应付，翌日却被领导批评。看见其他同事因认真准备而受到表扬，你又开始抱怨自己怀才不遇。

记得看电影《火星救援》时，我对马特·达蒙说的一段话印象极深。当他一个人孤零零地被扔在火星上，面对艰难的处境，他没有选择抱怨或空想，而是让自己忙起来做各种事。故事结尾处，人们听到马特·达蒙这样讲道："面对困难时，你可以选择等死，也可以选择马上动手解决问题，解决完一个，就再解决一个，解决了足够多的问题，就可以回家了。"

面对一亩田，我们不能只想到它秋天时一片金黄的收获，而应该从春天开始一步一步耕作，诚实面对自我。人生是段有得有失、悲喜平衡的过程，没有谁会一直痛苦下去，也没有谁会一直快乐下去。你因偷懒享受到的快乐，会在未来以痛苦的方式囚禁你。怎样摆脱偷懒的毛病呢？"别想了，快去做！"只有这个答案。

感悟手札

你努力不止的样子最美

段指

一

那年，村里请来一窝班剧团，所谓窝班，就是小剧团，一二十个人，每个人担任几职。一般他们唱完戏之后，把东西收拾好，装到车子上就开始奔赴下一个演出地。但偏偏事不凑巧，那次他们的车子刚出村没多久，车胎就爆了。原本车上是有备胎的，但备胎的气不足，换上也是白搭。那时村里没有专业的修车师傅，用打气筒的话，就是把气筒打坏也难以将备胎打足气。别无他法，只有把车胎送到镇子上去修补充气。

闻讯赶来的村干部找了辆农用车，载着司机和两条轮胎往镇子上驶去，一来一回，至少要一个小时。演员们纷纷从车上下来，有的三五成群坐在一起聊天，有的则围着打起了扑克，唯有一个演员来到距车不远的一片空地上，一边咿咿呀呀唱着，一边练起了台步。对于这位演员，很多人脸上都露出了不屑的神色，想着明明就是一窝班演员，怎么也上不了大台面，本本分分在这儿享受生活就好了，何必把自己搞得那么辛苦？

几年之后，这个窝班再次来村里演出，可那位被人鄙弃的演员却不见了。有人问起的时候，一位演员酸溜溜地说："人家是凤凰，咱这儿是鸡窝，根本待不下。"原来，偶然一次演出，这位演员遇到了省剧团的一位导演，导演非常欣赏她的才华，回去之后就把她调到了省剧团。

不管什么时候，处在什么样的境地，努力不止是必要的选择。也许你做的努力在很长时间都没有回报，但你要明白的是，你的水平是在努力不止中慢慢提升的，一旦机会来临，那么你马上就能抓得住。

二

在学校里，代课教师并不鲜见，有的甚至一干就是好多年。既然是代课教师，学校安排啥就教啥。我们学校里有一位代课教师，原本她在音乐上颇有专长，但学校缺数学老师，她就补了这个缺。主科的课时多，平日里她忙忙碌碌的。可让人奇怪的是，不论多忙，她都会抽出时间到音乐教室去弹琴。音乐老师跟她开玩笑说："是不是打算抢我的行？"她笑了："我可不敢，主要是爱好。"

在代课的几年里，她数学教得相当好，而琴技也没落下。有人笑话她，就是再努力，也不过是个代课教师，早晚是要重新择业的，何必把自己搞得那么辛苦！她不为所动，依旧坚持到音乐教室练琴。

后来，教育局安排了一场招教考试，代课教师也可以参加，竞争很激烈。她在报名的时候，没有选择自己教了多年的数学，而是选择了音乐。让人惊讶的是，她顺利地通过了笔试、面试。道理很简单，她之前已经做足了功课，她知道，主科老师竞争激烈，倒不如为自己多选择一条路，努力把音乐特长发挥出来。果然，报考音乐老师的人少很多，她脱颖而出。

这世上从来就没有白费的功夫，让特长真正长出来，你就比别人多了一种选择。这不但是人生的一种智慧，更是对不懈努力的一种回报。

一个人努力不止的样子是最美的，努力过后，这个世界所有的大门都会向你敞开，每一扇门的后面都是一个精彩的世界，任你挑选。而那种只是把想法停留在想法阶段，或者是安于现状的人，看到的世界只会是小小的一方，永远也难有突破。

感悟手札

为古诗词奉献一生的“士大夫”

稭振頡

1924 年，叶嘉莹出生在北平的一个书香门第。幼年时，伯父教她诵读唐诗，从此以后，她的世界便充满诗意。院中的青竹，花坛中的繁花，花间飞舞的彩蝶和蜜蜂，都会成为她诗词创作的对象。

后来，叶嘉莹进入辅仁大学的国文系，师从一代国学大师顾随先生。她的性格拘谨羞怯，总是与同学一同去，见到先生后却只是静聆教诲，很少发言。不过，顾随先生很快发现了叶嘉莹的腹中才华。一般来说，顾随对她的习作改动的地方不多，但就是一两个字的修改，却能给她很多启发。

比如，叶嘉莹的作品《鹧鸪天》，最后一句原先是“几点流萤上树飞”。顾随先生建议将“上”字改为“绕”字，并在作品旁批注，“上”字显得生硬，与萤火虫的柔美不相称。叶嘉莹体会到老师遣词用字的精细，将精益求精的精神应用到此后的创作中，诗作水平得到了很大提升。

叶嘉莹本来就对诗词非常有天赋，大师的亲炙让她进一步领略到了诗词世界之玄妙。她在专著中写道："上过先生之课以后，恍如一只被困在暗室之内的飞蝇，蓦见门窗之开启，始脱然得睹明朗之天光，辨万物之形态。"

完成学业后，叶嘉莹成为一名老师，随丈夫辗转台湾和美国，先后任教于台湾大学、密歇根大学、哈佛大学。由于学贯中西，叶嘉莹可以用英语讲授中国古典诗词。

不过，叶嘉莹总觉得心中缺了什么。尽管可以用英语授课，但是无法精确地表达出博大精深的中国诗词的美感。1979 年，她终于再次踏上故乡熟悉的土地。

此后的二十余年，叶嘉莹的身影出现在南京大学、复旦大学等诸多国内著名高校。有人以为，像她这样的大咖级人物，学校请她要花费不菲的讲课费。但是人们想错了，这些年她没收取一分钱，免费给莘莘学子教授中华古典诗词。

学生们来到叶老师的课堂，都惊讶地发现：叶老师在上课期间没有坐下来休息过，常常会一连几个小时站着讲课。学生们担心她身体吃不消，曾有人给她搬来一把椅子，但是叶嘉莹拒绝了，坚守着这个几十年不变的习惯。

学生被她一整堂课中珠玑般优美的语言所深深打动，没有人敢走神一分钟，生怕错失一个重要的信息点。她的授课不仅能传达出诗词的优美，还有非常清晰、严密的条理，体现了她多年严谨的治学态度。她的课堂总是场场爆满，就连走道上也站满了人。

时至今日，只要有人邀请，她在身体条件允许的情况下都会尽量满足别人的需求。谈到站着上课的原因，她说这是为了表达对诗词的敬意。

叶嘉莹一辈子都献给了古诗词文化，个人著作差不多等身。随着年事渐长，她越发觉得传承诗词文化的紧迫性和必要性。几年前，她把所有在海外讲课的录音、录像，以及研究资料装在 150 个纸箱中都运了回来，希望利用短暂的余年，和一群喜欢诗词的年轻人一道，把这些录音、录像的资料整理出来。

开设讲座固然可以影响一批人，但是范围毕竟有限。必须采用其他方式，让更多年轻人喜欢上诗词。她想到了捐赠款项，鼓励那些矢志于诗词研究的晚辈。2018 年 6 月，她将北京及天津两处房产出售所得的 1857 万元捐赠给了南开大学教育基金会。2019 年，她又捐出了 1711 万元，目前已累计将近 4000 万元。

年过九旬，叶嘉莹依旧奋战在教学、研究的一线。她觉得如果不能够将古诗词文化传输给下一代，是对不起年轻人，对不起古人，也对不起师长。这位为古诗词文化奉献一生的“士大夫”动情地说：“如果有来生，我还要做老师，仍要教古典诗词。”

感悟手札

要为胜利找方法

杨兴文

17 岁那年，王亚平正极力为高考做复习准备，突然听说空军长春飞行学院来他们学校招收第七批女飞行员，人数很少，竞争万分激烈。王亚平的体育成绩相当好，同学纷纷鼓励她去试试。起初王亚平不想去，但在几个同学的鼓舞下，她最终消除顾虑，抱着试试看的态度去参加体检。

结果，王亚平竟然过关斩将，顺利通过了学校、烟台和济南层层的严格体检。高考分数出来，王亚平很快收到了长春飞行学院的录取通知书，幸运地成为第七批 37 名女飞行员中的一员，与蓝天结下不解之缘。带着美好的愿望，王亚平来到长春飞行学院，开始了她的军旅生涯。

进入长春飞行学院，王亚平被迫剪去心爱的长发，留起男孩的头发。在学院的 20 个月，除了学习大学课程以外，她每天都要进行体能训练和军事训练，还进行了几项特殊的训练，其中有拉练、游泳、跳伞。淘汰了七名同学后，剩下的 30 名学员转入哈尔滨第一飞行学院，开始了真正的飞行生涯。

在初教机飞行团，王亚平在教员的带领下飞上蓝天，俯瞰祖国大好河山的时刻，她的心里感到无比自豪和骄傲。王亚平首次坐飞机上天，是跳伞训练，需要往下跳，她鼓起勇气，不知不觉落到地上。王亚平非常聪明，熟练掌握了四种机型的驾驶，在各种模拟考试中体现出特别的聪慧和灵气。

经过两年零四个月的努力学习，毕业的时候王亚平取得了第二名的好成绩，被分配到武汉空军运输航空兵部队，成为运输机飞行员。王亚平以模范人物为榜样，每天刻苦学习飞行技术，快速成为年轻的骨干飞行员。

之后，她参加选拔中国第二批航天员，并如愿以偿加入航天员队伍。最初她的成绩很难取得突破，心里比较着急。在绞尽脑汁后，王亚平试着进行体质方面针对性的加强训练，增加心血管调节功能的训练，增加肌肉力量方面的训练。通过慢慢琢磨、思考、总结，第二年她的成绩达到预期目标。

将近三年的航天员训练，让王亚平不管在体质方面，还是在耐性方面，都得到了大幅提高。凭借过硬的飞行技术和超强的心理素质，王亚平通过了重重选拔，被选为女预备宇航员。到神舟九号载人飞行乘组正式选拔的时候，两名女宇航员王亚平、刘洋成绩同样优秀，最终她以微弱之差落选。

落败后王亚平没有长吁短叹，而是从失败里寻找自己的不足，随即更加勤奋地训练，准备争取新的机会。她几乎没有停顿，就投入了后续训练。依靠出类拔萃的综合素质，王亚平入选天宫一号与神舟十号载人飞行乘组，负责飞行器状态监视、空间实验、设备操控、乘组生活照料，并担任太空授课主讲人，在太空给广大青少年进行太空授课。

“在太空授课，是中国首次开展的太空科普教育活动，将通过天地互动的形式，为大家展示部分在失重环境下的奇特物理现象。”王亚平对记者说，“我期待着能够与广大青少年朋友一起去感知、去探索神奇而美妙的太空，从中获取知识和快乐。”

除了完成科学试验任务和其他工作之外，王亚平还将带着好奇的心，去充分体验在失重环境下的太空生活。她平时不但喜欢摄影、音乐、篮球，而且喜欢旅行，但由于工作，很少有机会外出。她很期待这次的太空之旅，表示会及时与大家分享她的所见、所感、所悟。

飞船先后与天宫一号进行了两次对接，分别为自动交会对接和航天员手控交会对接。在组合体飞行期间，航天员进驻天宫一号，并开展航天医学实验、技术试验及太空授课活动。完成组合体飞行后，飞船撤离并返回着陆场，天宫一号转至长期运行轨道。

错过神舟九号的时候，王亚平没有哀声叹息，而是全力以赴地拼搏，最终成为神舟十号的航天员。打败自己是最可悲的失败，战胜自己是最可贵的胜利。不要为失败寻理由，要为胜利找方法，只有这样方能逐渐接近成功，把梦想变成现实。

感悟手札

第六辑 慢慢地经历时光

成长没有终点，只有驿站，你所有的，不过是在路上的时光。那就享受路上的时光吧！喝一杯咖啡是享受，看一本书是享受，无事可做也是享受，生活本身就是享受，生命中的琐碎时光都值得我们慢慢地经历。

"快趣"与"慢妙"

王南海

人们是喜欢快的，快有快的趣味。

比如，古人诗中就有"千里江陵一日还"的豪迈，大江浩荡，水流湍急，舟行千里。随着时代发展，科技一路前行，高铁、飞机应运而生。如今，不要提"千里江陵一日还"，即使早晨在广州吃罢早茶，下午也可以闲适地在北京吃烤鸭。

我也喜欢"快趣"。比如，你想旅行时，翻开中国地图或是旋转地球仪，千里万里，甚至大洋彼岸，都不再是遥远的距离，我们已经居住在一个地球村。通讯技术也发达了。想来，小时候要想打个长途电话，需先到邮电局排队，然后申请一个小牌子，再进入电话亭接通。每一分钟昂贵的电话费用，让人只能长话短说。遇到打电话不便，要发电报。当年，有专门的一项训练，就是告诉人们如何写电报，如何用最简短的字，说清楚一件事。人们惜字如金，反复思量。如今，多种通信方式，人们早就不再需要去排队打长途。邮件、短信、微信，都可以让天涯咫尺间，哪怕在异国他乡，也能马上看到你的笑脸。人们不再写字，不再字斟句酌，表达快捷，何乐而不为？

但是，静下来想想，慢也有慢的妙处。

慢下来，也很幸福。比如，慢车旅行。如果你有一段长长的假期，不妨选择一种慢车旅行。车的速度不快，你可以慢慢地观赏田野风光，可以和周边的游客慢慢地唠唠家常。此时，一切都缓缓的，不急不躁，车轮的"咣当，咣当"声似乎也极富韵律之美。

慢慢地给远方的朋友写一封信。先是铺平信纸，信纸上也许有淡淡的花纹，那是你精挑细选的结果。然后找出朱红的钢笔，一笔一画地写上思念。有时候，需要想想，应该如何表达；有时候，自己也会被其中的妙趣逗乐。想象着朋友打开信纸后，会以什么样的表情读信，心中也会洋溢着一种温暖。

慢慢地写一幅字。这需要用老式的砚台，需要慢慢地磨墨、慢慢地运笔。记得读过毕淑敏的一篇散文，说既然有调好的墨汁，为什么还要去研墨？一位老人回答："要那么快干什么？慢慢地磨墨，慢慢地想，慢慢地酝酿情绪，慢慢地琢磨还有什么更好的表现方式，一圈圈地磨着墨，思绪也就慢慢地分泌出来、深入下去，看着清水渐渐地变得像糯米粥一样稠厚，火候就快到了。”

慢慢地在乡下种种菜，喝喝茶。人需要拥抱自然，更需要“接地气”。慢下来，让自己在乡下体味田园之美，懂得四季之乐，看着春发，夏长，秋收，冬藏。村子里人的脚步是慢的，“从前的脚步好慢，从一个村子，到另一个村子，要走一天的时间。从前的日子很慢很暖，裹在淡淡的烟火里，日日年年”。

感情也需要慢慢的。人们说，那时慢，一份美好的情愫，如一枚小小的种子，暗暗地播种，它需要两个人精心地呵护，慢慢地经历时光，才彼此有了默契和依恋。那份感情才会水到渠成，可以经历岁月和时光的检验。

在快与慢之间，人们做着选择和评判。想来，快有“快趣”，慢有“慢妙”。

感悟手札

你要把心关上

蔡康永

我们常听人劝别人：“你要把心打开。”却从来没听过有人劝别人：“你要把心关上。”这不合理，门要是随便打开，岂不是什么乱七八糟的东西都可以跑进来？别忘了有时要选择把内心的门关上，这是一种能力，说穿了，就是跟自己相处的能力。

独处的能力，是使我们与别人不一样的关键能力。

跟别人相处时，别人会带来各种随机的刺激，迫使我们用各种情绪去反应。不管是在咖啡厅听到播放的音乐或隔壁桌客人的聊天，还是在马路上或网络上逛得游目四顾，我们的情绪都会有反应。我们开着门时，就会任由各种杂乱的事来占用我们的注意力，耗费我们的情绪反应。关上门，空间才会出现。这是安放重要记忆与情感的地方。

跟自己相处，并不孤单，反而是跟无聊的人勉强鬼混，才容易感觉孤单。独处不是要我们面壁打坐，而是可以挑选自己感到好奇的书或电影，当成我们跟自己相处的催化剂，类似“举杯邀明月，对影成三人”里面的“明月”吧。

为什么一本好书、一部好电影常被称赞“启迪人心”？因为当我们心灵贫乏，没办法自行产生能量时，藏在书里、电影里那颗丰富的心灵，会不断催化我们，让生命诞生想象。

很多人都说过这些话：“我其实搞不懂我自己。”“不要说别人不了解我，连我都不了解我自己。”

这话听起来是烦恼，但其实是乐趣。我们相处最久的人，一定是自己。如果我们一出生就附带操作手册，易拆易懂如吸尘器或果汁机，会是何等无聊？

现在就来想想，你要“举杯邀明月，对影成三人”的话，你想邀的，是来自哪个人生角落的哪个人物呢？最好选一个人物，是你觉得跟你某方面有点像，或是这人竟然做了某些你很想做但还没做的事。你想到了谁吗？某位侠客？某个运动员？某个很宅的巫师？

把这个人物邀来，在你与自己相处时，可以聊这个人物哪些地方跟你很像，或是这人做了什么事，是你想做还没做的，为什么对方做了，你却还没做呢？对了，除了对照那个人物来探索你自己之外，你还应该注意到，为什么故事里的人物，比我们这些现实世界的人，效率高那么多，言出即行、说做就做？原因很简单：第一，他们比我们专注，他们背后的编剧，不会让他们没事就看手机、费神评断天下大小所有事。第二，他们存在的时间比我们短很多，一部电影大概九十分钟，就算《哈利·波特》连拍八部，也就存在不超过二十个小时，所以他们必须高效率地说做就做。然而，比起他们来，我们存在的时间，难道就是无限的吗？

感悟手札

人是生而不平等的，这不是坏事

连岳

你比我努力，所以你比我成功，这我服气。

你比我幸运，所以你比我成功，这我不服气，甚至要嫉妒。

这应该是很多人共同的心结，听起来也很合理。正如一个网友给我留言道：“从小身边就有很多比我强大的人，各种钦佩、学习，想把自己也变成那样强大的人，但慢慢发现自己开始嫉妒身边那些‘好运’的朋友，他们依靠父母、伴侣可以不用努力工作就能过上舒适的生活，虽然一边为自己的独立骄傲，另一边却不免心中戚戚。连叔，这是我越活越倒退了吗？”

平等是一个非常容易被误解、误用的概念，稍有不慎，就能以平等的名义干蠢事。

平等多数时候是指生命权与财产权上的平等：富人杀穷人，以命抵命，不能因为富人阔穷人100倍，所以他可以杀100个穷人；穷人欠富人100块，不能因为富人身家100亿，穷人就可以赖账。

但更多时候，人是生而不平等的，这也不是坏事。

有人天生聪明，智商一般的人努力一辈子也追不上，甚至理解不了。但正因为有这些天才，我们才有了手机、电脑、互联网，才有了空调、冰箱、吸尘器，才有了谷歌、苹果和腾讯。

如果人类智商都平均，可以断定，99.99%的伟大发明、伟大思想和伟大作品都将消失。因为人类的发展，就是天才的想法惠及普通人的过程。

除了智商，还有太多的不平等：你的出生地、你的容貌、你的性情。

一个姑娘出生在上海，另一个姑娘出生在偏僻的乡村，这就是天大的不平等，大到需要女娲来补。

多年后，乡村姑娘凭借自己的努力，过关斩将来到上海，租了间小房子，新生活从此开始。可她一到公司报到，发现邻桌的上海姑娘，漂亮、时尚、温柔，家里五套房子，开着宝马上下班，下个月嫁人，老公身家三亿，随时可以辞职享受生活。她内心生出不服气，心想：凭什么？她什么也没做！不过会投胎！我生气一下，嫉妒一下，难道不应该？

是的，当我们知道有“幸运”这个词，就该知道世上随时有人走运，我们了解世界，就不得不把幸运这个参数引进来，否则，你对世界就有误解。

我有个朋友，很聪明，但也一度受到绝对公平观的影响。有一次，他对朋友抒发此类愤恨，朋友淡淡地回了他一句：按你的逻辑，姚明就不该去打球，得让矮个子去NBA——就这么一句话，他的观念改变了，何等幸运。要知道，很多人一辈子都不愿意改变错误的观念，他人越说，越固执，以示自己的尊严。

这个觉悟过程我们都会有，希望越短越好。

很多情况下，人是生而不平等的，有的人就比较幸运。世界就是这么运行的，好比万有引力。接受这点，即使你的起点低，恨和嫉妒也会逐渐消失。这些幸运的人，他们没有做错什么，姚明不打篮球，别人还会嘲笑他：白长这么高了。也就是说，一个人不发挥自己的天赋（幸运），才是不对的。

有人生而比我幸运，这是不可改变之事。我能把自己的才华发挥得更好，这是可改变之事。没有勇气改变自己，才会去恨、去嫉妒。

愿我有宁静，接受我不可改变之事；愿我有勇气，改变我可改变之事；愿我有智慧，区别这两类事。其实你原来浪费在改变不可改变之事上的精力，都可用来改变自己。

感悟手札

不　　染

程应峰

当“不染”二字一而再闪现在大脑中，同时出现的还有“出淤泥而不染，濯清涟而不妖”这两句生命经典。

从物理学的角度来看，“不染”其实是一种物理现象，即“不浸润”“不相融”，它与“浸润”“融合”是截然不同的。一如荷叶之于池水，荷花之于淤泥。

从人生的视角来看，“不染”是一种姿态。每个人命运的头顶都有一片蓝天，每个人生活的前后总有一片花海。不染的人生也许是脆弱的、落寞的、孤寂的，甚至是有些怅惘的，但永远是值得怀恋的。不染，最宜修缮性情，颐养身心；不染，何尝不是人生的一种历练？

在我们的生活中，一个身在要位的人，总会有那么一些人变着花样走向他，靠近他，甚至笼络他。但只要这个人始终坚守着心底的防线，恪守着心中的原则，懂得拒绝，他的生活固然会缺少五光十色，但一定会过得坦然、安详。在繁华和薄凉里，在沧桑与希望中，有多少人在利欲、名欲、物欲、权欲、情欲中挣扎沉浮啊！这些沉浮的人，最终都会磕碰得遍体鳞伤。而以不染的态度，以自由的心态去演绎生命真谛的人，又怎会不泰然淡然，拥有人生的晴朗？

就人而言，不染是一种秉性，追本穷源，它与“不悔”“不争”有着相同的心境或情态。有道是“时光不染，回忆不淡”，说的就是有些生命中的记忆情态，任时光流转，都是不能浸染、冲淡的，一如梁博在咏唱《不染》这支歌时所具有“像是高傲的苍鹰，却永远飞不到尽头”的心境。

是的，在我们什么都不能干的时候，唯有坚持，坚持自己的美好和善良，坚持自己的纯净和明朗，坚持自己的原则和梦想，让心灵之花在努力绽放时不沾染一点一滴世俗的尘埃。

与“不染”相对的是“沾染”。人，一旦沾染上了虚荣，沾染上了恶习，沾染上了无法根除的世俗的贪念，就可能步入万劫不复的境地，失去生命的回旋余地。

当然，从另一个方面看，当被污染的环境、被污染的心灵笼罩着我们的生活，危及我们的生命的时候，属于我们的“不染”，也许再也行不通。但就算我们以委曲求全的姿态沉入社会生活大环境，依然要恪守心中的美好，以坚韧的心性，“不染”的姿态，无怨无悔地铺展美好人生的画卷，感动自己，也感染他人。

感悟手札

家常时光

耿艳菊

很多朋友一有时间就喜欢到处游山玩水，看大千世界的美景。而我怕舟车劳顿的辛苦，适应能力又差，换了环境，吃不好、睡不好，所以我的闲暇时间总是宅在家里的。

家常的时光，做饭是一大主题。

平常上班奔波忙累，回到家看到厨房冷锅冷灶的，心里也会冷冰冰的。而刚走到楼道里，就闻到饭菜的香味从自家屋子里飘来，哪怕是很平常的饭菜，幸福感也会陡然上升，忘记了生活的辛苦奔忙。

“好好做饭才是热爱生活。”看到这样的话，我十分赞同。虽然我不喜欢厨房的油烟，做饭也会占去我很多读书写字的时间，我依然会放下所热爱的喜好，绾起头发，系上围裙，到厨房里为家人用心做几个小菜。其实，不管你对生活持有什么样的态度，人活着，谁不食人间烟火，吃喝总是头等大事。

汪曾祺先生写过一篇散文《做饭》，里面说做菜的乐趣第一是买菜，他做菜都是自己去买的。他不爱逛商店，爱逛菜市，看着那些碧绿生青、新鲜水灵的瓜菜，就感到生之喜悦。这便是做饭带给人的美好的序曲。做饭似乎是琐碎的、花时间的、无意义的事，但真正耐下心来，它每一步都有意思，也容易有成就感。

每到星期天，首先看日历。七八里外，逢农历的四、九有集市，热闹且有浓烈的生活气息。逢上有集市，我们就要早上五六点起床，一家人开车去集市采购周末两天的食材。常常是也没有具体的目标，看到什么都想买一点，每次都会满载而归。

汪曾祺先生在《做饭》里讲做菜有三要——“要有想象力，爱琢磨，如苏东坡所说‘忽出新意’；要多实践，学做一样菜总得失败几次，方能得其要领；也需要翻翻食谱。”我做饭完全凭一个“想”字，家人和自己想吃什么了，就回忆一下小时候父母怎样做的，再一步步实践。父母从前没有做过的菜，就到网上搜搜步骤，然后再发挥自己的一点想象。

上周末，我做了三道菜：油炸菜角（韭菜鸡蛋馅）、西兰花炒虾仁、香菜肉丸子汤。择韭菜、剥虾皮、剁肉馅、调馅、烫面、擀皮……我沉浸在每一个步骤里。油炸菜角是我小时候的美味，香菜肉丸子汤是孩子指名要吃的，向我要求了一段日子了，终于有时间做给他吃。我做这些的时候，孩子在客厅里用纸折玩具，手机里放着《三国演义》的故事，我们一起听着，偶尔还讨论一下桃园三结义。这样的时光很轻松，心很静，没有一点不耐烦。

当把饭菜端上桌，收拾停当，我坐在客厅里看墙上的钟表，快晚上 7 点了。从下午两点多忙活到现在，花四个多小时在厨房，值得吗？我以为很值得。

如果用这些时间读书、写字，会不会更接近理想一些？只能说未必。家务、做饭这些琐碎的事情虽花费了一些时间，但生活的幸福感就在这点点滴滴的琐碎里。

所以，我喜欢汪曾祺先生对做饭的看法，他说：“做饭最大的乐趣是看家人或客人吃得很高兴，盘盘见底。做菜的人一般吃菜很少。从这点说起来，愿意做菜给别人吃的人是比较不自私的。看书、写字后，当人生的宏图大志飘在空中时，静下心来做顿饭，也能让你在平凡生活中看到生命的本质。”做饭这样的小事也可以看出一个人的胸襟和格局。

感悟手札

清淡滋味长

夏学军

随着年龄渐长，喜欢的东西也在变化。年轻时热爱浓烈的饮食、夸张的衣饰、热闹的场合、轰轰烈烈的相爱。而今，心归于平静，却独钟情“清淡”的境界。何时开始迷恋一碗清汤面？何时就餐时告诉服务员只要一壶白开水？何时褪去一身前卫而与简约相伴？

清淡真好，我本就寻常女子，布衣棉裙素雅出行，只着一点红唇，简简单单，安安静静，却发现比花枝招展更耐人寻味。喜欢安妮宝贝的作品，更喜欢她笔下的女子，清丽雅致不染尘，如盛在白瓷碗中的清粥，难得的清淡怡人。

清淡滋味长。和单位里的年轻人出去就餐，不免一桌麻辣咸鲜，红红的辣椒遮盖了鱼本身的香气，让人忘记了鱼的味道只记得辣、麻。而我，只需一碗莼菜汤。不是我矫情，太过浓烈的东西，是噱头，刺激的只是我们的味蕾和感官，绵绵入心的，是清蒸、白灼、水煮，不张扬，低调着慢慢入侵你，时间越久，越觉得清淡才是真心对我们好。《红楼梦》五十三回曰：晴雯此病虽重，幸亏她素昔使力不使心，再者素昔饮食清淡，饱饥无伤的。古人早已明了清淡之味是养生之道。

清淡的感情也美。君子之交淡如水，说的是友情，没有世俗的功利掺杂，唯愿绿酒红炉同醉的惬意；温暖的亲情如同空气淡淡围绕，不深吸不感知，此生不可或缺；经历过爱情，生死相约后，才明白平平淡淡是最真，素朴的日子里，有适合彼此的温度相依相伴，我愿意安守一帘清淡的时光，像我的父母那样，老到白发之际，用一句“我俩过日子合把”道出此生的无怨无悔。

还有《红楼梦》第五十四回，贾府的元宵家宴上，贾母笑道：你等唱什么？刚才八出《八义》闹得我头疼，咱们清淡些好。曲子有喧嚣平缓，人生有起伏波澜，鲜衣怒马的日子过后，清淡的时光最珍贵。复杂的心情，琐碎的日光，掩映在柴米油盐中，素衣黑发，加上光阴的沉淀，老火靓汤般滋心润肺。

一场大雨，把夏日的暑气冲刷得所剩无几，秋天，似乎到了！喜欢浅秋的惬意舒适，阳光不再耀眼刺目，抬头看天，云淡天高；草木依旧茂盛，叠加金黄的麦浪，五彩斑斓；飞跑在田野乡路上，不必再遮阳。浅浅的秋韵浅浅愁，我甚至迷恋浅秋的一丝寂寞与轻愁，像一本线装书的封面，怀揣一丝心事，在微凉的天气里，心情与心事，仿佛都有了“清淡”之姿。带着些许的慵懒与娇嗔，我着薄薄的秋装，去奔赴一场约会，在凉风习习的暮色里，与“清淡”畅谈。

感悟手札

享受孤独

梁剑箫

人活一生，或早或晚，必然会遇到一样东西，那就是孤独。有人视孤独如洪水猛兽，有人则觉得那是亮丽一景。关键是你如何看待它。

我在一本书上曾经读到过这样一句话：“孤独的核心价值是跟自己在一起。”

蒋勋在《孤独六讲》中，将孤独分为六类：情欲孤独、语言孤独、革命孤独、暴力孤独、思维孤独、伦理孤独，不论哪种孤独，都值得我们用心尊重。道理很简单，你会因之而收获成熟。

我有一位朋友，他最爱说的一句话是：乐享孤独。

他从小立志要成为一名画家，并且一直都按照这个目标规划人生——

他的床头，挂着达·芬奇、齐白石、徐悲鸿等大画家的肖像；他的童年和少年生活，都围着绘画打转：读少年宫、拜老画家学艺，每天天不亮就跑到附近的森林公园临摹……

18岁那年，他考上了中央美院，毕业以后，前往俄罗斯圣彼得堡的列宾美术学院深造，专攻油画艺术。

如今，他在国内一所高校的美术系当老师，专心钻研油画理论和技巧，已经具备了很深的艺术造诣，在业界颇受尊重。

说实话，他并不是很有绘画天赋的人，也不是很聪明。但他有个特点：非常耐得住寂寞。

他可以连续七八个小时不吃不喝，站在一幅画面前静静揣摩。

他跟我说，孤独是人生难得一见的良师益友，在孤独里深深陶醉，可以净化灵魂。

我问他为什么，他没有直接回答，反而说起了最爱读的书，那是傅雷翻译的《约翰·克利斯朵夫》。

“其实，克利斯朵夫一直都是在享受孤独。他用无比深刻的孤独，创造出了无比深邃的音乐。”

如果一个人能发现孤独感里的艺术，并充分地享受这种艺术，他就会变得很自律，能在孤独的时间里，安静地去做喜欢的事情。

真正的奋进，绝不是喧嚣的跟随，而是可以战胜那害怕寂寞的本能。唯有如此，你才能不断收获成长。

感悟手札

以欢喜心过生活

窗外风儿

在一个小店里，跟朋友约好见面，可是她临时有事说晚点来，我就点了一杯饮料等她。不是饭点，小店里人很少，老板娘悠闲地坐在柜台后写着什么。我偷偷用眼角瞟她，目光相遇的一瞬，彼此会心一笑。她说：“你看看我写的这几句话，要是真的能这样生活，人生该多美好。”

我走过去拿起来一看，很娟秀的小字，写的是“以清净心看世界，以欢喜心过生活，以平常心生情味，以柔软心除挂碍”，是林清玄《人生最美是清欢》里的句子。我不禁抬眼仔细看了一下，真没想到，整日里忙做生意的老板娘，心底会有林清玄的句子。

许是见到我眼里的诧异，老板娘笑了：“你也知道是林清玄的句子，是吧？以前我很喜欢读他的文章，很美很让人向往。我跟老公认识，也是因为林清玄的书。”

于是，我听到了老板娘的故事。那一年她中学毕业，在家闲得无聊，就去书店里逛。看到一本《人生最美是清欢》，她觉得书名好美，可正要拿起来看，旁边却伸过一只手，先把书拿走了。她心中气恼，不禁抬头瞟了一眼拿书的人，原来是个个子高高的男生。男生正低头翻书，感觉到她的恼怒，就低头冲她笑笑，大度地说“你先看吧”。她轻声说“不用”，从书架上抽出另一本书。

男生站在书架前，偷偷看她一眼，她假装翻书，脸颊瞬间通红。因为一本书，两人相识、相知，后来成了一家人。他们从开始给人打工，到后来租个店面做生意，一直到现在开了自己的小店。一晃好多年过去，和和美美的日子里，中间也经历了很多波折，但是都一起扛过来了。每到疲倦心累的时候，想起林清玄的那几句话，浮躁的心就会慢慢平复。

我微笑着，听老板娘絮絮地诉说。我说我也喜欢林清玄的书，他的句子那么美，美得让人心颤，很多个无眠的夜晚，那些句子就如水一般在心头掠过，给人安慰，让人心境澄澈。那些爱与哀愁，都在书里缓缓释放。

我们相视一笑，心有戚戚焉。谁的年轻岁月里，没有几本让人记挂的书呢。那些句子温暖了青涩的岁月，让我们放下烦恼，无论日子怎么难熬，都以欢喜心过生活。

感悟手札

没有风，你就跑

吴辰

我约莫十岁的时候，祖父种了好几亩西瓜。有次我陪祖父看瓜，夜里就睡在瓜地旁的简易棚里，第二天一早，我们一起摘瓜，然后推着板车去镇上卖。

镇上的瓜农很多，西瓜更多，整条街上都碧绿一片。但客人是有限的，大家竭力吆喝着，只为多卖几个瓜。祖父看这阵势，皱起了眉头。我也替祖父担心，替这车瓜担心：竞争这么激烈，这么多瓜，我们啥时候才能卖完啊？

没生意的时候，祖父就和边上几个瓜农聊天。有个瓜农说某某跑关系一下子销了两千斤瓜；还有人说某某找到了报社，报纸一宣传，地里所有的瓜都卖出去了……大家听完，再看看自己的瓜，不约而同地叹息起来。没有人脉，销瓜的确是难。

祖父说，过两天下暴雨，这瓜就更不好卖了。

中午，我们将板车推到了一家饭馆门前，祖父跟饭馆老板商量，能否用两个西瓜换两碗炒饭，老板愉快地答应了。吃饭的时候，我们发现好多人口渴想喝水，但热水喝起来不尽兴，那个年代饮料又不便宜。祖父的嘴角微微一扬，好像有了什么主意。

不出所料，一天下来也没卖多少瓜。傍晚回家，路上一点风都没有，很是燥热。祖父用拳头砸开一个瓜，我俩一下子便啃了个干净。我说："真闷，要是有风就好了。"祖父却说："没有风，你就跑呀，跑起来就有风了。"我似懂非懂，但还是跑了起来。我越跑越快，风真的出现了。祖父开心地笑了，那一刻，天边的彩霞异常绚丽。

过了不久，祖父向人借了台榨汁机，然后将镇上所有的饭店跑了个遍。他跟饭店老板们合作，让饭店代卖西瓜汁，收益饭店和祖父三七开。这么一来，祖父地里的瓜很快就销完了，而且利润比卖整瓜还高。后来关系熟了，有人想从祖父这批发西瓜，祖父便积极向其推荐其他瓜农的瓜。

祖父跟我说："瓜是死的，人是活的。"没人帮忙，你就得靠自己的头脑和努力打开一条销路。如果一直原地不动，不知变通，你的瓜永远都卖不好。

是啊，没有风，你就跑，拼命跑，跑起来，风自然就来了。

感悟手札

愿有素心人，陪你数晨昏

猪小浅

眼前的世界看起来可能有点粗糙，岁月也没那么温柔，但当你在不断往前奔跑的时候，愿有人和你一起数晨昏，陪你走到青丝剥落成白发，春雷响彻寒冬；愿你即便强大到无须有人陪，却依然幸运到有人细水长流地陪在身边。

一

可能每个人的生命里，都不可避免地会有一段自卑、敏感而又孤独的时光。

对我来说，那段时光在 19 岁到 22 岁。那时，我在淮南上大学。

作为宿舍里唯一的小镇姑娘，我很快感觉到了自己的不一样。哪里不一样呢？是在宿舍的姑娘们聚在一起聊到某个品牌时，我分不清说的是衣服还是化妆品；是在她们打扮得花枝招展去逛街时，我不合群地躲进图书馆。

眼前的城市，处处人潮汹涌，我却有种将自己压扁了也挤不进去的绝望。不知道你能不能够理解，那是种游离于人群之外的孤独。

有些人的出现，就像一束光。韩珍珍是我在人海中找到的同类。

她和我一样，也来自不知名的小镇，可她却是个自信满满的姑娘。她说：“妞，未来总会好起来的。”说这句话的韩珍珍，整个人笼罩在夕阳里，看起来特别美。而我心底那点捉襟见肘的自卑，就这样被她说得一点点明亮起来。

我记得我们第一次去吃西餐时，什么都不懂的小尴尬；也记得我们一起去商场专柜，买到第一瓶迪奥香水时的小兴奋……原本有点糟糕的岁月，因为有个人陪伴，很多事情好像就没那么难了。

22 岁之后，我和韩珍珍辗转于不同的城市。很多朋友一路走一路丢，可她始终排在我好友名单的第一位。

曾经有人问我，为什么你们一直没有走散？我想了想，可能因为这些年，我和韩珍珍一直在共同成长。她在她的城市努力活得丰盛，我也在我的城市努力成为一道风景。这种心灵上的相互陪伴，让我们即便隔着山水，也能游刃有余地维系一段友情。

后来的我们，心里都有一个筛子，筛选朋友的过程更为苛刻，对陪伴的要求也更高。你还会以为一起吃饭、逛街就是陪伴吗？相比这种锦上添花的喧闹，你不在身边，但在心上，才是更深层次的陪伴。

就像我和韩珍珍，不常见面，也很少寒暄，可我们心里都清楚地知道，无论何时，始终有个人能陪自己聊一聊精致的灵魂，以及诗意的远方。

在这个世界上，有的人陪伴你的是时间，而有的人陪伴你的是心灵。

二

或迟或早，都要经历一场爱情。不问原因，不问结果，只因我爱你，所以我愿意等你。

中文系师妹舒雅 22 岁之后的人生，毫无防备地陷入漫长的等待。她等的那个人，叫 Ken。

Ken 是苏州人，他们在大三那年开始恋爱。毕业后，Ken 飞去太平洋彼岸念研究生，舒雅去了苏州，留在他从小生活的地方等他，仿佛这样他就还在身边。

她在清晨的薄雾里等他，在黄昏的暮色里等他，在寂静无眠的深夜里等他。就像等待未知的戈多，就像这些年她乐此不疲地在单曲循环的一首老情歌。

一直到某个黄昏，这种带点浪漫主义色彩的等待，“砰”的一声，戛然而止。

Ken 向舒雅坦白，他对那个每天和自己一起打工的女生动了真心。听到这句话的时候，舒雅比想象中冷静。

她在大哭一场后对我说：这并不奇怪啊，这些年，我的白天穿过他的黑夜，日子最艰难的时候，我们除了一句苍白的“加油”，就连最简单的一个拥抱都是奢侈。即便是琴瑟共鸣、情投意合的真爱又怎样？浮在半空中，落不到穿衣吃饭的细节，也就失去了存活的土壤。

这样的理由，足够用来说服自己，可舒雅还是不可避免地受到了伤害。几乎是一夜之间，她所有的等待和坚持都失去了意义。很长一段时间里，她不能接受他们的爱情故事以这种方式作为结局。

直到后来，杨树出现在舒雅的人生里。

杨树不怎么会说甜言蜜语，他说的最多的一句话是“我陪你”。当他们在这座城市一点点相爱的时候，连我都时常忍不住惊叹：哦！原来谈恋爱还可以是这样。

因为杨树，舒雅逐渐意识到，好的爱情，应该是感冒时的那杯热水，是生气后还能拥抱，是日积月累之后的绵长情谊。我在他们的爱情里，看到陪伴的温情。

以前总听人说，我们要感谢那些伤害过自己的人，是他们让我们一夜长大。但在真正被伤害并懂得宽容后，才逐渐明白，能让我们成长的只有我们自己。而我们真正应该感谢和珍惜的，是陪伴在我们身边的人。

春天的时候，我去参加同事的婚礼，就是那个从不掩饰自己要嫁有钱人的可爱姑娘，而最后让她决定执子之手、与子偕老的男人，既没有家财万贯，也没有风流倜傥，可她脸上的幸福，分明明晃得耀眼。

有人打趣她：不嫁有钱人啦？

她笑着答：人生如此漫长，如果不找一个愿意死心塌地陪着你风雨同舟的人，又如何熬得过去？

我在她的幸福里想起亦舒说的：有时间相互陪伴，彼此有情，这样才算嫁得好。

当世界一步步从华丽走向荒芜，有个人肯以爱情的名义陪在身边，你就不至于一无所有。

三

去年，我的朋友于果做了两件大事。

一是用他工作五年的积蓄，加上父母的资助，在苏州买了一套小居室；二是趁着放假，把父母从老家接到了苏州。他说，我准备再过两年，等他们退休后，让他们跟着我在苏州生活。

我知道，于果做这个决定，并不是心血来潮，而是深思熟虑之后的结果。

年初的时候，于果的母亲生了一场病，在医院住了三个月。因为怕他担心，父母从头到尾对他隐瞒得天衣无缝。当于果无意中得知这件事的时候，这个大男生忍不住躲进房间哭了起来。那是他第一次深刻地感受到，父母正在一点点变老。大概就是从那时开始，于果开始酝酿将父母接到身边。

对于在小镇生活了大半辈子的老人来说，突然换到一个陌生的城市，无异于连根拔起，他并没有十足的信心去说服他们来到异乡。

可于果没想到，当他坐下来试着和父母沟通这个问题的时候，他们答应得干脆利落。当听到自己的父亲说“有儿子的地方，才是家”的时候，于果红了眼眶。而我，也感动到不行。

以前明明是父母在哪儿，家就在哪儿。可是有一天，突然就变成了我们在哪儿，父母就在哪儿。儿女待的地方，不知不觉中就成了父母的第二个故乡。

就在前不久，我也将爸妈接到上海住了一段时间。要如何对你描述这段美好的时光呢?

我陪着爸妈逛街，领着他们，就像小时候他们领着我一样。以前我总是嫌我妈唠叨，可现在唠叨不停的那个人突然换成了我。我一遍遍地嘱咐“过马路要当心，别轻信陌生人，跟在我身后别走散……”

我爸说：闺女长大了，真好。

我将手搭在他肩上，特别自豪地说：那是。而我没说出口的是，能陪在你们身边，真好。

如果你也身在异乡，大概就能理解每天下了班能和父母围在饭桌前，看着电视，唠着家常，是件多么幸福的事。虽然偶有争吵，可那分明就是平淡生活里的小浪漫。

也因此，我一直觉得，陪伴是最长情的告白，应该说给世界上最柔软的亲情。

四

窗外是寒冬的傍晚，华灯初上，夜未央。人生里每一个柔软的片刻，要有人和你共享，才更显得弥足珍贵。

也许有人会说，我一个人也可以读书看碟，一个人也能将日子过成诗，一个人也能自己陪伴自己。可成长的路上，一定要有另一个人陪你走过未知的坎坷，历经生活的周折，享受岁月的明朗，人生才算过得柔软。

在这个人面前，你不用山重水复，不用柳暗花明，不用阅尽人世，不用功成名就。你没有看尽世间的繁华也没关系，有人陪伴的岁月已是最妥帖的良辰美景。

眼前的世界看起来可能有点粗糙，岁月也没那么温柔，但当你在不断往前奔跑的时候，愿有人和你一起数晨昏，陪你走到青丝剥落成白发，春雷响彻寒冬；愿你即便强大到无须有人陪，却依然幸运到有人细水长流地陪在身边。

而有一天，当你越过高山，走到繁花深处，也别忘了那些曾经陪伴过你的人，他们是岁月留给你的最好的礼物。

感悟手札

别在最该拼命的年纪装佛系

陶瓷兔子

一

《红楼梦》里，有个跟迎春有关的情节，总是让人看着就来气。

迎春的乳母好赌，偷偷拿走她的首饰“攒珠累金凤”去做抵押，被贴身丫鬟绣橘揭穿。迎春先是用“她忘了”替乳母开脱，被绣橘点破“她就是看准了你的性格才敢这么做”之后，又索性和起了稀泥。

可世事诡谲，越是怕事的人，事就越会找上门来。迎春满心想着息事宁人，乳母的儿媳却找上门来，为的还是“累金凤”的事儿。

贾家精明的几位掌事儿早已掌握了乳母偷窃首饰的证据，乳母的儿媳找上门来求迎春向贾母求情，嘴里却是一点也不客气，潜台词翻译成今天的大白话，就是：你如果赶快去给我婆婆求情，我们还有可能把“累金凤”还给你，要是我婆婆受了责罚，“累金凤”你也就别想要了。

算得上是赤裸裸的威胁了吧，连丫鬟绣橘都看不过去，可丢了东西的事主迎春，居然一点也不计较，依旧把“没有态度就是我的态度”坚持到底，任凭门外争吵喧天，自己只拿着一本《太上感应篇》翻看。

恰好这个时候宝钗、黛玉、宝琴、探春来访，犀利如探春，三下五除二就镇住了一直骂骂咧咧的乳母媳妇，还找了凤姐的代表平儿过来。平儿弄清原委，征求迎春的处理意见时，迎春说了这样一段话——

问我，我也没什么法子。他们的不是，自作自受，我也不能讨情，我不去加责就是了。至于私自拿去的东西，送来我收下，不送来我也不要了。

太太们要来问我，可以隐瞒遮饰得过去，是他的造化；要瞒不住我也没法儿。你们有好主意可以八面周全，不叫太太们生气，任凭你们处置，我也不管。

看上去好像还颇有一种看破红尘、与世无争的洒脱，不批评、不生气、不负责、不在意。可林黛玉说得多一针见血：虎狼屯于阶陛，尚谈因果。

熟悉《红楼梦》的我们都知道，之后等待迎春的是命运直转向下的旋涡。连自己的乳母丫鬟尚且无法制裁，遇到中山狼似的孙绍祖，又如何能有招架之力？

可怜金玉质，一载赴黄粱。一路读来，像是一步步看着她，不闪不避地走向那个早就被写就的命运。

不是所有的与世无争换来的都是岁月静好，红尘险恶，你越怂的时候，坏人越多。

二

想起这段情节，是因为听到一位读者说了自己“被离职”的事。

我们认识蛮早的，她刚刚入职的时候就来加过我的微信，有一搭没一搭地聊过很多职场的难。

比如，公司盘根错节的裙带关系，别人搞错的事情让她背锅，莫名其妙的孤立和隐秘的嘲讽……她一个刚毕业的小姑娘，难免在这林林总总的压力下焦头烂额。

我跟她聊过不少应付职场明枪暗箭的招数，也说过好几次尽早找机会跳槽，可她总是一副听天由命的态度——

再找也不一定就能比现在好吧，混生还不如混熟。

日久见人心，等他们发现我既不想争功也不想拉关系，自然也就会对我好一点了。

我管好我自己，别人怎么样跟我没关系……

这番话像极了拳击比赛中弱势的那个人，眼睁睁看着对方的拳脚不停招呼过来，还要双手合十安慰自己“再挨一拳，他打累了就不会再打了”。

去年年底，她去了一次西藏，给我寄明信片的时候，附带了自己新的感悟：

本来准备旅行回来就辞职的，可看到那么辽阔的天地之后才发现，计较那么多有什么意思呢？跟世界相比，我的烦恼压根不值一提。

她就这样继续留在了那家公司，连朋友圈的签名都换成了“万箭穿心，习惯就好”。

可我们都知道，嘴上说“没关系”很容易，但箭插在身上还是会疼。更可怕的是，那种疼很快就会蔓延成一种吞噬状的自我否定：我就只配得上这样的工作，这就是我的命。

三

我看着她把《心经》抄了一遍又一遍，一次次在朋友圈转发类似“我从来不跟人争，跟谁争我都不屑”的鸡汤，越来越顺手地把“未来”“日后”“来生”挂在嘴边，只是觉得可惜。

有这个时间，多背几个单词不好吗？

有这个耐心，去死磕一张含金量高点的专业证书不行吗？

几百年前的迎春，或许还能用一句“别无选择”来解释自己的懦弱与不作为，可如今你我本有千万条路，依旧统统输给了伪装成了佛系的不努力。

以为解决了眼前的情绪就解决了一切，可只要你一天不改变现实，那些让你烦恼的、焦虑的、痛苦又无从解脱的情绪依然会如潮水一般涌来。

或许能躲过他人探询的眼光，但你永远瞒不过内心深处的自我拷问。

不，我既不幸福，也不平静。

而一个人想要的东西，绝对无法只靠"躲"和"熬"获得。

你得为自己而战，你就是你的命运。

感悟手札

我喜欢辽阔的地方

毕淑敏

我喜欢辽阔的地方，它会让人谦逊，清耳悦心。我的青年时代在藏北高原度过，那里曾经埋下我的悲伤与欢乐。它们如最初的精神之冢，不时继续掩埋新的心绪。许多年过去了，某一天心灵重返旧地，翻掘遗骸，我惊奇地发现，哀伤已经化为晶莹琥珀，欢乐已经变成巨蚌，养育出了珍珠。

这一切，让我感觉人的经历如此神奇！

十六岁时，我在西藏当兵，阿里有九个月的冬天，剩下的三个月，既不是春天也不是夏天和秋天，它是在冬天的底色上，间或涂抹着几道其他季节的无常岁月。偶尔不飘雪的晴朗冬夜，深蓝如水。逢我值夜班，到了后半夜，困倦不已。我会走出烛光摇曳的值班室，仰望星空。极端寒冷的空气给我注入钻石般的清冽，极目远眺，雪山如蜡，星河灿烂。

我在那一刹做出了一个决定——要向一颗微不足道的小星学习，可以微弱，但要有光。

从那时起，我似乎从未真正年轻过。没有放浪形骸的为所欲为，也几乎没有肝肠寸断的爱恋情愫，有的只是迅疾奔突的行军和日复一日的躬身诊疗。每天每天，每年每年，在世界之巅戍边一十一载。不变的星辰，不变的峰峦，同样不变的还有弥漫一切的白色，飞雪的且歌且舞，素不相识之人的病痛生亡。

人生最大的纷扰，是找到意义和价值。这题目我在十七岁的时候，已经悄然作答。

我有一个柔和的童年，却在很长时间懵然不知。我本以为所有的人，在他们婴幼时代都该如此，我只是其中一员。我后来才知晓，人的放松和宁静，很大一部分来自安全的早期经验。我得到过许多无条件的喜欢和爱，我要感谢我的父母和师长，他们让我知道自己虽然渺小，但仍是有价值的存在。

我一生的经历，所有的琥珀与珍珠，结成一串，沉重坠挂在我的颈项间。它们断裂了，跌落在我的文字里，愿与同样喜欢辽阔风光的你分享。

感悟手札

做一个让人舒服的人

胡曙霞

读初中时，评论一个人，大家常常会用“舒服”两字。

其他的人听了，格外羡慕，不约而同将目光落在那被评论的人身上。在同学们看来，“舒服”，是评论一个人的最佳褒义词，它超过“漂亮”，甚至赢过“气质”。

百度上说，所谓“舒服”，是指身体或精神上感到轻松愉快。

试想，一个人让人第一眼便身心愉悦、全身放松，这人该是多么美好？

美，通常指外貌的秀丽婉约。

好，更多的是眼神与举止的得体温柔。

自古以来，长得美的人何其多。

《红楼梦》中的王熙凤："一双丹凤三角眼，两弯柳叶吊梢眉。身量苗条，体格风骚，粉面含春威不露，丹唇未启笑先闻！"只是这美隔着云端，端着架子，看得人提心吊胆，大气不敢出，害怕一不小心冒犯了她。

另一位美人——薛宝钗："唇不点而红，眉不画而翠，脸若银盆，眼如水杏。罕言寡语，安分随时。"同样是美人，她的美少了侵略性，多了娴雅端方，让人觉得舒服。

走出《红楼梦》，回到现实生活中，也有许多让人觉得舒服的人。

省特级教师——陆老师，一个面带笑容、温婉和煦的女人。远远地，她走来了，一抹和暖的笑，一声朗朗的"你好呀！"听得人心里特别舒畅，忍不住与她一样眉眼弯弯地笑，一样明媚灿烂地说："你也好呀！"

新来的郑校长，认真负责，温润如玉。教室的光线暗了，悄悄为你开灯；身体不舒服了，暗暗为你免去一些额外的工作；下班晚了，轻轻询问：是不是工作压力太大?

细微处，见品格。一个校长，从未高高在上，而是放低自己，再放低自己，一心一意为学生、为老师服务。

读初中的时候，我自卑又敏感。一次语文测试，我的总分计算有失误。一张卷子我揉在手中，徘徊了又徘徊，可胆小的我无论如何都鼓不起勇气。寝室的同学见了，笑着说，别担心，语文老师是脾气最好的老师，她对谁都笑眯眯的。

是真的吗?

语文老师素以才华、美貌闻名全校，这样优秀之人，对谁都很好吗？我忐忑不安地来到她的办公室。语文老师笑着问："有事吗？"温柔的话语让我绷紧的神经一下子放松。我低着头，说了事情的原委。老师接过试卷，拍拍脑袋，像个孩子一样，懊恼地说："不好意思，是我算错了，马上帮你纠正过来！"她的手纤细秀气，拿着红笔在卷子上"唰唰"两声，一个崭新的分数就在我眼前春花一般绽放。

临走，老师朝我笑了笑，说："你的作文尤其好，好好坚持，一定会有出息的。"她的声音真动听，低低的、甜甜的，仿佛音乐在耳畔低吟。

毕业二十年，再聚首，同学们谈论最多的仍是那个让人特别舒服的语文老师，原来，每一位学生都曾得到过她的鼓励。

生活中，有一种人，不管处于何种位置、何种境地，他们一如既往的平和、柔软、贴心。这样的人，哪怕五官长得略平凡一些，身材略微丰腴一些，也总让人愉悦、舒适、放松。接近他们，仿佛接近一盏灯、一轮月、一颗星，周身散发着淡淡的光晕，格外让人安心。

做一个让人舒服的人，把微笑的涟漪、柔和的光芒，送给身边的每一个人。如此这般，一定会有人在背后悄悄地夸：瞧，那个人看着真舒服。

感悟手札

坦然去爱，坦然去生活

佚名

活着真叫累，有人这么感喟。活着真叫烦，更有人这么嘘叹。活着真的美丽，我却喜欢这么总结生活。

寻找了千百种理由之后，才发现：生活在我的视野下呈现出与他人的不同，不是生活赐予了我什么不同，而是因为在我的胸襟之中，盈盈地盛满了这么两个字——坦然。

我坦然，于是我心美丽；我心美丽，于是我的人生跟着美丽。

曾经，我看到那些假日的垂钓者，一大早出门，夕阳之下拎着空空的鱼篓回家的时候，仍是一路欢歌，不禁讶然：付出了一天的等待却一无所获，怎么还可以如此欢乐满怀？

他们给我的回答是：鱼不咬我的钩那是它的事，但我钓上来了一天的快乐。对钓鱼的人来说，原来最好的收获便是快乐。

坦然是一种失意后的乐观。

曾经看到那些零点下班的纺织女工，写满倦意的脸上却交织着与朝霞一样灿烂的笑靥，我便想：女孩子从事这种职业怎么说也不是最让人满意的呀！

她们给我的回答却是：当公主永远虽然很好，但也要有人为她织出彩锦！对织布的人来说，原来最美的那匹布就是用自己勤劳的双手织出来的。

坦然是沮丧时的一种调适。

曾经看到过一个扫了三十几年大街的老伯，他每天把一条长长的大街扫得一尘不染，让上早班的人灿然走过。我便想：几十年这样平平淡淡地过，这老伯可以说是小城里生活得最不顺心的一个了。

他给我的回答却是：这条街只有我扫得最干净。对扫街的人来说，原来扫得最清洁的恰恰是自己的心。

坦然是平淡中的自信。

想起泰戈尔最有名的一句诗："天空不留下鸟的痕迹，但我已飞过。"这不就是对"坦然"所做的最好的诠释吗？是的，许多事的得失成败我们不可预料，也承担不起。我们只需尽力去做，求得一份付出之后的坦然和快乐。许多人我们捉摸不透，防不胜防，往往是我们想走近，人家却早已设起屏障。我们不必计较，唯一能做的是，在我们必须面对他们的时候，奉上我们的真心，然后感铭自己的博大。

许多的选择如果我们能抓住，我们就有可能抵达成功的彼岸。但如果我们一次一次失去机会，也没有关系，命运只是剥夺了你活得高贵的权利，却没有剥夺你活得伟大的权利！

记住，没有蓝天的深邃可以有白云的飘逸，没有大海的壮阔可以有小溪的优雅，没有原野的芬芳可以有小草的翠绿！

生活中没有旁观者的席位，我们总能找到自己的位置，自己的光源，自己的声音！我们有美的胸襟，我们才活得坦然；只有我们活得坦然，生活才给我们快乐的体验。

感悟手札

只要没被世界改变，就改变了世界

李尚龙

一

那是我刚迈入军校的第一天。

那个时候的部队，可能不像现在这样有秩序。第一天，我们就被剃掉了头发，被要求穿着同样的装束，被命令遵循所有的规定。

我们刚刚结束高三的假期，所有人刚从自由自在中缓过劲儿来，马上就套上了一件军装。

那年，《士兵突击》风靡一时。

那年，我们天真地以为我们都能成为许三多。

第三天晚上，本已训练疲倦、思乡情浓厚的我们，被班长拉了紧急集合。晚上十一点，我们背着被子集合在夜色下跑步。那时的北京，还能看到好多一闪一闪的星星。

班长一声令下，让我们做一百个俯卧撑，然后就可以回去。

我只记得，做到六十个左右，已经无法继续。但心想做到一百个就能回去，就翘着屁股继续往下做，嘶吼着做，眼泪打着转做。

没想到，做完后，班长依旧不让我们站起来。我们屁股翘着，有时候换着手，这样腰部的肌肉就不用那么费劲。

班长走过来，拿武装带一下下抽我们的屁股，让我们屁股下去，可我们屁股被抽下去后没几分钟又抬了起来，然后继续被抽。汗水浸透了衣服。

忽然间，夜色中传来了一阵哭声，声音很刺耳，“我想妈妈了”。

那个哭的哥们儿是一个大个子，身高一米九几，他的名字叫痘痘。当他流泪的刹那，所有人强忍的泪水都在往下掉，就像压倒大象的最后一根稻草。一时间，大家滴在地上的，都不知道是泪水还是汗水。

其中一个人没有流泪，他很坚强，不是我，是我的好朋友，达飞。

那个晚上发生的事情，我不愿意继续写了，因为多年以后，即使我能平静地在咖啡厅写字时，依旧会想到那段噩梦。那是我们第一次挨打，虽然当时我们根本不知道为什么。

其实那段时间，老兵打新兵很正常，不管你听不听话，班长都要用这种方法先树立威信。据说很多新兵挨打后，性格就收敛了很多。

当他们变成老兵的时候，也用同样的办法对待下一批新兵。于是这种方法就流传了下来。其实，暴力是人无能的表现，《模仿游戏》中艾伦·图灵曾经说过，人类觉得暴力令人满足。但除去这些满足感，暴力行为就变得很空洞。

那天等我们回到宿舍，已经筋疲力尽。

刚准备开口交流两句，班长一脚踢开门，让我们站在床边不让我们睡觉。就这样，我们又站了半个小时。他看着我们一个个哭丧着脸，或许是心疼了，讲话忽然多了些柔软，语重心长地说：你们别怪我今天打了你们，告诉你们，这都是为你们好，等你们以后当了班长、排长，照样会动手打新兵，到时候你们就知道今天晚上我做的一切的用意了！

随着门被关上，宿舍里先是死一般的寂静。许久，一个声音像黑暗中的一道光一样，是达飞。他说：等我以后当了排长，一定不打新兵，我要用语言教育，用行动感化！

对，我也不会打。

我也一定不会打，凭什么管教士兵要用打的方式……

就是应该这样！

那天夜晚，所有人都为自己不确定的未来确定了一条美好的许诺：等自己当领导了，一定不会动手打新兵。叫得最凶的，是痘痘。

二

几年后的今天，我已经从军校退学从事电影和写作工作，可想起这段故事还是很有感触。当时的战友，都已经分配到部队的各个基层当排长，真实地过上了带兵的日子。

岁月像上了发条，许多朋友即使距离很近，也久久无法相见。

达飞分配到了基层，据说带的兵很多都是“95后”。他们以自我为中心，懂得自我保护和自我价值，懂得分辨和独立思考，是很多带兵人头疼的刺儿头。

前些日子，我见到了分别很久的达飞，寒暄了几句就聊到了过去，他感叹现在的自己已经是排长了。

我问到了他最近带兵的感受。

他叹了口气，说：难啊。

我说：为什么？

他说：简单粗暴的方式是最方便的，可是，你知道吗，我不愿意。

接着他讲了一个故事。一天，新兵报到，和我们当年一样，很难适应新生活，更难适应被管的日子。于是，几个班长约起来给士兵拉了紧急集合。同样的方式，同样是夜晚，同样是哭声。在此之前，达飞再三跟班长说，无论怎么整，别动手就行。

但，那班长听不得哭声，还是动手了。就在那一巴掌快打到新兵脸上的时候，达飞拦住了他，说别动手！

班长觉得自己的威信受到了挑战，大喊：排长，你不懂，有时候就要动手打，我们这里都这样。

达飞咬着牙，像捍卫过去那个纯净的许诺，说：我说过不能，就是不能。

班长愣在了那里，然后不欢而散。

从那天起，几个班长开始背后挤对达飞，几个新兵怕被班长收拾，也开始对达飞若即若离。

几个班长轮番地说达飞的坏话，说达飞不会管理，不会当排长。声音逐渐传到了领导那里，不久达飞就被调离了原部队。故事结尾处，达飞跟我说，其实，他只是偶尔会想起，当初我们被欺负时许下的诺言。

我没有评论，只是眼泪在眼眶不停地打转。

有时候你会觉得，当一个自己曾经眼中的坏人很容易，因为所处环境有问题时，同流合污比洁身自好要容易得多。所以，我们多少人，最后变成了自己不喜欢的模样，变成了自己曾经瞧不起的样子。

我把达飞的故事讲给了一个朋友听，他说，达飞是不是傻，班长打了就打了啊！拦什么啊！有病！现在很多兵就要动手打啊！何况又不是他自己动手打，再何况也没打他啊！

说这话的人，是几年前那个哭得稀里哗啦说想妈妈的痘痘……

痘痘在自己的圈子里升职很快，他的人际关系处理得很好，上面很喜欢他，下面的士兵说，他下手是出了名的黑。他变成了之前他讨厌的人，他的士兵在变成士官后会学习他，甚至变成他。何时才是尽头？

我曾经戗他，说你变了。

他笑了笑，说：我才明白，谁能改变世界呢，让自己不吃亏就好了。

我笑了笑，说：你还是改变了世界的，世界因为有你，变得恶心了一点。

他以为我在开玩笑，但他不知道的是，我再也没有联系过他。

在写剧本的时候我经常会发现，很多人在年轻的时候都许下了改变世界的诺言，但随着自己长大，逐渐被世界改变了。

我曾经说过一句话：别觉得改变世界是一件很大、很不现实的事情，每个人活着都是为了改变世界的。你是一个好人，就能让这个世界变得好一些，你要是个坏人，世界就因你而变得坏了一点。可悲的是，随着我们长大，很多人忘记了当初的梦想，丢掉了当初的美好，他们一点点地变成了自己曾经不喜欢的模样，当问到为什么，他们都笑笑说，只是为了谋生。

如果我现在还在部队，其实也不知道自己会成为什么样的人，会不会动手毁掉当初自己的承诺。当好人不难，难的是一辈子当好人。

三

秀丽是一个农村出来的媳妇，1962年出生。她嫁到李家的时候，十八岁。

秀丽正好出生在三年自然灾害的贫苦年代，吃不饱的日子是经常的。父亲挨饿，为了让女儿不受苦，秀丽爸在她还小的时候就定了亲，让她嫁入当时的大户李家。秀丽爸收了李家几百块钱的彩礼，秀丽就改姓了李。

男人没有继承大户人家少爷常有的缺点，他很爱秀丽，保护着秀丽，不让她干太多的农活，说女娃娃，吃饱生个胖小子就好，不用下地费劲。

不幸的是，从嫁入李家的第一天起，婆婆就不停地跟她作对。村里有个传统，媳妇嫁入婆家，需要给婆婆递一碗茶水，只有婆婆喝完，才算入门。秀丽恭恭敬敬地把茶水递给婆婆，可婆婆却看似无意地故意摔到了地上。茶杯破碎的声音，就像秀丽之后的日子。

秀丽在男人外出工作后，承包了家里所有的家务活儿，她时常被婆婆冷嘲热讽，怀孕那年，还被要求去河边洗衣服。她忍不住，终于哭着跟自己的男人说了。

男人搂着他，跟她讲了自己妈妈当年当媳妇被婆婆欺负的样子，讲了那段荒谬的封建时期母亲作为新媳妇所有的苦差事。还说母亲暗自发誓，总有一天，自己也会变成婆婆，苦尽甘来。

秀丽没说话，她暗自发誓，告诉自己，等自己成了婆婆，一定不会这样刁难儿媳妇。

在年轻的时候，我们多多少少会许一些愿望，来告诫自己以后不要成为什么样的人。可是，多多少少，我们并不能完全实现这些愿望。

几年后，秀丽生了个大胖小子。她和男人笑得嘴巴咧到耳朵根，婆婆高兴地冲过去，也不管虚弱的秀丽，只是开心地说，这小子以后一定会是个好农民。

秀丽有些不高兴，她看着住了十多年的村庄，和周围的满目疮痍，暗自告诉自己，儿子一定要去大城市，要飞黄腾达，要不顾一切地努力，她更希望儿子飞黄腾达后能回来看看自己。于是她笑着跟婆婆说：妈，孩子的名字，叫达飞吧。

是的，秀丽，就是达飞的妈妈。

达飞被调去了新单位，可他坚持自己的方法，不违背年轻时许下的愿望。

四

他们去了一个县里招兵，按照以往的传统，招兵一切通过后，都要给过来招兵的排长或者班长一个红包。县里的老百姓愿意给，因为只有给了，他们才放心把儿子交给部队。那次，达飞负责招兵，他吩咐弟兄们的第一条，就是绝对不能收这个钱。

一开始班长很不能理解，说这些都是传统，为什么不能收?

达飞说，传统不一定是对的。

他继续说，如果你们收了，我问你，孩子有肝炎怎么办，孩子视力不合格怎么办，你是退还是不退？不退对部队有影响，退，你拿了别人的钱是不是把自己搭进去了?

班长一听觉得有道理，就这样，这个传统随着达飞的坚持，变了。

带兵也是一样。达飞一开始很难劝服他们，但是他坚持不以肢体语言来传达命令、树立威信，后来大家都习惯了语言交流而不是动手，习惯了讲道理而不是暴力。他带的兵有三个立了功，获嘉奖的一大堆，他们排屡次获得荣誉称号，退伍前，几乎所有人都有了一技之长。

达飞也升职了。

其中一个士官，退伍后把自己的妹妹介绍给了达飞。达飞羞涩地第一次约了淳朴的芳芳。芳芳是一家网络公司的业务员，人踏实能干，很快他们就在单位附近租了一套房子生活。他们过得很清贫，但是很踏实。

那年，达飞向芳芳求婚，芳芳哭得稀里哗啦，但是没有同意。几天后，芳芳告诉达飞，她清楚地知道达飞是好人，但怕他爸妈不喜欢自己。

芳芳说，上一次恋爱，就是因为婆婆人不好，最后她忍痛分了手。

达飞笑了笑，然后说他妈妈只会是个好婆婆……

秀丽来看他们的时候，带了一只鸡，她握着芳芳的手说："以后你就是我的孩子，有什么苦告诉我，我们一起扛；达飞欺负你，告诉我，我打死这孩子。"

芳芳哭得像个泪人，达飞在一旁欢欣地笑。她嫁给达飞时，达飞一无所有，没有钱、没有房子，只有一颗真挚可爱的心。婚礼那天，很低调，就请了我们十几个人。

我当伴郎，在敬酒的时候，我哽咽地说，老天爱那些执着的好人。

或许很多罪恶，都是因为那些根深蒂固的旧文化和旧传统：我当新兵的时候挨打，等我变成老兵也要打新兵，因为我挨过打了；我当媳妇的时候受欺负，等我变成婆婆时也要欺负媳妇，因为我过去被欺负了。

可你是否知道，不因为世界而改变，坚持那些美好的事情，虽然前期很难，但上帝会一直让那些追求本真的人幸福，这种温暖持续的时间更长。

我们可以被磨平棱角，但是不能变成自己曾经不喜欢的模样，更不能忘记曾经想让自己变好一点的梦想。或许，我们不能像达飞那样勇敢地去坚持，像秀丽那样去改变，甚至，我们无法改变被世界改变的现实。但至少，在我们老去的路上，不要让自己变坏，至少让我们老了以后，可以自豪地说，我这辈子，让这个世界变好了一点点。

即使很少，也心满意足。

感悟手札

不惊急

段奇清

《水经注·渐江水》言："溪有四十七濑，濬流惊急，奔波聒天。"一条溪流会惊急，虽说是因为一时间注入的水太多太急，也更是由于溪流自身的狭隘与浅躁。

孩提时，夏日的一天，我和奶奶在菜地里除草、捉虫。刚才还是晴空万里，可一阵风吹来，正欣喜这风给人除去了浑身的燥热时，乌云迅速遮蔽了天空。"不好了，要下大雨了！”我一惊，大声说道。

奶奶带了一件塑料雨衣，我却没带任何雨具，于是，我拔腿就跑。奶奶说：“清儿，不要惊急！”我正要给奶奶答话，却一个踉跄，重重摔倒在田塍上！待我“哎哟哎哟”地叫着，好不容易爬起来时，雨水嘲笑似的打在了我身上。

“出门观天色”，那天出门时，奶奶看着东面一大片嫣红色的霞光，对我说：“‘早上发霞，等水烧茶’。清儿，你要带一把雨伞。”可我不听，觉得带了雨伞缚手缚脚的。

人的惊急，多是肤浅浮躁，自以为是，有着“赌一把”的心态，遇到事儿后，又沉不住气。那天要是不惊急，我就不会重重地摔那一跤，也就能到离菜地较近的四奶奶家先躲躲雨。惊急，是有着超过能力的欲望，我是想在雨还没下时，快速跑到家中。

怎样做到不惊急？南唐后主李煜的一段话能给人启迪和教益。他在《书评》中说：“善法书者，各得右军之一体：若虞世南得其美韵而失其俊迈，欧阳询得其力而失其温秀，褚遂良得其意而失其变化，薛稷得其清而失于窘拘，颜真卿得其筋而失于粗鲁，柳公权得其骨而失于生犷，徐浩得肉而失于俗，李邕得气而失于体格，张旭得其法而失于狂，献之俱得之而失于惊急，无蕴藉态度。”

不惊急，就得有“蕴藉态度”。这里说的是怎样写字，做人同样也是这个理。遇事得沉着冷静，若是一惊一乍、急急慌慌的，便是小器小具易盈，小溪小河易满。

想“赌一把”的人极易惊急。严歌苓在《妈阁是座城》中说：“人的欲望总比运气大那么一点儿，人渴望获得的比能够获得的总多那么一点儿。知足的有几个？便贪得无厌地押啊押。”对于赌徒们的焦虑、浮躁，严歌苓更是一针见血地指出，这些人总想着“发财要快，慢了就来不及了……”她还说，“只要不站起来兑换筹码，最后十有八九是赢的少输的多。”只指望凭运气去“赌一把”，贪得无厌的人，皆输得很惨；只有那些不赌的人，才能稳操胜券。

惊急，是一种不完整，是一种大缺陷。《尔雅·释地》言：“北方有比肩民焉。”晋代郭璞注：“此即半体之人，各有一鼻、一孔、一臂、一脚，亦犹鱼鸟之相合，更望备惊急。”

不能独立，或者说一个人无完整人格，最容易惊急，危险紧急的事情会常常伴着他。

不惊急，就是要谦虚谨慎，多听取他人的意见，不断提升人生境界与自我生命的质量。如此，凡事就能够从容不迫，游刃有余，具有大家风范。要知道，人生的成就是优游不迫所致，不是赶急活赶出来的，更不是“赌一把”赌来的。正如戴敦之言：“这不是一天忙成的产物，乃是聪明濡缓所熟透的果实。”

不侥幸赌命运，赌未来，濡润纡缓，瓜熟蒂落，这便是不惊急，聪明的、有着蕴藉态度的人生。

感悟手札

在心中修篱种菊

陈鲁民

白落梅《你若安好，便是晴天：林徽因传》中有一句经典的话：“真正的平静，不是避开车马喧嚣，而是在心中修篱种菊。”此言颇有禅意，深得我心，不由得也想多说几句，凑凑热闹，续个狗尾。

在心中修篱种菊，乃隐士之风。“小隐隐于野，中隐隐于市，大隐隐于朝”，是道家哲学思想。意即闲逸潇洒的生活不一定非要到林泉野径去才能体会得到，更高层次的隐逸生活其实是在都市繁华之中，在心灵净土修篱种菊，独善其身，找到一份宁静与淡定。

修篱种菊，源于陶渊明的名句“采菊东篱下，悠然见南山”。陶渊明是个真正的精神上的隐者，可也并不执意非住在深山老林去茹毛饮血不可。弃官不做后，他就直接归隐田园，每日里耕读、饮酒、写诗，自得其乐，甘之若饴，成了中国第一位田园诗人，开创了田园诗一派，被后世称为“古今隐逸诗人之宗”。可见，真隐者在哪里都能隐得住，隐得长久，因为他们都善于在心中修篱种菊；而那些假隐者即便住进终南山的洞子里，也日日惦记着朝堂魏阙，盼望着像卢藏用那样走通终南捷径，升官发财，做“随驾隐士”。

“暗暗淡淡紫，融融冶冶黄。”如果有菊在东篱下可采，有南山悠然可见，固然是得天独厚、浪漫潇洒、令人向往；若没有这个条件，身处闹市，蜗居斗室，甚至关在不见天日的大牢里，同样也可以在心里修篱种菊，悠然南山，获得心灵的宁静和淡定。曼德拉在南非监狱关了27年，始终心态不变，神清气朗，每日看书写作，磨砺心志，终于拨云见日，走出牢笼，大显身手，叱咤风云，书写了人生的辉煌。这也就是“结庐在人境，而无车马喧。问君何能尔？心远地自偏”的道理。

菊爱秋风喜阳光，在心中修篱种菊，就要心存阳光明媚，胸怀清风明月。大儒王阳明，一生光明磊落，追求良知，立德、立功、立言，从阳光少年做到阳光青年、阳光中年，直到临死仍是“此心光明，亦复何言”。这个伟男子也是爱花之人，他的名言“你未看此花时，此花与汝心同归于寂；你来看此花时，则此花颜色一时明白起来”，500多年了，还没有几人能参透。

菊性恬淡，太肥的水土难以生养；菊傲秋霜，不喜生在热闹之地。因而，淡泊名利之人，看轻身外之物，视金钱如粪土，富贵于我如浮云，才能在心中修篱种菊，蓄蕾开花。倘若心中满是金钱物欲，被名缰利锁捆得死死的，每个细胞都浸透了肥油，每条血管都布满污垢，心房那丁点地方挤得满满当当，哪还有地方去修篱种菊？“人为物累，心为形役”，是生活的最大悲剧，稀里糊涂就交代了一辈子。

“宁可抱香枝头老，不随黄叶舞秋风。”菊是有性格的花，孤傲清高，不落流俗，霜越大越要怒放，即便最后僵死枝头，也绝不萎谢于地，是故跻身梅兰菊竹四君子之列。菊喜平和，最忌戾气，我们只有放下仇恨，才能在心中修篱种菊。那些天天生活在仇恨中的人，处心积虑地算计他人，睚眦必较地报复他人，时时备受煎熬，度日如年，只会在心中播种蒺藜和毒刺，扎痛别人也扎痛自己。

“东篱把酒黄昏后，有暗香盈袖。”东晋以后，“东篱”便成了菊花的别称，诚如林妹妹所言“一从陶令平章后，千古高风说到今”。欲在心里修篱种菊，需要有仁义的土壤，爱的气候，善的营养，美的熏陶，还要精细地呵护，只有这样，心中之菊方可茁壮成长，花开盛艳。看一个人，若是慈眉善目，满面春风，笑颜如花，脸上带着从心底升起的欢喜，甭问，他一定是悄悄地在心里修篱种菊，花开灿烂，从心里绽放到脸上。

夸一个人“人淡如菊，心素如简”，即夸其疏野淡泊、独标傲世，夸其清奇脱俗，心地澄明。在我看来，它是殊为难得的褒奖。

感悟手札